国学经典选读读本

（第2版）

李金来　韩治国　主编

北京师范大学出版集团
BEIJING NORMAL UNIVERSITY PUBLISHING GROUP
北京师范大学出版社

图书在版编目（CIP）数据

国学经典选读读本（第2版）/李金来，韩治国主编.
—北京：北京师范大学出版社，2013.9（2016.9 重印）
ISBN 978-7-303-15096-0

Ⅰ.①国… Ⅱ.①李…②韩… Ⅲ.①国学－青年读物 Ⅳ.①Z126-49

中国版本图书馆CIP数据核字（2012）第179453号

营销中心电话 010-58802181 58805532
北师大出版社高等教育分社网 http://gaojiao.bnup.com
电子信箱 gaojiao@bnupg.com

出版发行：北京师范大学出版社 www.bnup.com
北京新街口外大街19号
邮政编码：100875
印　　刷：北京中印联印务有限公司
经　　销：全国新华书店
开　　本：787 mm×1092 mm 1/16
印　　张：17
字　　数：330千字
版　　次：2013年9月第2版
印　　次：2016年9月第6次印刷
定　　价：36.00元

策划编辑：王　强　　责任编辑：王　强　于　乐
美术编辑：毛　佳　　装帧设计：毛　佳
责任校对：李　菡　　责任印制：陈　涛

前 言

作为一本国学教材，至少应当做到两个方面：一方面是给学生提供一个合理且有价值的国学知识体系，并使他们能够很好地把握和运用这方面的知识；另一方面是为教师编出一部好的教材，便于教师据此备好课，上好课。教材力争做到学生乐用，教师好教。本教材自2012年4月印制内部讲义，供国学教学使用，2012年9月又交由北京师范大学出版社正式出版发行。两年来，承蒙广大师生和读者厚爱，使用中师生均提出一些宝贵的意见。另外，原来参加本教材编写的国学教师承担了教育教学改革立项2012年度广东省高等项目《挖掘地方传统文化资源 促进高职院校国学教育》（项目编号：20120202112，项目类别：B类）的省课题的研究，国学方面的新研究成果不断涌现。由于国学教育在学院取得了骄人的成果，得到学院各级领导的肯定，"国学经典选读"因此被列为学院必选的选修课。为进一步修订本教材在必要性和可行性方面提供了支持。

本次修订的内容包括：第一，删除了"佛家《金刚经》选读"，增加了"肇庆七星岩摩崖石刻"；第二，根据国学教师最新的研究成果，对国学知识进行了较大补充和完善，特别是中西文化使者——利玛窦、清官化身——包拯、孔学大师——陈焕章、六祖惠能、端砚文化等内容；第三，全书体例更为统一，修订了案例的编写，为了便于学生对国学的理解，增加了"国学感悟"的内容；第四，国学知识竞赛增至150题，供大学生作为国学知识竞赛使用。

教材编写人员及分工如下：

韩治国：第一章、第二章

孙贵平：第三章、第四章

费水蓉：第五章、第六章、第十一章

范国华：第七章、第八章

杨　艳：第九章

梁　键：第十章、第十五章

李金来：第十二章

曾思明：第十三章、第十四章

张宝燕：附　录

参编人员都是国学教育研究、教学和实践的专业人士。本书的完成得到了学院董事会、学院各级领导及教务处的大力支持，在此，特向他们付出的辛劳表示感谢。鉴于我们的水平有限，书中疏漏和不妥之处在所难免，敬请专家和读者批评指正。

李金来谨识

2013 年 6 月 2 日

目　录

第一章　国学概说

“国学经典选读”是我院新生的公共必修课，是我院特色课程之一，属人文素质教育课。课程内容包括国学概说、蒙学选读、儒家选读、道家选读、法家选读、兵家选读、墨家选读、六祖禅宗文化、中西文化使者——利玛窦、孔学大师——陈焕章、清官化身——包拯、肇庆端砚文化、肇庆七星岩摩崖石刻，既有传统国学的经典，也有地方文化的渗透。开设这门公共必修课程的目的：一是增强学生对国学知识的基本认知，增强其国家认同感、民族自豪感，使其从理性上更加热爱自己的祖国；二是为学生提供一个从中国优秀传统文化中汲取营养的知识平台，以利于他们从更广的角度、更深的层次提高自身的人文素质，促进自己的专业学习。

一、什么是国学

对“国学”概念的阐述，从来就是各种说法都有，一曰国故说，国学犹言国故，指本国固有的学术文化。二曰局部传统学术说，此为章太炎先生心目中的“国学”，一般泛指传统固有的经学、史学、诸子学、小学（文字学）等。三曰泛传统学术说，以钱穆为代表，将“六经”、先秦诸子、魏晋清谈、两汉古文、宋明理学、清代考据等均归入“国学”。四曰儒学说，谈“国学”必谈经学，也就是孔夫子和孟夫子那一套（老子、韩非子、墨子是不入此流的），而所谓崇尚古文化、提倡“国学”，最后都归结到尊孔读经，这是当代新“国学”派的观点。五曰传统文化说，将“国学”作为一个筐，凡是古代的文化，包括儒家学说、诸子百家、道家佛家、魏晋玄学、宋明理学、诗词音律、戏剧文学乃至八股制艺等，都一概称之为“国学”。

所谓国学，一般是指中国固有的传统学术文化，其主要内容来自于中国古典文化。它的主要文献分类有经、史、子、集、蒙，核心思想为儒、释、道三部分，主要支撑平台为文史哲。它不仅深刻地影响着中国历史文化的基本走向，而且还提供了中国士大夫和普通民众构建自己精神家园的主要养分和依据，使得中华文明成为世界所有古老文明中唯一没有中断过的文明。

经部：指儒家经典，分为易、书、诗、礼、春秋、孝经、五经总义、四书、乐、小学十类。

史部：各种体裁历史著作，分为正史、编年、纪事本末、别史、杂史、诏令奏议、传记、史钞、载记、时令、地理、职官、政书、目录、史评十五类。

子部：诸子百家及释道宗教著作，分为儒家、兵家、法家、农家、医家、天文算法、术数、艺术、谱录、杂家、类书、小说家、释家、道家十四类。

集部：收历代作家一人或多人的散文、骈文、诗、词、散曲等的集子和文学评论、戏曲等著作，分为楚辞、别集、总集、诗文评、词曲五类。

蒙学：儿童启蒙读物，最经典的就是《三字经》、《百家姓》、《千字文》。

中国古代儒家要求学生掌握礼、乐、射、御、书、数六种基本才能。

二、为什么要学国学

20世纪初，国学遭遇了五四新文化思潮的猛烈冲击，一些经典文化、价值观被全盘否定。随着经济的高速发展和信息化时代的到来，人们在享受经济增长带来的物质财富时，开始逐渐变得有些“浮躁”，让生活在现代文明中的人逐渐迷失方向。在多元文化发展的时代，中国的和平崛起肯定需要一种精神，即中国精神。而何谓中国精神？就是指中国人的智慧、中国人的文化，即国学。对于一种承传千年以上的文化，它必定拥有强大的生命力，其宝贵的文化精髓也值得我们去研究和利用。

近年来，随着我国经济实力的逐渐强大和国际政治地位的不断提高，文化软实力的提升显得越来越重要，加之人们对传统文化与现代化的关系有了多维度的理解，全社会开始对国学有了迫切的需求。继武汉大学之后，中国人民大学、厦门大学也相继开办了国学班。公私企业的经营管理者由热衷于学习西方式的管理转过来学习中国古代哲学的智慧与管理方略。一些与国学相关的讲座、书籍也开始受到人们的欢迎。

国家富强，是百年梦想。在经济飞速发展的今天，我们突然发现，文化对于我们，竟然不觉间成了一个沉重话题。举世公认，今日之中国，是政治大国，是经济大国，是否也是一个文化大国呢？这却是成疑问的。中国文化产品的进口和出口比例是9∶1，而在输往国外的文化产品中，也主要是以传统文化为主要内容。这意味着，中国当代文化在世界上缺乏影响力。怎么会是这样一种局面？原因很简单，当代中国文化中具有原创性、自主性的产品太少了。我们应该反思的是，无论是人文学术，还是文化产业，究竟有多少是中国独有的，多少是拥有独立“知识产权”的，多少是可以拿到世界上去的。

中国人口众多，教育事业发达，高等教育在读学生数已超过了美国而跃居世界之首。在教育领域，无论是教育体制，还是教育理念，一味追逐西方国家，却很少去考虑继承和发扬中国传统教育思想的精华。近年国人一直提倡素质教育，然而在一些人的观念中，所谓素质教育就是美国式教育，对美国教育的弊端却视而不见，一味照抄照搬。“和世界接轨”，成了全盘西化的借口。假若我们睁眼看看世界，世界上是否存在着一种放之四海而皆准的普遍的教育体制和教育模式可以拿来“无缝接轨”？有哪个国家的教育体制和教育模式可以不尊重本国的历史、传统和现实？

以现在的状况来看，国学已经随着时代的发展而遭到一些挫折。但是，我们始终要相信，中国的历史是悠久的，祖先传下来的文学财富是多彩的，我们不应该去轻视它，这也是世界共有的财富。所以，我们要传承国学，振兴国学。我们要深知，中国的古文化是影响世界的。所以作为一个中国人，要用一颗真挚的心来享受国学。这么好的一笔属于自己的人生财富，为何不好好的去深读呢？

当代大学生作为祖国未来的建设者和接班人，更应该严肃对待传统文化。只有立足于历史，才能更好地发展。文化是一个国家人民生活水平和综合国力的衡量标准，作为当代大学生，应该不断提高自己的文化素养，将博大精深的中国文化作为世界文化的一部分，作为全人类共同的精神财富加以继承、弘扬和光大。

为落实中国共产党十七届六中全会“文化强国”的发展战略，完成“弘扬中华文化”的神圣使命，2010 年我院成立了国学协会，2011 年对部分大学生创业孵化中心成员进行了国学经典教育，2012 年第一学期开始将国学引入课堂，规定应用外语系、财会系、工商管理系三个系的学生必修，其他系的学生选修，2012 级新生入学时全面普及。

三、学习国学的意义

（一）国学对人类文化的影响

中国传统文化对人类文化产生过重大影响，许多有识之士也预言，在未来的世界舞台上，中国文化将继续产生影响并对人类文化作出重大贡献，甚至有人预言：21 世纪是中国的世纪。

西方社会对中国传统文化的学习和崇拜其实不是一朝一夕的。

有学者认为，中国文化对西方现代化的影响，经历了从器物到制度到思想的三个阶段，“东学西渐”与“西学东渐”的过程基本上相同。首先是中国的科技发明促成了文艺复兴与地理大发现，然后是启蒙思想家塑造的中国开明君主制度与孔夫子哲学的典范影响到西方政教改革与革命。

中国文化在世界文明史上的贡献主要表现在三个方面：一是在公元第一个一千年创立了覆盖整个东亚，远播南洋与塞北的华夏文化圈；二是在第二个一千年启发了西方的现代文明，为现代性的确立和现代主义的超越提供了文化灵感；三是为整个东亚的现代化提供了儒家文化资源，并完成了中华文化自身从衰落到复兴的艰难历程。

著名的中西文化交流大使——传教士利玛窦认为：中国哲学家中最有名的是孔子。这位博学的伟大人物既以著述授徒，又以自己的身教来激励他的学生追求道德。他的自制力和有节制的生活方式，使他的同胞断言他远比世界各国过去所有被认为是德高望重的人更为神圣。

利玛窦还认为，“四书”、“五经”是为了国家未来的美好和发展而集道德教诫之大成，“四书”“是着眼于个人、家庭及整个国家的道德行为，而在人类理性的光芒下对正当的道德活动加以指导”。基于这种认识，他在 16

世纪的中叶，最早把“四书”译为西文，把中国的主流文化——儒家思想传到了欧洲。

1988年，75位诺贝尔奖获奖者在巴黎共同宣言中如是说：“人类要在21世纪生存下去，必须回到2500年前，从孔子那儿重新寻找智慧。”

美国诗人、哲学家爱默生说：“孔子是全世界各民族的光荣。”

（二）国学对中华民族的影响

在经历了20世纪大半时间内对于中国传统文化的批判否定，伴随着社会主义市场经济的初步确立，20世纪90年代中期中国迎来了第一波“国学热”。其实对传统文化的反思可以追溯到20世纪80年代的“寻根文学”，不过当时的“寻根”和所谓国学热，无论从规模还是从性质上，都还只是中国文化“一阳来复”的初始。

进入21世纪以来，“国学热”四面兴起并持续升温，其中媒体的参与起了很大作用。《论语》、《三字经》、《弟子规》、《孙子兵法》、《三十六计》等传统文化著作纷纷走进人们的视野，对这些经典的解读成为媒体的一种新气象。更重要的是来自民间的对传统文化的热情和需求成为主要的推动力量，尤其是佛教文化在民间的兴盛促进了人们对传统文化的认识。

21世纪“国学热”兴起和持续的根本原因，在于中国现代化进程和中国改革开放30多年的成就。改革开放以来的发展成就使得越来越多的人意识到，这些伟大成就的取得归功于中国人民的勤劳与创造，归功于中华民族的文化与思想。

“国学热”形成的另一个重要原因是新时代的社会矛盾引发的社会道德问题，社会道德秩序的建立离不开传统道德文化，这已经是党和人民的共识。党在新时期执政理念的新提法，如“科学发展观”、“和谐社会”、“以人为本”、“民生问题”、“中国梦”等，这些智慧来源于中国传统文化。

“国学热”表明，与中国在世界崛起相伴随，中国人对传统文化的认识和态度已经或正在发生根本性的转变，中华民族的民族精神正在经历从自在转变到自觉的过程，这也是国民的政治和文化心态走向成熟的结果。“国学热”所体现的正是中华民族文化自觉的开始。在这个意义上，当前的“国学热”是中华文化复兴初级阶段的文化标志。

实践证明，中国古代文化的宝库已经成为现代人待人、处世、律己的主要资源。与其他外来的文化、宗教相比，在稳定社会人心方面，传统文化提供的生活规范、德行价值及文化归属感，起着其他文化要素所不能替代的作用。几千年以人为本的传统文化，在心灵的滋养、情感的慰藉、精神的提升以及人文教养的增益方面，为当代市场经济社会中的中国人提供了主要的精神资源，在心灵稳定、精神向上、社会和谐等方面发挥了重要的积极作用。

当代的“国学热”显示了中华民族自我意识的觉醒，体现了民族自信的高扬，开启了民族文化的自觉，这对于中华民族的复兴是有重要意义的。

（三）名人与国学

1. 毛泽东与国学

毛泽东自幼饱读“四书五经”。从《尚书》到《诗经》，从《论语》到《孟子》，他都熟读成诵。一生中，毛泽东着实读破了万卷书，他在演讲、讲话和与人交谈时，常常海阔天空，纵横古今。对于国学典籍，他能引经据典，信手拈来，妙语连珠。

他对中华上下五千年国史非常了解。一部《资治通鉴》，他读了整整17遍；皇皇《二十四史》，被他翻破了。他的史论常常石破天惊，他的史识往往发人未发。

他是诗坛盟主。从屈原到李白，从古体到近体，从唐诗到宋词，从豪放到婉约，名家名篇他咏成诵，挥洒自如。

他是文坛精英。从《昭明文选》到《古文观止》，从贾谊策论到韩愈古文，他反复读诵，揣摩模仿。兴致所至，他又荐之于他人，“奇文共赏析”。

他还是撰写中华传统楹联的高手，他是自创一体的书法家，他是“古典小说迷”，他又是“国剧”鉴赏家。

听毛泽东演讲，和毛泽东交谈，读毛泽东诗词与文章，无不使人受到思想的启迪，情操的陶冶，国学知识的教益。

毛泽东是罕见的博览古籍，精通经、史、子、集且运用自如的历史楷模！

毛泽东是学以致用的典范，学古而不泥古，读书而不尽信书，崇圣而不迷圣！

毛泽东一生与书为伴，学而不厌，死而后已的治学精神，永远值得我们学习！

如何对待以国学为核心的中华传统文化，毛泽东曾提出了明确主张：总结，整理，“取其精华，弃其糟粕”，推陈出新，古为今用。

古为今用，活学活用，是毛泽东阅读国学经典，挖掘国学宝藏的一个最大的特征。

在毛泽东的笔下和口中，古老的国学被赋予了全新的灵魂，可以说，如果没有对国学典籍的饱览，就没有他对中华民族历史沿革、民族性格与革命胜利的把握。

2. 周恩来与国学

周恩来是新中国外交“第一人”，他为实现中华民族的伟大复兴作出了杰出贡献。中国传统文化博大精深但又良莠不齐，周恩来经过长时间的思考与实践，逐渐确立了有自己“气派”的外交风格，其中道家思想占据了重要地位，对其外交实践产生了深刻影响。

道家是中国传统文化三根支柱即儒、道、佛（禅）之一，它在中国历史中具有重要地位。道家创始人老子，被哲学家黑格尔称为“中国第一位哲学家”。“不为人先”的行事理念在周恩来的生命轨迹中刻下了深深的烙印；“不为人先”要求人保持谦虚谨慎、积极学习的态度，周恩来很早就将此作为自己的修身明鉴，不断修正错误，使自己进步。

3. 温家宝与国学

温家宝饱读群书，尤其酷爱古代诗词，曾在多个场合巧妙运用，被称为“诗人总理”。2011 年，一本结集了温总理在公开场合引用过的诗文的图书——《温文尔雅》公开出版。

莫道今年春将尽，明年春色倍欢人。（唐杜审言）

——畅谈未来时说

苟利国家生死以，岂因祸福避趋之（清林则徐）

——谈自己的工作态度时说

雄关漫道真如铁，而今迈步从头越。（毛泽东）

——概括今后工作时说

行百里者半九十。（《战国策·秦策五》）

——谈宏观调控绝不能半途而废时说

去问开化的大地，去问解冻的河流。（艾青）

——回答记者“什么是快乐”问题时说

时进则进，时退则退，动静不失其时。（《周易》）

——谈宏观经济政策走向的问题时说

度尽劫波兄弟在，相逢一笑泯恩仇。（鲁迅）

——谈到两岸合作问题时说

山重水复疑无路，柳暗花明又一村。（南宋陆游）

——谈到工作中面临的困难时说

多难兴邦。（《左传》）

——2008 年 5 月 12 日写在北川中学黑板上

苟利国家生死以，岂因祸福避趋之。（清林则徐《赴戍登程口占示家人》）

入则恳恳以尽忠，出则谦谦以自悔。（元张养浩《庙堂忠告》）

知我罪我，其惟春秋。（《孟子·滕文公下》）

——2012 年 3 月答新华社记者

4. 张瑞敏与国学

一次，张瑞敏在哈佛大学演讲，与会者问他：“总裁先生，你把中国的海尔经营得那么成功，请问，有哪些秘诀?”张瑞敏说：“我请了 3 位著名的老师，是他们教我如何成功的。第一位老师是老子，老子教会我战略性的思考；第二位老师是孙子，孙子教会我策略性的思考，是战术；第三位老师是孔子，孔子教会我做人做事的道理。”

（四）国学对当代大学生的影响

在全球一体化、文化多元化的时代背景下，对待外来文化的态度应该“和而不同”，在吸收外来文化的同时，我们首先要保住源远流长、博大精深的中华民族传统文化的根本。当今大学生的传统文化素养极为缺乏，而且社会流于“浮躁”，倡兴国学，资人励己以传民族大义显得尤为紧迫和重要。

作为一个有着悠久历史的文明古国，中国国学中有着取之不尽的思想教育资源。高校应该有针对性地改革思想道德教育的僵硬模式，在充实“两课”内容，及时反映当代中国马克思主义发展的最新成果的同时，将国学的精华融入其中，并不断丰富教学形式，以增强思想道德教育的吸引力和感染力。这正是改进大学生思想政治教育的切入点。

第一，学习国学可以培养大学生节俭朴素的品德。中国人民一向以节俭为荣，以奢靡为耻。墨子就提出过“节用”命题，并极力提倡节俭朴素，反对浪费。当代大学生大多生活条件优越，有很多人没有养成节俭的生活习惯。通过对优秀传统文化的学习，让大学生再次感到这种美德的存在并受到感染，可以使中华民族的俭朴美德得以继承。

第二，学习国学可以培养大学生勤勉好学的学习态度。古代的启蒙教育就告诫儿童“蚕吐丝，蜂酿蜜，人不学，不如物”（《三字经》），还有许多治学格言，如“学而不厌，诲人不倦”（《论语·学而》），“业精于勤荒于嬉”（唐韩愈《进学解》）等，都表露了勤学苦读是中华民族的美好品德。针对一些大学生上了大学以后以为只要能应付考试就行了的学习态度，强调勤奋好学的传统美德是十分紧迫和必要的。

第三，学习国学可以培养大学生诚实守信的崇高品性。在中华民族的传统观念中，重诺守信是人与人之间必须遵守的基本道德，孔子就曾强调“人而无信，不知其可也”（《论语·为政》），“一言既出，驷马难追”这句名言更是千百年来为人们所广泛使用。在大学生中大力倡导“诚信”思想，能够在大学生的交往中创造一种互相信任的人际关系，这无疑对大学生的成长是十分有益的。

第四，学习国学可以培养大学生求新求变的创新精神。改革、变通是中华民族发展的不竭动力，《周易》明确提出了“革故鼎新”的变革思想；康有为、梁启超的“能变则存，不变则亡”则反映了中华民族一直强调改革、变通。当今世界，国际竞争日趋激烈，有没有创新精神已成为一个民族有没有生机和活力的重要标志。因此，在思想道德教育中注重学生创新观念的培养也是非常重要的。

我们开设国学经典教育，在内容上要打破传统的程式化条块分析模式，注重挖掘人文精神，使学生在潜移默化中受到优秀古典人文精神的熏染，将传统文化与学生综合素质培养结合起来。从“实施素质教育、教会学生做人”的教育目标出发，立足于培养高素质人才，充分发挥人文教育的功能，用传统文化的精髓滋养学生的精神生命，使其内化为学生的精神品格、气质修养。

在教育手段上，要采用现代教育技术普及传统文化。一些国学经典由于文字艰深，口头介绍学生很难听懂，而板书又受时间限制，这样的难题会在事先准备好的多媒体课件面前迎刃而解。以图像、声音、动画配合文字，更有助于加强教学的直观性和生动性。以图而言，中国古代丰富的文化遗迹，如甲骨、帛书、绘画、雕刻、封建王朝的疆域版图，以声而论，如诗词诵读、古曲演奏、古典戏曲片段等，都会得到生动直观的展示，从而增强教学效果。

四、学习国学的方法

学习国学不是一蹴而就的事，不是一下子就能理解并化为己用的，需要日积月累，需要慢慢消化，揣一颗平静淡泊的心来学习国学尤为重要。国学并不简单，只有除去浮躁，远离喧嚣，以平静祥和的心态才能真正领悟国学的魅力和奥义所在。古语有云："欲速则不达"，静下心，才能冷静、清醒地思考问题。

学习国学建议同学们从以下三方面努力。

第一，背诵。要将国学中的经典文学烂熟于心。"书到用时方恨少"，国学经典将会陪伴你一生，影响一辈子。

第二，体悟。国学博大精深，国学感悟意味深远。结合平时的学习和生活实践，慢慢感悟，慢慢消化，会觉得国学奥妙无穷。

第三，应用。提高智慧，修身养性，参悟人生，把所学国学知识应用到营销学、管理学、社会学以及日常生活中。

五、本章小结

世异则事异，时过则境迁，中国传统文化是不断发展创新的文化，而不是僵化守旧的，更不是死的和不可灵活运用的。因此，应当把国学看做一种思维方式和工具，是世界观和方法论，所以不可以死搬教条，更不可拘泥于古文原典在当时所表达的语义和情境，必须要能够"借用"其观点、思路、方法和概念，活学活用。

国学是最具有发展传承和适用创新精神的，自古就旗帜鲜明地反对故步自封和墨守成规。"时已徙矣，而法不徙，以此为治，岂不难哉？"（《吕氏春秋·察今》）时代已经发展改变了，而法令却不随之而改变，像这样治理国家，不是太难了吗？况且，“今日所谓巧，即后日所谓拙”。学习国学只有不凭空猜测臆想，不绝对肯定，不固执拘泥，不自以为是，才能够将传统文化活学活用到现代品牌创建中来，才能够将国学真正用于现代市场经济，发展具有中国特色的并领先于世界的品牌经营理论与方法。

中国文化过去做到了领先于世界，相信未来同样能够做到，也一定能够做到。我们相信，“在世界的未来，将是中国文化的复兴”。

【复习思考题】

1. 在14—15世纪，日本开始形成“汉学”，至今700余年。明代万历年间，利玛窦入华，他将中国文化传向欧洲，形成了“传教士汉学”，至今400余年。1814年，法兰西学院设立第一个汉学教席，学院式、专业化的汉学开始面世，至今亦有近200年。美国汉学兴起于第二次世界大战之后。在这近800年历史过程中，海外对于“汉学”的界定也是见仁见智。德国汉学家奥托·弗兰克给出了定义：汉学就是关于中国人和中国文化的研究。

你认为奥托·弗兰克对“国学”的定义准确吗？谈谈你的看法。

2. 毛泽东思想的核心是为人民服务；“三个代表”的核心是代表最广大人民的最根本利益；科学发展观的核心是以人为本；“中国梦”的核心是实现中华民族的伟大复兴。这与中国传统道家文化的“天人合一”，儒家文化的“四海之内皆兄弟”，佛教的“无缘大慈，同体大悲”，有什么联系？

3. 实现中国梦必须走中国道路，这就是中国特色社会主义道路；实现中国梦必须弘扬中国精神，这就是以爱国主义为核心的民族精神，以改革创新为核心的时代精神；实现中国梦必须凝聚中国力量，这就是中国各族人民大团结的力量。结合习近平总书记提出的“中国梦”，谈谈新时期在大学生中开展中国优秀传统文化教育的意义。

第二章　蒙学《弟子规》选读

一、《弟子规》简介

《弟子规》原名《训蒙文》，为清朝康熙年间秀才李毓秀所作，后经清朝贾存仁修订改编，并改名为《弟子规》。《弟子规》是古代蒙学教育的一本教材，和《三字经》、《百家姓》、《千字文》等一样影响了一代又一代的华夏子孙，在中华英才的孕育中起着无法估量的作用。

《弟子规》浅显易懂，押韵顺口，内容又符合封建伦理，是以极有影响，清代后期成为广为流传的儿童读本和童蒙读物。它的内容采用《论语·学而》"弟子入则孝，出则悌，谨而信，泛爱众，而亲仁，行有余力，则以学文"的文义，具体列举出为人子弟、在家、出外、待人接物、求学应有的礼仪与规范。文风朴实，说理透彻，循循善诱，在我国清代教育史上有一定的影响。《弟子规》影响之大，读诵之广，仅次于《三字经》，全书共360句（1080字）。

李毓秀（1647—1729），字子潜，号采三，绛州（今山西新绛）人，清初著名学者、教育家。精研《大学》、《中庸》，创办敦复斋讲学，人称李夫子。平生只考中秀才，主要活动是教书。李毓秀根据传统对童蒙的要求，结合自己的教书实践，完成《训蒙文》，后来经过贾存仁修订，改名《弟子规》。他的著作还有《四书正伪》、《四书字类释义》、《学庸发明》、《读大学偶记》、《宋孺夫文约》、《水仙百咏》等。

二、作品选读

（一）总序

【原文】

弟子规，圣人训。首孝悌，次谨信。
泛爱众，而亲仁。有余力，则学文。

【解析】

《弟子规》是依据孔子的教诲而编制成的生活规范。在日常生活中，要做到孝顺父母，友爱兄弟姊妹；在日常生活中要小心谨慎，特别要讲信用；要有一颗慈悲的爱心，对一切人、事物都平等博爱，善待天地万物，自觉保护生态环境，更要主动亲近有仁德的人，向他学习，这些都是很重要的事。利用业余时间来好好地学习其他有益的学问，包括自然科学。

【案例】

三国时期，魏国有一个人叫董遇，自幼生活贫苦，整天为了生活而奔波。但是他只要一有空闲时间，就坐下来读书学习，所以知识很渊博，人们很佩服他，他的名声也越来越大。附近的人纷纷前来求教，并问他是如何学习的。董遇告诉他们：冬者，岁之余；夜者，日之余；阴雨者，时之余。学习要利用三余，也就是三种空余时间：冬天是一年之余，晚上是一天之余，雨天是平日之余。人们听了，恍然大悟。原来就是要通过一切可以利用的时间来读书学习，以提高自己的水平。

（二）入则孝

【原文】

父母呼，应勿缓。父母命，行勿懒。
父母教，须敬听。父母责，须顺承。

【解析】

父母呼唤，应及时回答，父母有事交代，要立刻动身去做，不可拖延或推辞偷懒。父母的教导，应该恭敬地聆听。做错了事，父母责备教诫时，应当虚心接受，不可强词夺理，使父母亲生气、伤心。

整部《弟子规》的意义就是落实在这一句“父母命，行勿懒”上，我们要将孝顺父母落实在实际行动上。而父母的推广，就是长辈，包括老师，我们要做到孝亲尊师，再推广，就是爱护一切人和事物，维护天地正义，维护世界和平。

【案例】

孟子小的时候，并不太珍惜学习的机会，有一天读书厌倦了，就跑出学堂去玩。后来孟子的母亲知道了，就在织布的时候，突然很生气地把织布的梭子折断，扔在地上。孟子很奇怪，就问母亲为什么生气。母亲说：“织布要一寸一寸地织，才能织成。但是如果把梭子折断了，不去织它，还能织成一匹布吗？你的学业也一样啊，你还没有学成就厌倦了，怎么能够成为有用的人呢！”孟子听了，明白了做学问的道理，从此发奋学习，终于成为一代儒学大师。

【原文】

事虽小，勿擅为。苟擅为，子道亏。

物虽小，勿私藏。苟私藏，亲心伤。

【解析】

纵然是小事，也不要任意而为，譬如不能乱开电器开关，不能损坏公共设施，这些很小的行为，如果擅作主张，就容易出错，因而让父母担心，就有损为人子女的本分，是不孝的行为。

物品虽小，非我所有就不可以私自收藏占为己有。如果私藏，品德就有缺失，父母亲知道了一定很伤心。

【案例】

东汉时有一位6岁的小孩，名字叫陆绩。有一次，陆绩在九江遇见当时的太守袁术，袁太守认为他的相貌不凡，就拿出橘子请他吃。陆绩就多拿两个藏在衣服里，等到要告辞回家的时候，橘子突然掉出来。袁太守以为是陆绩贪心，就问他原因。陆绩回答说：“橘子是给我母亲吃，并非自己贪心，还请太守原谅！”袁太守觉得这孩子太难能可贵了，肯定这孩子将来一定会有出息。

（三）出则悌

【原文】

兄道友，弟道恭。兄弟睦，孝在中。

财物轻，怨何生。言语忍，忿自泯。

【解析】

作哥哥姐姐的要友爱弟妹，作弟妹的要懂得恭敬兄姊，兄弟姊妹能和睦相处，一家人和乐融融，父母自然欢喜，孝道就在其中了。与人相处不贪财物，怨恨就无从生起。言语能够包容忍让，多说好话，不说坏话，忍辱气和，就能化解与别人的冲突，怨恨的事情自然消失不生。

【案例】

元朝时的赵炳在幼年时父母就去世了，他的堂兄把他抚养长大。一天，两个人在外出的途中遇见一伙强盗，堂兄迅速把他藏在一处茂密的茅草丛中，小声嘱咐说："你藏好，我去引开他们。"说完，堂兄跑出去了。果然，强盗把堂兄抓住了。他们扒下堂兄的衣服，把他绑起来。赵炳看到堂兄被抓，勇敢地冲出去，向强盗们喊："放开他！不准伤害我的哥哥！"强盗头子一下就把赵炳抓起来："你这么小，就凭你怎么救？"面对凶狠的强盗，小赵炳毫不畏惧，对强盗头子说："如果你们非要杀人，那就杀死我，放了我的哥哥吧！"强盗们被兄弟俩深厚的感情感动了，没有伤害赵炳和他的哥哥，让他们走了。

【原文】

或饮食，或坐走。长者先，幼者后。

长呼人，即代叫。人不在，己即到。

【解析】

不论用餐、就座或行走，都应该谦虚礼让，长幼有序，年长者优先，年幼者在后。例如，坐车或乘电梯，要主动为长辈开门，与长者会晤完毕，让长者先走，自己留下来关门、关灯。长辈有事呼唤人，应代为传唤，如果那个人不在，自己应该主动去询问是什么事，可以帮忙就帮忙，不能帮忙时则代为转告。

【案例】

信陵君是战国四公子之一，是魏国国君的弟弟。虽然他的势力很大，有门客上千人，但是信陵君却是个敬老爱贤的人。有一次，他听说有一个看城门的老人侯嬴很有贤德，就十分郑重地前去请教。他亲自驾车把车上尊贵的位子空出来留给侯嬴。侯嬴也知道信陵君的名声，要看看他敬老爱贤是不是真的，所以信陵君去接他的时候，他故意装出傲慢的样子，但越是这样，信陵君对他越加恭敬。侯嬴见状，知道信陵君的敬老是真心的，于是痛快地做了他的门客。

【原文】

称尊长，勿呼名。对尊长，勿现能。

路遇长，疾趋揖，长无言，退恭立。

骑下马，乘下车，过犹待，百步余。

【解析】

敬老尊贤是中华民族的传统美德。称呼长辈，不可以直呼姓名，在长辈面前，要谦虚有礼，不可以炫耀自己的才能。路上遇见长辈，应赶紧向前问好，长辈吩咐完毕，确认没有其他事后，方可恭敬退后站立一旁，等待长辈离去。不论骑马或乘车，路上遇见长辈均应下马或下车问候，并等到长者离去约百步之后，方可离开。

【案例】

春秋时期，齐国的相国晏婴有位车夫，有一次车夫回家后，妻子表示坚决要离开他。车夫很吃惊，忙问为什么。妻子说：你看晏婴虽然身为相国，名扬天下，可是今天我见到晏婴坐在车上，样子安然，态度谦恭。再看你相貌堂堂的男子汉，只是一个车夫，却摆出一副不可一世的样子，这是不知进退。相国都那么谦恭，你又有什么值得炫耀的呢？难道只是因为给相国驾车吗？听完妻子的批评，车夫很惭愧，从此变得谦虚了。

（四）谨

【原文】

朝起早，夜眠迟。老易至，惜此时。

晨必盥，兼漱口。便溺回，辄净手。

【解析】

为人子应该比父母早起床，晚睡觉，人生易老，应该珍惜青春年少，好好做人做事，但不能熬夜，否则容易衰老。

早晨起床后，务必洗脸、刷牙，使精神清爽，每一天都有个好的开始。大小便后，一定要洗手，养成良好的卫生习惯，才能确保身体健康。

【案例】

司马光是宋朝著名的政治家和文学家，人称司马温公。司马光小时候聪明过人，被誉为神童，但他并不骄傲，学习十分勤奋。为了每天能早起读书，他让人用圆木做了一个枕头。用这个枕头睡觉，很不舒服，头只要一转动就会滑下来，这样司马光就会惊醒，起来读书。后来，这个枕头被称为“警枕”。“温公警枕”的故事也成了后人学习的榜样。

【原文】

冠必正，纽必结。袜与履，俱紧切。

置冠服，有定位。勿乱顿，致污秽。

【解析】

要注重服装仪容，帽子要戴端正，衣服纽扣要扣好，袜子要穿平整，鞋带应系紧，一切穿着以稳重端庄为宜。回家后，衣、帽、鞋、袜都要放置定位，不能乱放，避免造成脏乱，要用的时候又找不到。

【案例】

王安石是宋朝最有名的宰相之一，不过他有一个很大的缺点，就是不讲究衣着的卫生，他不爱洗澡，不爱换洗衣服，总是脏兮兮的。有一次，皇帝召见王安石和几位大臣一起商议大事。谈话间，一只虱子从王安石的衣领里爬出来，爬到了他的脸上。皇帝看到后，偷偷地笑了，可王安石一点也不知道。后来，这件事成为人们的笑谈。王安石是一位大政治家，可他的仪表真是糟糕，我们千万不要学他。

【原文】

衣贵洁，不贵华。上循分，下称家。

对饮食，勿拣择。食适可，勿过则。

年方少，勿饮酒。饮酒醉，最为丑。

【解析】

穿衣服须注重整洁，不必讲究昂贵、名牌、华丽。穿着应考虑自己的身份及场合，更要衡量家中的经济状况，这才是持家之道。女孩子穿着不能太紧或太露。

不要挑食、偏食，不要吃过饱，要多吃蔬菜水果，少吃肉。

饮酒过度有害健康，未成年人不可以饮酒。成年人饮酒也不要过量，试看醉汉疯言疯语，丑态毕露，惹出多少是非？

【案例】

嵇绍是西晋有名的贤士。一天，他去求见齐王时，齐王正和董艾等人在宫中闲聊。见了嵇绍，董艾就对齐王说："嵇绍善丝竹，今天可让他弹一曲让大伙儿乐乐。"齐王也正有此意，忙命人抬来乐器请嵇绍演奏，嵇绍不愿意，庄重地说："我今天穿着整齐的朝服来见您，您怎能让我做乐工的事呢？您是主持政事的君王，更应该讲究礼仪，端正秩序。"齐王和董艾等人听了此话都很惭愧。

（五）信

【原文】

凡出言，信为先。诈与妄，奚可焉！
话说多，不如少。惟其是，勿佞巧。
奸巧语，秽污词，市井气，切戒之。

【解析】

讲话要诚信为先，答应他人的事情，一定要遵守承诺，没有能力做到的事不能随便答应。不能妄语骗人、挑拨是非、恶口骂人，不能花言巧语欺骗别人！

话多不如话少，话少不如话好。说话要恰到好处，该说的就说，不该说的不说，立身处世应该谨言慎行，谈话内容要实事求是。

奸诈取巧的语言、下流肮脏的话以及街头无赖粗俗的口气，都要避免，绝不沾染。

【案例】

明代名臣宋濂小时候很喜欢读书，但是家里很穷，没钱买书，只好向人家借。每次借书，他都讲好期限，按时还书，从不违约，所以人们都乐意把书借给他。有一次，他借到了一本书，越读越喜欢，就想把它抄下来。可是还书的期限快到了，他只好连夜抄书。当时正是隆冬，滴水成冰。母亲见小宋濂这么辛苦，就劝他说：孩子，都半夜了，这么寒冷，天亮再抄吧！人家又不是等这书看。宋濂扬起头来，一本正经地对母亲说：不管人家等不等这本书看，到了期限就要还，这是个信用问题，也是尊重别人的表现。如果说话做事不讲信用，失信于人，怎么可能得到别人的尊重。

【原文】

见未真，勿轻言。知未的，勿轻传。
事非宜，勿轻诺，苟轻诺，进退错。
凡道字，重且舒，勿急疾，勿模糊。
彼说长，此说短。不关己，莫闲管。

【解析】

任何事情在没有看到真相之前，不要轻易发表意见，对事情了解得不够清楚明白时，不可以随意传播，以免造成不良后果。谣言止于智者，我们不要被谣言所利用。

不合义理的事，或自己没有能力完成的事，不要轻易答应，如果轻易允诺，会造成做也不是，不做也不好，使自己进退两难。

讲话时口齿要清晰，言谈举止要稳重、舒畅，说话要慢慢讲，不要太快，更不要模糊不清。遇到他人来说是非，不要介入。古语说得好，来说是非者便是是非人！

【案例】

寺院对门有家花店，店主未出嫁的女儿怀孕了。父亲严厉地追问她肚里孩子的父亲是谁，她不得已只好随便回答说：“是对面那个和尚，他一直对我有非分之举，于是我就变成这样了。”她的父母勃然大怒，等不及查明真相，就气呼呼地跑去找禅师理论，禅师只是心平气和地应着：“是吗？是吗？”后来，女儿产下一名婴儿，她的父母要求禅师收养，禅师仍面带微笑说：“是吗？是吗？”自从这件丑闻传开后，每当禅师外出化缘时，都会遭到异样的眼光，但禅师却泰然自若，不以为然。经过一段时间后，店主的女儿受不了良心的谴责，于是把事实的真相告诉父母，原来这孩子是她和情人的结果。知道事情原委后，店主夫妇赶紧跑到寺院向禅师道歉，但禅师还是那句老话："是吗？是吗？"

（六）泛爱众

【原文】

凡是人，皆须爱。天同覆，地同载。

【解析】

只要是人，不分族群、国家地区、宗教信仰，皆须相亲相爱。就是其他万物，包括动物，也是在同一个天空下生活，在同一个大地上成长，也要互相敬爱，特别是对动物要有恻隐之心。

要化解自己内心的冲突，化解人与人之间、人与天地大自然之间的冲突，使国家之间、族群之间、人与人之间、人与天地万物之间和睦相处、平等对待，要保护环境，维护社会和谐，促进世界和平。

【案例】

战国时的名相叫孙叔敖很有德行。在他年幼的时候，一次他外出玩耍，看到了一条两头蛇，他马上拿起棍子把这条双头蛇打死了，并埋好，自己哭哭啼啼回家去了。他母亲一看就问他："你在哭什么？"孙叔敖就说："我不能奉养您老人家了，因为我看到双头蛇，命可能保不住了。"因为他们乡里谣传，只要看到两头蛇的人都活不了，可能就会有厄运。孙叔敖小小年纪看到双头蛇，没有想到自己的命要结束了，而是想到要把它埋好，不让其他的人再看到。为什么伤心？是怕自己不能奉养母亲。所以他的母亲听完后很欣慰，觉得孩子确实能替人着想。所以他的母亲就说："你不用担心，你有这样的善心，往后一定会很有福分。"后来孙叔敖做了楚国的宰相，很有成就。

【原文】

行高者，名自高。人所重，非貌高。

才大者，望自大。人所服，非言大。

【解析】

德行高尚者，名望自然也高。大家所敬重的是他的德行，不是他的外表容貌。有才能的人，声望自然不凡，人们所欣赏佩服的，是他的才华能力，而不是因为他很会说大话。

【案例】

晏婴是春秋时期齐国的相国，但身材矮小、相貌丑陋。一次，齐王派他出使楚国，楚王听说晏婴来了，想羞辱他，于是就在城墙下开了一个又低又小的门。晏婴知道这是楚国人故意羞辱他，就说："我是前来访问的，这是狗洞，不是国门，如果我访问的是狗国，我就从这个门进去。"楚国人一听，马上打开城门让晏婴进去了。晏婴见到楚王，楚王故意问他："齐国没有人了吗？怎么派你来了。"晏婴回答说："我国派人出访有一个规矩，上等国家派上等的人物，我最不中用，所以就派我到楚国来了。"楚王又安排在他们谈话时押过来一名犯人。楚王问此人犯了什么罪，下面人回答："他是齐国人，犯了偷窃罪。"晏子马上说："淮南的橘子树到了淮北就成了枳；齐国人到了楚国就成了贼，看来是水土不同啊！"楚王听后，觉得晏婴很了不起，对他肃然起敬，并马上向他致歉。

【原文】

己有能，勿自私。人所能，勿轻訾。
勿谄富，勿骄贫。勿厌故，勿喜新。
人不闲，勿事搅。人不安，勿话扰。

【解析】

当你有能力可以服务众人的时候，不要自私自利，绝对不能只考虑到自己，舍不得付出。对于他人的才华，应当学习、欣赏，而不是批评、嫉妒、毁谤。不要去讨好巴结富有的人，也不要在穷人面前骄傲自大，或者轻视他们。不要喜新厌旧，对于老朋友要珍惜，不要贪恋新朋友或新事物。对于正在忙碌的人，不要去打扰他。当别人心情不好或者身心欠安的时候，不要闲言闲语干扰他，以免增加他的烦恼与不安。

【案例】

宋朝的范仲淹，在他小的时候有一次遇到一个算命先生，他就走过去跟这位先生说："你可不可以帮我看看，我能不能当宰相？"算命先生听了很惊讶地说："你这个孩子小小年纪，口气挺大的。"算命先生这么一讲，范仲淹倒有点不好意思，头低了下来，接着又说："不然这样好了，你再看看我能不能当医生?”算命先生更是奇怪了，一开始说能不能当宰相，现在居然降到当个医生。就问他：“为什么你两个愿望差那么大?”范仲淹就说：“因为唯有良相跟良医可以真正救人。一个好的宰相只要把国家的政策处理好，可以帮助千千万万的人民；而医生尽心尽力，也可以让人从病苦当中脱离。”算命先生听到范仲淹这么讲，非常惊奇且感动，马上跟范仲淹说：“你有这样一颗心，一定可以当宰相，这才是真正的宰相之心。”范仲淹读书是为治国平天下；而一般人读书为的是功名利禄。

范仲淹在做官的时候买了很多的义田，他的亲族300多人都是他在照顾，兴义田，让他们来耕作，这样就可以生活无缺。范仲淹只要看到亲朋好友婚丧喜庆有困难，都会慷慨解囊。范仲淹除了在金钱上尽心尽力帮助这些亲友之外，他还建了一个学校，兴义学，让更多学子能够得到圣贤教诲，进而可以报效国家。范仲淹办的那个学校，至清朝共培养出数百个进士，状元也有好几十个，而现在那所学校也是当地很有名的高中。所以范仲淹的德行现在还在影响着后人。

（七）亲仁

【原文】

同是人，类不齐。流俗众，仁者稀。
果仁者，人多畏。言不讳，色不媚。
能亲仁，无限好。德日进，过日少。
不亲仁，无限害。小人进，百事坏。

【解析】

同样是人，却是良莠不齐。跟着潮流走的俗人多，仁慈博爱的人少。如果有一位仁德的人出现，大家自然敬畏他，因为他说话公正无私没有隐瞒，又不讨好他人。大家对仁者说话不必忌讳，也不必去讨好他。我们如果能亲近有仁德的人，向他学习，真是再好不过了，因为他会使我们的德行一天比一天进步，过错也跟着减少。如果不肯亲近仁人君子，就会有无穷的祸害，因为坏人会乘虚而入，跑来亲近我们，日积月累，我们的言行举止都会受影响，甚至导致整个人生的失败，正如古语所说的“近朱者赤，近墨者黑”。

【案例】

三国时有一个叫王烈的读书人，在当地很有威望。有一个人偷了别人一头牛，被失主捉住了。偷牛的人说："我一时鬼迷心窍，偷了你的牛，你怎么罚我都行，只求你不要告诉王烈。"这话传到王烈耳里，他立即托人赠给偷牛人一匹布。有人不理解，王烈解释道："做了贼而不愿让我知道，说明他有羞耻之心，我送布给他是为了激励他改过自新。"后来，这个曾经偷牛的人果然金盆洗手，而且变成了一个乐于助人、拾金不昧的好人。

（八）余力学文

【原文】

不力行，但学文，长浮华，成何人。

但力行，不学文，任己见，昧理真。

【解析】

不能将《弟子规》的教导落实在日常生活中，一味死读书，纵然有些知识，也只是增长自己浮华不实的习气，变成一个不切实际的人，如此读书又有何用？反之，如果只是一味地做事，不肯读书学习，不能明理增智，就容易按自己的偏见做错事，蒙蔽了真理，也是不对的。

净空老法师教导我们要真干，要解行相应，有解无行，增长邪见；有行无解，增长无明。孔夫子也教导我们"学而时习之，不亦说乎"，要将所学到的圣贤教导以及科学知识应用到日常生活中，依教奉行，在实践中会做得很快乐。

【案例】

从前有一个叫刘羽冲的人，他非常爱看书，也非常相信古书上的学问。他认为，只要是书上写的，就一定是正确的，从不根据实际情况考虑问题。一天，他看到一本讲修水利的书，就苦读了一年，并画了水利图，到州官那儿讲了修水利的好处。州官就让他去修水利，他不看农田水势，不问以往的降雨情况，又不听当地农民的意见，就叫人按他画的水利图动工，可是渠道刚使用，就被汹涌的大水冲垮了，农田也被淹没了。

【原文】

读书法，有三到，心眼口，信皆要。
方读此，勿慕彼，此未终，彼勿起。
宽为限，紧用功，功夫到，滞塞通。
心有疑，随札记，就人问，求确义。

【解析】

读书的方法要注重三到：眼到、口到、心到。三者缺一不可，同时要对自己有信心。研究学问，要专一，要一门深入，长时熏修。譬如读书，不能这本书才开始读没多久，又想看其他的书，这样永远也定不下心，正确的做法是把这本书读完，才能读另外一本。做事也一样，这件事没做完，不要急着做另外一件事。

【案例】

杨愔小时候特别爱读书，而且学习十分专注。一天，杨愔坐在院里的李树下看书，熟透了的李子从树上掉下来，打中了他的背，他一动不动地读自己的书。孩子们纷纷来抢夺那从树上掉下来的李子，得到了的正津津有味地品尝李子的美味，没有得到的正懊丧不已，还要想办法弄几个，拿竹竿的拿竹竿，爬树的爬树，只有杨愔一动不动聚精会神地看书，在书海里遨游是他最大的乐趣。

三、本章小结

《弟子规》依据孔子的教诲编写而成，教导学生为人处世的规范，做到与经典同行为友。当然，《弟子规》中免不了有一些落后的封建礼教的内容，但“取其精华，弃其糟粕”，我们要学习其“孝信”的主旨，这才是最重要的。因此重读《弟子规》，对于重塑中华礼仪之邦的社会道德秩序有着重要的意义。从这方面来讲，《弟子规》仍不失为一本传世经典。

【复习思考题】

1.《弟子规》教导我们：穿衣服须注重整洁，不必讲究昂贵、名牌、华丽。穿着应考虑自己的身份及场合，更要衡量家中的经济状况，这才是持家之道。不要为了面子，更不要充满虚荣心，无谓的开销就是浪费。你做到这些了吗？结合自己的情况，谈谈你的感受和体会。

2.《弟子规》中的礼仪规范是做人的根本。就像大树，根扎得牢，树才会长得茂盛。做人，只有将最基本的道德建立起来，做一个拥有谦虚、恭敬、仁慈、博爱之心的人，才会在今后的生活、工作中立于不败之地。就像画画，让没有绘画基础的孩子发挥想象乱涂乱绘是不可能创作出一幅优秀的作品的。不懂得做人的基本道理，凭着自己的意愿任意胡为，就不会被别人接受，人生也不会快乐。你有这样的共识吗？结合《弟子规》的学习，谈谈你的人生观和价值观。

3. 学习的过程就是一个认同的过程，而对自身产生影响则是一个潜移默化的过程。例如，我们学习《弟子规》，背诵下来应该是很容易的事情，但是真正对自己产生有益的影响，那就需要时间了。学习了《弟子规》，就是要把圣人的教诲贯彻到生活中，落实到一言一行中。你赞同以上观点吗？说说理由。

第三章　儒家《论语》选读

一、孔子简介

孔子（前551—前479），名丘，字仲尼，鲁国陬邑（今山东曲阜东南）人，祖上为宋国贵族。孔子是春秋末期的思想家和教育家，儒家思想的创始人。孔子集华夏上古文化之大成，在世时已被誉为“天纵之圣”、“天之木铎”，是当时社会上最博学者之一，并且被后世统治者尊为孔圣人、至圣、至圣先师、万世师表。孔子和儒家思想对中国、朝鲜半岛、日本、越南等国家和地区有深远的影响，这些地区又被称为儒家文化圈。后人认为孔子曾修《诗》、《书》、《礼》、《乐》，序《周易》（称《易经》十翼，或称易传），著《春秋》。

二、《论语》概述

《论语》是儒家学派的经典著作之一，由孔子的弟子及其再传弟子编撰而成。它以语录体和对话文体为主，记录了孔子及其弟子的言行，集中体现了孔子的政治主张、伦理思想、道德观念及教育原则等。《论语》与《大学》、《中庸》、《孟子》并称“四书”。通行本《论语》共20篇，计有《学而》、《为政》、《八佾》、《里仁》、《公冶长》、《雍也》、《述而》、《泰伯》、《子罕》、《乡党》、《先进》、《颜渊》、《子路》、《宪问》、《卫灵公》、《季氏》、《阳货》、《微子》、《子张》、《尧曰》。《论语》的语言简洁精练，含义深刻，其中有许多言论至今仍被世人视为至理。

《论语》从西汉开始就已经成为读书人必读的著作。元朝以后，科举考试都从“四书”中命题，使它在中国古代显得极其重要。在现代，对于研究孔子以及当时的政治、文化等，《论语》更是一部重要的文献资料。

三、孔子的主要思想

（一）“仁爱”思想

孔子说：“仁者，爱人。”“夫仁者，己欲立而立人，己欲达而达人。”又说：“克己复礼为仁。一日克己复礼，天下归仁焉。”所谓“爱人”，就是“博施于人而能济众”，是“泛爱众而亲仁”，这是“仁”的第一要义。这种“爱人”不仅仅是爱自己的父母、兄弟、宗亲，而是爱所有一切人。“仁”的第二义便是自己想达到，自己想完成的，也要帮助别人达到、完成；由此引申出，不要把自己不喜欢的强加在别人身上，即“己所不欲，勿施于人”。“老者安之，朋友信之，少者怀之”，这便是孔子的终生志向。

（二）以德治国思想

所谓以德治国，就是把“仁爱”之心用在治国方略中，实行仁政。其原话是：“道之以政，齐之以刑，民免而无耻；道之以德，齐之以礼，有耻且格。”具体地讲，孔子仁政的主张，主要包括君正，正名，对人民富之、教之三个层面。

君正：“政者正也”，人君必须先正其身，“其身正，不令而行；其身不正，虽令不从。”“苟正其身矣，于从政乎何有？不能正其身，如正人何？”“上好礼，则民莫敢不敬；上好义，则民莫敢不服；上好信，则民莫敢不用情。”即“为政以德，譬如北辰，居其所而众星共（拱）之”。

正名：所谓正名就是尊重名分。“名不正则言不顺，言不顺则事不成，事不成则礼乐不兴，礼乐不兴则刑罚不中，刑罚不中则民无所措手足。”于是他又提出了“君君、臣臣、父父、子子”的名分秩序。

富之、教之：子贡问政，子曰：“足食，足兵，民信之也。”“子适卫，冉有仆。子曰：‘庶矣哉！’冉有曰：‘既庶矣，又何加焉？’曰：‘富之。’曰：‘既富矣，又何加焉？’曰：‘教之。’”换句话说，孔子的仁政主张就是导之以德，齐之以刑，各守名分，足食足兵。“自天子以至于庶人，壹是皆以修身为本”（《大学》）。

（三）天命观

在孔子的言论中，“天”和“命”是两个既有联系又有区别的概念。“天何言哉，四时行焉，百物生焉”，指的是自然之天。“君子有三畏，畏天命，畏大人，畏圣人。”“五十知天命”，“不知命，无以为君子”，“天生德于予，桓魋其如予何?”这是命运之天。孔子遵从天命，但同时也重人事，强调以人为本。他说：“务民之义，敬鬼神而远之，可谓知矣。”学生季路问事鬼神，孔子说：“未能事人，焉能事鬼神，”《周易》中有一卦，名为“恒”卦，爻辞说：“不恒其德，或承之羞。”是说，做事没有恒心，难免受到羞辱，孔子评论说，懂得这条道理，便用不着占卦了，即所谓“不占而已矣”。可以看出，孔子对鬼神、占卦之类既不否定，又不肯定，认为人生在世，主要还是要发挥主观能动性。

（四）学思并重的教育思想

孔子尽管承认人有“生而知之”者，但他却认为自己是“学而知之”的，所以他很重视学，并把学与不学作为区别“君子”、“小人”的标准之一。他说：“生而知之者，上也；学而知之者，次之；困而学之，又次也；困而不学，民斯为下矣。”“我非生而知之者，好古，敏以求之者也。”“知之为知之，不知为不知，是知也。”“十室之邑，必有忠信如丘者焉，不如丘之好学也。”孔子不仅重学，而且非常重思。他说：“学而不思则罔，思而不学则殆。”就是说，学习不加思考，就会迷茫而无所适从，但思考又须建立在已有的知识基础之上，否则就会变成空想。“吾尝终日不食，终夜不寝，以思，无益，不如学也。”

学思并重既是孔子教学思想的核心，也是其为人之道的重要方面。这就是他的“吾道以一贯之”，如“君子欲讷于言而敏于行”，“敏于事而慎于言”；“诵诗三百”，要“使于四方”，否则“虽多，亦奚以为”；“三人行，必有我师焉，择其善者而从之，其不善者而改之”，也就是“见贤思齐，见不贤者而内自省”。正如专家学者所说：孔子一生，虽然在政治上失意，但在教育上却取得了巨大的成功。他所倡导的“有教无类”，“学而不厌，诲人不倦”，“学思并重”，“见贤思齐”，“因材施教”等，在中国教育史上起了里程碑的作用。

（五）修己安人，重视道德的思想

孔子对自己一生的概括是："志于道，据于德，依于仁，游于艺"，"朝闻道，夕死可矣"。为此，孔子不仅提出了"恭、宽、信、敏、惠"者"为仁矣"，"恭则不侮，宽则得众，信则人任焉，敏则有功，惠则足以使人"，"居处恭，执事敬，与人忠"的道德德目，即"修己安人"，"内圣外王之道"，而且提出了"虽不能至，心向往之"的人格理想，如"三军可夺帅也，匹夫不可夺志也"，"志士仁人，无求生以害仁，有杀身以成仁"，"不降其志，不辱其身"，"临大节而不可夺"等。这些都成为后人的人格追求。

孔子伦理思想的另一个重要方面，就是强调社会责任心，认为每一个人对社会都有一定的责任。孔子有一次碰到一个隐者，隐者劝孔子的学生子路说，你跟孔子走，还不如跟我走，你的老师孔子是辟人之士，我是辟世。孔子说："鸟兽不可与同群，吾非斯人之徒与而谁与?"认为自己对社会有一定的责任，要坚持这一责任，尽其义务。所以，人们常说，孔子的思想是积极入世的，就是修身、齐家、治国、平天下。

总之，孔子作为儒家文化的创始人，在长期的封建社会中被尊为"圣人"、"大成至圣文宣王"，他的言行和他传授的学问，的确堪称国人的"万世师表"。

四、作品选读

【原文】

克己复礼，为仁。一日克己复礼，天下归仁焉。(《论语·颜渊》)

【译文】

克制自己，让言行符合礼，就是仁德了。一旦做到言行符合礼，天下的人就会赞许你为仁人了。

【案例】

孔众毕业于牛津大学。从1987年起，他先后创办多家公司并担任管理职务，还将其中两家公司分别送上纳斯达克及上海证券交易所。除了这些商场上的名片之外，孔众还有一个引人注目的身份：孔子第七十八代孙。

孔众谈起做公益事业，表示自己乐在其中。在商界行走多年的孔众认为，这是一个比任何时候都需要经理人提升自身修养、自律、克己的年代。“现在我们的各种产品，出事的那么多，让老百姓生活在一个缺乏安全感的环境中，这都是因为经理人没有正确的价值观和财富观，一味追求经济效应，而缺乏社会责任，做不到起码的产品安全。”孔众自己就经营制药公司，他坦言，作为企业家和经理人，如果对企业的社会责任缺乏认知，这是可怕的，“中国民营企业还很年轻，要成为百年老店，一定要有强大的企业文化，有基于我们自己民族性格和文化的清晰理念。”

【感悟】

做人要重视“仁德”，仁德是做人的根本，是处于第一位的。

【原文】

不患人之不己知，患不知人也。(《论语·学而》)

【译文】

不要担心别人不了解自己，而要担心自己不了解别人。

【案例】

《三国志》记载，庞统刚刚投靠刘备时，刘备并没有赏识他，只让他到县城担任一个小县令。张飞巡视地方时，发现县令庞统沉迷酒乐，不理县政，县衙事务积压惊人，便立即召唤庞统，并当面责备他的失职。谁知道庞统竟然无动于衷，反而满不在乎地说，不就是一县政务吗，非常简单。他当着张飞的面，召唤相关人员，迅速地将数月积累的事务全部圆满解决。张飞立刻对庞统刮目相看，向他道歉，请求原谅自己的失礼，并且向刘备引荐庞统。当刘备任命庞统为军师时，庞统才慢悠悠地掏出一位名人的推荐信，刘备等惊奇地问他，为什么不早些拿出这封推荐信？庞统说，他就是想依靠自身的能力来彰显才华，并不想过分沾某人的光。刘备就是因为没有及时了解庞统，才会在一开始把他安排到一个县城担任县令。

【感悟】

不必担心别人不了解自己，即使被别人误会也没有什么关系，只要自己行得正，不必在意别人的眼光。别人不了解自己可以，但你不能不去了解别人，了解别人是对人的一种礼貌，在了解别人的基础上才会以宽容的心态对待旁人。

其实孔子的这句话有两层意思：一方面，了解别人是对自己负责。社会纷繁复杂，各种各样的人都有，正所谓“画虎画皮难画骨，知人知面不知心”。你不了解别人，就不知道别人是好是坏。另一方面，每个人都希望被别人了解，但自己有没有了解过别人呢？所以，了解别人才能更好地处理自己与他人之间的关系，才能理解别人的做法和感受，这样你才能获得老师和同学的喜爱，才能交到更多的朋友。

【原文】

见义不为，无勇也。(《论语·为政》)

【译文】

遇到应该挺身而出的事，却袖手旁观，这是没有勇气的表现。

【案例】

一家金属回收公司的营业员刘先生带着七千余元现金准备去上班时，随手将现金放在抽屉里，然后进里屋拿东西。不想，一男子进屋后用铁镐猛击其头部，致其当场死亡。就在该男子准备卷款逃跑时，江敏仁回家刚好路过，见邻居家大门敞开，引起警觉，便进去查看，发现歹徒脸上、身上都是血，正要拿走财物，当即喝令其放下，并冲上去欲抓歹徒，歹徒见状，一拳打退江敏仁后夺路而逃，江敏仁紧追不舍，他边追边喊：“抓小偷!”歹徒逃到一辆停在路边的公共汽车上，江敏仁紧跟着跳上公共汽车，最后在群众的帮助下，将歹徒抓获并扭送到公安机关。

【感悟】

见义勇为的英雄我们都喜欢，佩服他们的勇气和勇敢。看一个人是不是勇敢，关键是看他为正义的事敢不敢挺身而出。那些平日里好勇斗狠，遇到该见义勇为的事情却做缩头乌龟的人，算不上真正的勇敢。勇敢是一种好的品格，无论在事业上还是在学业上，都要靠勇敢的精神去取得成功。胆小怕事的人很难在事业上取得大的行为。

勇敢是勇气和力量的体现，但只有勇气是不够的，还要学会动脑筋。对于未成年人来说，应该掌握必要的自我保护知识，面对危险或遇到需要见义勇为的事情而自己的力量又不能应对时，应该寻求警察或成年人的帮助，避免无谓的牺牲。

【原文】

尽美矣，又尽善也。(《论语·八佾》)

【译文】

极其完善，极其美好，指完美到没有一点缺点。

【案例】

古希腊一位雕刻家完成雕像向雇主索要报酬时，雇主却只给他一半的钱。理由是雕像矗立在殿堂屋顶，殿堂位于高地山坡之上，没人能看到雕像的背面，但雕刻家把雕像的后面雕刻得和正面一样美丽。雕刻家的回答是，“上帝能看到!”多么好的回答！追求完美的雕刻家在作出这一回答的时候，其实已经把这次雕刻作为一次锻炼，把这座雕像作为一部作品写进了自己的人生。

【感悟】

追求完美是人的天性，勤奋和对自我的严格要求，是一种美德，会催人奋发。然而，我们却不能把时间浪费在如何使自己更加美好的幻想中，而是应该用实际行动来完善自己。每一次努力，都是一种收获；每一次行动，都是一种撒播；每一次奋斗，都是一种前进。只有不断努力，用行动来证实自己，你才会不断进步，也才会离你心目中的“完美”更进一步。

我们追求完美，但不必苛求完美。这个世界上有太多的人想要做到“尽善尽美”，但绝对完美的人是不存在的。如果你整天处于让自己成为绝对完美的人的状态之中，那么你可能什么也做不好。

【原文】

君子欲讷于言而敏于行。(《论语·里仁》)

【译文】

君子说话要谨慎，而行动要敏捷。

【案例】

吴汉是东汉名将，“质厚少文，造次不能以辞自达，然沉勇有智略”。他追随光武帝刘秀南征北战，立下汗马功劳，官至大司马。吴汉对刘秀忠心耿耿，“每从征伐，帝未安，恒侧足而言。诸将见战陈不利，或多惶惧，失其常度。汉意气自若，方整厉器械，激扬士吏”。吴汉在战场上不怕失败，百折不挠，但在朝廷上似乎变成了另外一个人，“斤斤谨质，形于体貌”，从不夸耀自己的战功，因此深受光武帝的器重。

【感悟】

毛泽东十分推崇“君子欲讷于言而敏于行”这种慎言敏行的思想，并因此给他的两个女儿分别取名为李敏、李讷。是的，我们要做少说空话而多做实事的人，无论是在学习上还是在今后的工作中，都要切记：少说多做。

【原文】

君子周急不继富。(《论语·雍也》)

【译文】

君子接济急切需要帮助的穷人，而不应当接济那些富人。

【案例】

孔子有个叫公西赤的弟子，比孔子小42岁。孔子在从政期间，有一次公西赤被派出去做大使，但是他母亲还在家，而冉求是公西赤的同学，他就代替公西赤的母亲请求一些粮食。孔子说：“好啊，给她一釜（大约是190斤）。”冉求觉得数量不多，请求孔子多给一点。于是孔子就说：“好吧，那就再加一庾（大约是480斤）。”孔子这次给得很多，可是冉求觉得还太少，正好他那时在孔子那里当总务，就把揽“大权”，另外给了一秉（数量很大）。孔子知道后批评了他。

【感悟】

公西赤这次出使齐国，神气得很：坐的是第一流的交通工具，穿的是第一流的行装，等于现在西装几十套，皮箱几十口。他有许多置装费和额外津贴，完全可以拿出一部分来给他母亲。我们帮助别人，要在别人急难的时候。公西赤已经有了足够的钱财，再给他那么多，没有这个必要。冉求这样做是不合适的，这也就是“求人须求大丈夫，济人须济急时无”的道理。

【原文】

君子坦荡荡，小人长戚戚。(《论语·述而》)

【译文】

君子心胸坦荡，小人却经常忧愁。

【案例】

契诃夫的小说《一个小官吏之死》描写了一个庶务官切尔维亚科夫的猥琐形象。切尔维亚科夫在剧院看戏，一个不慎将唾沫溅到了坐在前排的将军身上。他唯恐将军误会而一而再再而三地道歉，最终在将军不耐烦地呵斥后一命呜呼。

【感悟】

切尔维亚科夫怕无意中的喷嚏给上司留下不良印象，断送了自己的前程，可见“小人长戚戚”的根子，正是种种私心杂念。“荡荡”与“戚戚”，就其本质来说，是个胸襟、风度、气质、精神状态问题，透彻地展示了一个人的世界观、人生观、价值观。清正刚直的人一身正气，两袖清风，凭原则办事，靠真理吃饭，自然会襟怀坦荡，无所畏惧；而那些受陈腐观念束缚，满脑子利己主义，专门打一己小算盘的人，必然整天瞻前顾后，穷于应付，形容憔悴。

心胸宽广，思想开朗，遇事拿得起，放得下，才能永远保持一种健康的心态。私心杂念太多，患得患失，就会经常忧愁，甚至闹到凄凄惶惶的地步，实在是庸人自扰。有时候，我们可能会遭遇到别人的误会，可我们又无法解释清楚，这时就要放开心胸，不要想太多，不要让它影响到你的生活。要学会遇事拿得起，放得下。

【原文】

三军可夺帅也，匹夫不可夺志也。(《论语·子罕》)

【译文】

军队可以被夺去主帅，男子汉却不能被夺去志气。

【案例】

苏格兰的爱德华国王非常冷酷，他把英格兰人民心目中的英雄威廉·华莱士视为眼中钉，恨不得立刻除掉他，以消除自己心中的愤恨。但是他知道处决威廉·华莱士最好用公开的方法，让他屈服于自己惨无人道的酷刑，让那些反对自己的英格兰敌对力量失去斗志。他命刽子手残忍地折磨威廉·华莱士，可是无论酷刑有多残忍，身上有多痛，威廉·华莱士都不肯屈服。威廉·华莱士忍受着非人的折磨，坚持着自己的信念，捍卫着自己的尊严，令他的敌人无计可施。这让爱德华的计划泡汤，最后只得在群众的眼皮下极不体面地草草了结了威廉·华莱士的生命。在最后的时刻，威廉·华莱士用尽自己最后的一口气，喊出了那句令在场所有人潸然泪下的“自——由”!

威廉·华莱士虽然英勇就义了，但他的精神却鼓舞着英格兰人民继续为了自由和独立而战斗，前仆后继，最终取得了胜利。

【感悟】

帅可夺而志不可夺，士可杀而不可辱。这是因为，军队虽然人多势众，但如果主帅被人抓去，整个军队就失去了领导人，也就会全面崩溃。即使只有一个人，但只要他真有气节，志气坚定，那任谁也没有办法使他改变。这种宁死不屈的烈士事迹，可歌可泣，在历史上不胜枚举。相反，一个人如果没有气节，志气不坚定，则很可能在关键时刻受不住诱惑经不住高压而屈膝变节，成为人们所鄙视的叛徒。

因此，在任何情况下都不要丧失自己的尊严与志气，在面对诱惑时，要敢于拒绝。你觉得不好的事情，就坚持不要去做，不要受别人的影响而放弃原则。

【原文】

一箪食，一瓢饮，在陋巷。人不堪其忧，回也不改其乐。贤哉，回也!(《论语·雍也》)

【译文】

一箪食，一瓢水，住在小巷子里，别人都受不了那穷苦的忧愁，颜回却还是一如既往的快乐。颜回是多么有修养呀!

【案例】

唐代的刘禹锡因参加当时的政治革新运动而得罪了当朝权贵，被贬至安徽和州当一名小小的通判。按规定，通判应在县衙里住三间三厢的房子，可和州知县见他被贬而来，便横加刁难，安排他在城南面江而居。刘禹锡不但无怨言，反而很高兴，还随意写下两句话，贴在门上：“面对大江观白帆，身在和州思争辩。”和州知县知道后很生气，吩咐衙里差役把刘禹锡的住处从县城南门迁到县城北门，面积由原来的三间减少到一间半。新居处位于河边，附近垂柳依依，环境也还可以，刘禹锡仍不计较，并见景生情，又在门上写了两句话："垂柳青青江水边，人在历阳心在京。"那位知县见其仍然悠闲自乐，满不在乎，又再次派人把他调到县城中部，而且只给他一间只能容下一床、一桌、一椅的小屋。半年时间，知县强迫刘禹锡搬了三次家，面积一次比一次小，最后仅是斗室。想想这位势利眼的县官，实在欺人太甚，刘禹锡于是愤然提笔写下超凡脱俗、情趣高雅的《陋室铭》，并请人刻上石碑，立在门前。

【感悟】

人的一生不会都是平坦的，有太多的坎坷需要经历。莫要再抱怨，学会在艰苦的生活中寻找乐趣，这样你才会有更好的心态，也为以后更好地应对生活的困境做好心理准备。

学会在艰苦的环境中寻找乐趣，乐观地面对一切困境，使自己变得坚强，这样，你才能收获快乐！

【原文】

知者不惑，仁者不扰，勇者不惧。(《论语·子罕》)

【译文】

智慧的人不会迷惑，有仁德的人无所忧愁，勇敢的人无所畏惧。

【案例】

潘石屹在国家石油部工作的时候，有一天他的单位来了一名新员工。这位新员工在领办公桌的时候，坚持要一张新桌子。潘石屹感到很奇怪，新的旧的不都一样吗，都是用来写字的，于是他就问那个员工："你为什么非要用新桌子，旧的不一样吗？"新员工说："不一样，这张桌子可是要用一辈子的啊，当然要用新的了！"这句话给潘石屹的触动很大，他并不想就这样活一辈子，经过一番思索，潘石屹毅然选择了辞职，南下经商。经过了艰苦的奋斗，潘石屹现在已经成为一位成功的房地产开发商。

【感悟】

潘石屹的座右铭是：永远不做大多数，人不能安于现状，没有闯劲，碌碌无为地度过一生。不要沉湎于现实的安稳，而不敢迈步于创造的道路上。要知道谁也不是一开始就能成功的，成功需要拼搏，这样，当你年老时，回忆年轻时的奋斗岁月，只会会心地笑，而不会感觉遗憾。不要迷惑，不要忧愁，更不要畏惧，生活，就要敢拼敢闯！

【原文】

无欲速，无见小利。欲速，则不达；见小利，则大事不成。（《论语·子路》）

【译文】

做事不要图快，不要只见眼前小利。如果只图快，结果反倒达不到目的；只图小利，就办不成大事。

【案例】

有一个宋国人靠种庄稼为生，他每天都很辛苦地去田里劳动。每次劳动完回家，他都累得不想动，他感觉种田实在太辛苦了，可是自己又没有其他营生的方法。有一天，这个宋国人照例去田里劳作，可是辛苦了这么久，还是不见庄稼长高，宋国人气得抓住一颗庄稼苗往上拔，他看到被拔过的庄稼比别的高，宋国人就想，如果把所有的庄稼都拔高，这庄稼不就长得快了吗？自己也不用这么辛苦劳作了。于是这个宋国人从早忙到晚，终于把整块地的庄稼苗拔完了，他高高兴兴地回家了。第二天，宋国人去田里看他的庄稼苗，看到整片庄稼苗都已经枯死了……

【感悟】

自然界万物的生长，都有自己的客观规律，只有遵循客观规律去办事才能取得成功。愚蠢的宋国人不懂得这个道理，急功近利，急于求成，一心只想让庄稼按自己的意愿快长高，结果落得一个相反的下场。做任何事，切记莫急功近利，不要只看到一时的利益，急于求成而成大错。做什么事都要一步一步来，循序渐进，就像砍柴，必须多花点工夫把砍刀磨快，才能砍更多的柴。学习也是如此，要有耐心，要循序渐进地学好基本知识，逐渐提高，不要想着一口吃成一个胖子。

【原文】

德不孤，必有邻。（《论语·里仁》）

【译文】

有道德的人是不会孤单的，一定会有志同道合的人来和他相伴。

【案例】

宋神宗赵顼少有变革之志，在推行新法的过程中，异议不断，宋神宗以强硬的手段来推行新法，对于那些反对变法的保守派大臣，他毫不留情地予以严惩，而著名的大学者苏轼刚好赶上了风口浪尖，被贬调到湖州。苏轼调到湖州后，作了例行公事的谢表——《湖州谢上表》。苏轼性格豪迈，不拘小节，兴之所至，在谢表中添加了一句“知其愚不适时，难以追陪新进；查其老不生事，或可牧养小民”。其实这只是发牢骚来表示心中的不平之气，却引来了一些当政的新进们的不满，这些人更是处心积虑地从苏轼的其他诗文中找出个别句子，断章取义地给予定罪。这样一来，苏轼的罪名大了，宋神宗不得不下令逮捕他。苏轼好友王诜得知消息后，紧急派人告知苏轼，苏轼立即派人送信给兄长，但苏轼还是被捕。事后，朝廷中有多人爱惜苏轼的才华，为苏轼求情。当时赋闲在家的王安石听说此事后赶紧上书劝说宋神宗；重病在床的曹太后已经奄奄一息，听说苏轼的事后，抱病责备宋神宗。宋神宗遂下令对苏轼从轻发落，贬其为黄州团练副使。苏轼被拘禁近百日，终于获释。

【感悟】

人的本性都是善良的，任何有道德的行为都会得到人们本能的欢迎和喜爱，所以有道德的人是不会孤独的。如果你是个有道德的人，就不用担心自己不会得到人们的喜爱和欢迎。从现在起，努力培养良好的德行，提高个人素质，在和其他同学的交往中以德来规范自己，这样才会获得大家的喜欢，交到更多的朋友。

【原文】

君子敬而无失，与人恭而有礼，四海之内皆兄弟也。（《论语·颜渊》）

【译文】

君子敬慎而没有过失，待人谦恭有礼，天下的人都是自己的兄弟。

【案例】

在一家茶馆里，有个外国人在大声地喊服务员，服务员微笑着过来，只见那位外国人指着面前的杯子气愤地嚷道：“你看，你们的牛奶是坏的，把我的这杯茶都给糟蹋了！”服务员刚想辩解，经理过来阻止了她，并对那位顾客说：“真对不起，请您再等一下，我们马上给您换一杯。”说着，叫服务员把一杯新的红茶端到了那位顾客的面前，红茶旁边放着新鲜的柠檬和牛奶。经理对外国顾客说：“我想对您提一个建议，如果你要柠檬就不要再加牛奶了，因为柠檬酸会造成牛奶结块。”顾客听后脸一下子红了，匆匆喝完就赶紧离开了。其他顾客问经理：“刚才明明是他的错，他还那么粗鲁，你为什么还对他那么礼貌呢?”经理笑着说：“正因为他粗鲁，所以要用委婉的方式对待。到这儿来的都是我们的顾客，我们要为顾客提供最好的服务。更何况对人礼貌是一种应有的美德，要用和气来待人，四海之内皆兄弟嘛!”之后，那个外国人成了店里的常客。

【感悟】

你有没有这样的经历呢？在公车上有人不小心踩到了你的脚，而你恰好心情很不好，这时你会有什么反应呢？是很生气地回踩一脚，还是一笑而过原谅他人的过失呢。很明显，第一种方式只会让事情更糟糕，说不定到最后会吵得不可开交；而采用后者，在两人的相视一笑之后，一个小插曲就这样过去了。

中国人自古以来就尊崇“以和为贵”。人与人之间相处时很难不发生摩擦，这就需要我们以一颗宽容的心对待别人。当生气或愤怒的时候，转移自己的注意力或是设身处地地站在他人的位置上想一想，不要为一些小事伤了和气。与人为善，说的就是这个道理。

【原文】

过，则勿惮改。(《论语·学而》)

【译文】

有了错误不要回避，要勇于改正。

【案例】

华盛顿小的时候，他的爸爸送给他一把小斧子，华盛顿收到小斧子后非常高兴。他看到爸爸经常拿着斧子在园子里砍树，他准备拿着这把小斧子跟爸爸学习砍树。

一天，华盛顿走进爸爸的园子，想找他学习砍树，却没有看见爸爸的身影，他感到很失望。这时他看到面前的一棵樱桃树，他记得以前爸爸经常站在这棵树前，他想，爸爸或许想砍掉他。他低头看到手上的小斧头，正好想试试它，这样也可以帮爸爸的忙，于是他拎起斧头就往上砍，一下，两下……终于把这颗樱桃树砍断了。想到爸爸回来肯定会表扬他，他的心里别提多高兴了。

不久，爸爸回来了，当他看到被砍的樱桃树后，气得大声喊："是谁砍了我的樱桃树，这是我最喜欢的树啊!""爸爸，对不起，是我砍的，我以为你想砍掉它，我想帮你的忙，顺便也试下这把斧子，就……我以后再也不随便砍树了!"华盛顿看到爸爸那么生气，很坦白地对爸爸说。爸爸听了他的话，原本紧皱的眉头舒展开了。他一把抱起华盛顿，说："儿子，我很高兴你能勇敢地承认错误。你知错就改的态度让我很高兴，要知道，这永远比一棵樱桃树重要多了。所以我原谅你了!"

【感悟】

知错就改，善莫大焉。当你犯了错误时，要勇于承认自己的错误，不要因为害怕批评而不敢承认。"金无足赤，人无完人"，每个人都是在不断犯错误与不断改正中走过来的。无论在哪个人生阶段，在你不断地收获与补过失的同时，也在不断地失去和犯错。当你犯错时，最好的办法就是在努力弥补过失的同时，敢于面对自己的错误，并且改正错误。但要记住，同样的错误不要再犯第二次。

【原文】

事君数，斯辱矣；朋友数，斯疏矣。(《论语·里仁》)

【译文】

进谏次数过多，就会遭到耻辱；与朋友相处时，对朋友劝告次数过多，就会被朋友疏远。

【案例】

有一群豪猪，它们身上长满了尖利的刺。冬天来了，它们冻得直打哆嗦，于是有一只豪猪说："我们偎在一起吧，这样会暖和些。"于是，豪猪们就都偎在一起取暖。但是由于挨得太紧，身上的刺扎到了对方，每只豪猪都感到针扎似的疼。可一散开，冷气马上向它们袭来，于是它们又靠近，可是又感到疼痛。经过很多次的磨合，它们终于找到了最佳的距离，在彼此不伤害的前提下保持着群体的温暖。就这样，豪猪们度过了寒冷的冬天。

【感悟】

随着社会的发展，城市里的很多四合院都变成了高楼大厦，在单元楼里，邻里之间互不认识的有很多，相互碰面都是一脸的漠然。这样，人与人之间沟通的障碍越来越多。因此，朋友之间的沟通和友谊就显得更为重要。其实，与朋友相处也要有个度，相互间要有一定距离，不能太亲近，否则会影响朋友、家人的生活，但也不能太远，这样会疏远你们之间的关系。所以，在与朋友相处时，要注意把握关系，找到一个相处愉快而又不影响彼此的方式。

【原文】

君子泰而不骄，小人骄而不泰。（《论语·子路》）

【译文】

君子泰然自若而不骄傲，小人骄傲而不泰然自若。

【案例】

日本江户时期有个著名的茶师，他的主人很喜欢他的茶艺，几乎到了离不开的程度。有一天主人要外出办事，要求茶师和他一道出去，但是当时的社会很不稳定，浪人、武士凭借武力肆无忌惮。茶师很害怕，主人就让他挎上一把剑，打扮成武士的样子随主人外出。

一天，茶师一个人在外面闲逛，这时一个浪人走向茶师，要向他挑战。茶师对浪人说，自己不会武功，只是个茶师。浪人听了很生气："你不是武士却穿着武士的衣服，这是辱没武士的尊严，我要让你死在我的剑下！"茶师知道躲不过去了，就与浪人约定了时间决斗。茶师去了城里有名的武馆，向大武师求教作为武士最体面的死法。大武师很吃惊，茶师把遇见浪人的事说给大武师听，大武师听后让茶师为他泡一壶茶。茶师想，这是自己最后一次泡茶了，所以他做得很用心。他很从容地看着水在炉上烧开，然后把茶叶放进去，洗茶，滤茶，再一点一点地把茶倒出来。大武师看完他泡茶的整个过程后告诉茶师，只要用泡茶的心去面对那个浪人，便可免于一死。

茶师牢牢地记住了大武师的话，以泡茶的心去面对这个浪人。他笑看着武士，然后从容地取下帽子，端端正正地放在旁边，再解开外衣，一点一点地叠好压在帽子下面，又拿出绑带把袖口和裤腿扎紧。从头到尾，茶师都是不慌不忙的，浪人却是越看越紧张，他猜不出对手的武功到底有多高，他看到茶师的眼神和笑容就觉得心虚。茶师一切准备停当，最后一个动作就是拔剑了，他把剑挥向半空便停住了，因为他不知道接下来该怎么做了。而此时，浪人再也忍不住了，“噗通”一声跪下，求茶师饶命，并称他是最会武功的人。

【感悟】

不会任何武功的茶师为什么会取胜呢？其实这是心灵的胜利，是那种从容、笃定的气势。人最怕心里没底，这样做事最容易失败。当你面对一件未知的事情时，一定不要慌张，要从容地面对，把它当成平时吃饭、睡觉一样，放松心态，镇定地面对它，不要觉得它是未知的而无所适从。当你取得了一点成绩时，也不要去炫耀，要戒骄戒躁。这样才能心境平和，“泰然自若”。

【原文】

不怨天，不尤人，下学而上达。知我者，其天乎！（《论语·宪问》）

【译文】

不埋怨上天给的命运，不遇到挫折就怨恨别人，通过学习知识，理解其中的哲理，获得人生的真谛。了解我的，大约只有上天吧！

【案例】

有一位年轻人，家里很贫困，因此他总是怨天尤人。有一天，他遇见一位智者，智者知道了年轻人的境况，就问他：“年轻人，你拥有如此丰富的财富，为什么还要怨天尤人呢？”年轻人很急切地问：“财富？它在哪呢？”智者说：“那好，只要你把你的一双眼睛给我，我就把你想要的财富给你。”年轻人想，没眼睛怎么去看这个世界呢？就说：“不行，我不能把眼睛给你。”智者说：“那好吧，你把你的一双手给我，我就给你一幢豪华的房子和数不尽的黄金。”年轻人又想，如果没有了双手那还怎么生活啊？就说：“不行，我不能把我的双手给你。”智者笑了，说：“你有眼睛，就可以去学习；你有双手，就可以去劳动。这样，你已经拥有了无尽的财富，为什么还总是怨天尤人呢？”年轻人恍然大悟，财富是要自己去创造的，整天怨天尤人是没用的。

【感悟】

当生活不如意时，人最常见的反应是什么？责怪上天的不公，怨恨别人的美满，事实上，这是怨天尤人。找了那么多原因，为什么不从自己身上去发现问题呢？在这个时候，要保持良好的心态，挺起胸膛，紧握双手，将命运掌握在自己手中。播下了什么种子，就会收获什么样的未来。播下了怨天尤人的种子，只能收获悲观和失落；播下了奋斗的种子，就会收获一个成功美满的未来。你要为自己的未来播下什么样的种子呢？

【原文】

知之者不如好之者，好之者不如乐之者。（《论语·雍也》）

【译文】

懂得某种学问的人不如喜欢它的人，喜欢它的人不如以研究这种学问为乐的人。

【案例】

徐霞客从宁海西门出发，一路走向山川，他走的不是庙堂之路，而是走了世人的反方向，这必须有强大而独立的内心。如果一个人对于这个时代有过多的需求、寄望和依附，在功名的道路上总希冀得到什么，那他就没有勇气向世界的反方向出发！如今，有很多成功学教我们如何去应聘，如何去晋升，如何去处理人际关系，但是欲速则不达，当我们怀着急功近利的目标去想成为什么人时，往往就无法达到这个目标。徐霞客是快乐的，他是带着欢喜去远行。人对于职业有三种境界：知之者不如好之者，好之者不如乐之者。徐霞客就是这样，他的生命乐在其中。不是徐霞客开发了这条旅途，是这条旅途开发了徐霞客的生命，他与山水相互成全。所以，仅仅凭独立和信念，还略显沉重，对于未来的选择，我们还应该有一种无怨无悔的欢乐！达到自己灵魂的“逍遥游”。

【感悟】,

孔子这句名言为我们揭示了学习的秘诀：只有热爱学习本身，才能取得最好的效果。在同样的学习环境下，以不同的心态来对待学习，学习的效果也会不一样。

“兴趣是最好的老师”，善于学习的人，不一定非得三更眠五更起，相反，他们常常怀着很大的兴趣来探索未知的知识，以学到新知识为乐趣，这样学习起来很轻松，记忆又很深刻。如果把学习当成一件苦差事，自然就很难提起兴趣，哪怕每天在题海中忙碌，也只能事倍功半。

我们要学会做学习的主人，找到适合自己的学习方法，增强对学习的兴趣，在知识中领略趣味。这样学习才是可持久的，也是动力最足的。养成这种学习习惯，就会养成乐观向上的人生态度，将来在面对人生各种问题时，就能够积极乐观地去面对，而不是逃避或恐惧。

【原文】

学而时习之，不亦说乎？有朋自远方来，不亦乐乎？人不知而不愠，不亦君子乎？（《论语·学而》）

【译文】

学习知识并能经常去复习、练习，不也是很令人高兴的事吗？有朋友远道而来，不也是令人快乐的事吗？别人对我不了解，我也不怨恨，不也是有良好道德修养的君子吗？

【案例】

毛泽东特别爱读书，虽然他每天的工作都很忙，可他总是挤出时间，哪怕是分分秒秒，也要用来看书学习。有一次，毛泽东发烧超过39度，医生不准他看书。他难过地说："我一辈子爱读书，现在你们不让我看书，叫我躺在这里，整天就是吃饭、睡觉，你们知道我有多难受吗？"工作人员不得已只好把拿走的书又放回他身边，他这才高兴地笑了。毛泽东读书讲究精通，他喜欢的书，都是反复地读，对书里的内容、章节都了解得很透彻。

【感悟】

这是孔子最有名的话之一，也是中国人运用得最广泛的一句名言。这句话不但讲了学习知识的方法，还蕴涵做人的基本原则和为人处世的道理。"学而时习之"说的是学习的方法，知识的获得，要靠日积月累。对旧知识的复习巩固，是领悟新知识的基础，并且要把所学的知识转化为实践应用能力，这样才能不断进步。"有朋自远方来"是讲交友的道理。结交远方的朋友，可以相互交流，共同探讨学问，做到互通有无，从而完善自己的知识结构，提升自己的品味，这是人生一大乐趣。"人不知而不愠"，说的是注重自身修养。每个人所处环境不同，所受教育不同，个人的资质也不一样，你不可能了解每个人，也不能苛求别人都了解你。对同一件事情，各人所处角度不同，见解也不同。不分青红皂白就认定别人不对，是“井底之蛙”的表现，因为你可能是“盲人摸象”中的盲人，你的认识也许是不对的。因此，要用平和之心对待不同的见解。别人不认同你的看法，不理解你的做法，能做到平和地对待而不生气，这才是有修养的表现。

【原文】

季文子三思而后行。子闻之，曰：“再，斯可矣。”(《论语·公冶长》)

【译文】

季文子做事前，都要经过反复考虑之后才行动。孔子听说后，说：“考虑两次就行了。”

【案例】

从前，有兄弟俩去打猎。一只大雁飞了过来，兄弟俩同时拉弓搭箭瞄准。

哥哥说：“我把他射下来煮着吃。”

弟弟说：“鸭子煮着好吃，但大雁还是烤着吃更香。”

“煮着好吃。”

“烤着好吃。”

两人争论不休，就回去找父亲评理。

父亲告诉他们，把大雁分成两半，一半煮着吃，一半烤着吃。兄弟俩觉得很有道理，就高兴地回去找那只大雁，但大雁早就飞得无影无踪了。

【感悟】

做一件事必须进行全方位考虑，不能凭一时的冲动，拿不准的时候多听听旁人的意见，养成事前多思考的好习惯。但是在这个快速多变的社会中，稍一犹豫，时机就会在瞬间错失，有的时候考虑得太多也不好。正如鲍威尔曾经讲过的，要在掌握40%至70%信息的时候作出决策。信息过少，风险太大，不好决策；信息充分了，你的对手如果已经行动，你就出局了。

“三思而后行”与快速地把握时机并不矛盾，做事情要学会把握时机，同时在决策的时候还要多去思考。这样的人才有希望达到成功的彼岸，立于不败之地。

【原文】

工欲善其事，必先利其器。(《论语·卫灵公》)

【译文】

一个做手工或工艺的人，要想把工作完成、做得完善，应该先把工具准备好。

【案例】

纪昌听说飞卫的剑法很高，就前去学艺。飞卫收留了他，每天让纪昌盯住一个目标而不能眨眼睛。纪昌刚开始很不理解，为什么师傅不教射箭的技巧，却要每天练习不眨眼睛呢？虽然不理解，他还是照师傅的话去做了。就这样练习了两年，纪昌终于练到即使锥子向眼角刺来也不眨眼睛。接下来，飞卫又要求他练习眼力，要练到能将体积很小的东西清晰放大，就像离自己很近一样。纪昌更是迷惑了，师傅为什么还不教自己练箭法呢？这样他又苦练了三年，最终能把很小的飞虫看成年轮一样大。这时，师傅飞卫让他射箭。纪昌很纳闷，师傅还没有教射箭的技巧呢，怎么射箭呢？他张开弓，轻而易举地就射中了远处的一只飞虫。这时候，纪昌才领悟到师傅的良苦用心。

【感悟】

无论做什么，事先都要有所准备，不要盲目地去做没把握的事情。上战场前要把兵器磨好，准备齐当，这样在作战时才不至于猝不及防。作为一个学生，平时学习就要下苦功，这样才能在考试的时候做到游刃有余。没有准备的人是不会获得成功的，成功只留给那些有准备的人。

【原文】

子曰："朝闻道，夕死可矣。"(《论语·里仁》)

【译文】

孔子说："早晨得知真理，就是当天晚上死去也心甘。"

【案例】

临近毕业，网上论文买卖生意异常红火。除代写本科毕业论文外，不少网站还提供代写代发硕士、博士和各类职称论文的服务，为"枪手"和买主提供交易平台，并与学术期刊建立联系代发论文，形成一整套的产业链，在网上论文黑市中牟利。

【感悟】

儒者拥有崇高的人生理想和境界，并且有为理想奋斗和牺牲的勇气，追求“大道”。如果联想当代的学术氛围和治学方式，不用说为理想献身的精神，就连最起码的个人道德修养都成问题。

【原文】

三人行，必有我师焉。择其善者而从之，其不善者而改之。(《论语·述而》)

【译文】

三个人同行，其中必定有我的老师。我选择他善的方面向他学习，看到他不善的方面就对照自己改正自己的缺点。

【案例】

在动物们的集会上，猴子登台跳舞，深受欢迎，赢得大家的称赞，个个为之喝彩。大象却十分轻视猴子，他想：那么渺小、猴头猴脑的家伙怎配获得大家的喝彩？那热烈的掌声应该属于高大又沉稳的大象我啊！于是，他站了起来，自我得意地显示自己的舞技，结果，他那怪模怪样的舞姿洋相百出，使动物们大为扫兴，用棍棒打他，把他赶跑了。

【感悟】

大象不顾自身素质，盲目自傲且藐视猴子，结果丑态百出。那么，如果一个人一味盯着自己的优点，看不到别人的长处，同样会盲目自大，并且会失去很多宝贵的学习机会，因而给自己的人生留下遗憾。

“三人行，必有我师”是经过历史印证的警示箴言。我们每一个人都或多或少有自己的局限性，再失败的人也有其闪光点，所以，向他人学习，向自己的员工学习是一个聪明人的正常表现，不应该被认为是卑躬屈膝、技不如人。相反，积极向员工学习，努力展现一种谦虚、严谨、并蓄、开明的领导形象，会增强员工对你的认同，从而自觉接受你所带给他们的思维和行为上的转变，继而营造企业良好的文化氛围。应该说，有意识地向员工学习，可以向整个团队释放出众多有积极意义的影响。

在当今信息时代，要想不被社会淘汰就必须不断学习。同样，作为优秀的领导者，也必须是一个持续的学习者。学习的一个重要途径就是向员工学习，这样在获取知识的同时，有利于了解团队，有利于增加员工自我学习的意识和动力，有利于培养塑造一支学习型团队。

【原文】

学而不思则罔，思而不学则殆。(《论语·为政》)

【译文】

只读书而不思考就会感到迷惑，只是空想而不读书就会精神疲殆。

【案例】

为了读书，毛泽东把一切可以利用的时间都用上了。他的中南海故居，简直是书的天地，卧室的书架上，办公桌、饭桌、茶几上，到处都是书，床上除一个人躺卧的位置外，全都被书占领了。毛泽东外出开会或视察工作，常常带几箱子书。途中列车震荡颠簸，他全然不顾，总是一手拿着放大镜，一手按着书页，阅读不辍。到了外地，同在北京一样，床上、办公桌上、茶几上、饭桌上都摆放着书，一有空闲就看起来。毛泽东晚年虽重病在身，仍不废阅读。他重读了新中国成立前出版的从延安带到北京的一套精装《鲁迅全集》及其他许多书刊。毛泽东去世后，他的书房共留下97000多册书，相当于好多大单位图书馆的藏书量，很多书上都留有他的批注。

【感悟】

毛泽东的自学精神和读书习惯，我们许多人，特别是一些领导干部都应该感到脸红。当今世界，新科学、新知识日新月异，知识和经验“折旧”速度大大加快。作为领导干部，都应把毛泽东终生以书为伴的自学精神和读书习惯当成自己努力学习的教科书，把读书自学作为一种生活态度、一种工作责任、一种精神追求，在学习的过程中不断提高自己。这样，我们才能“不用扬鞭自奋蹄”。

【原文】

温故而知新，可以为师矣。(《论语·为政》)

【译文】

温习旧的知识，进而懂得新的知识，这样的人可以做老师了。

【案例】

1996年，抚顺石油三厂从美国引进的分子筛装置建成投产不久，3台P501进料泵相继泄漏，十几天换了4套密封，一下子消耗十多万元。赵林源决心运用所学的知识为P501泵冷却系统“动手术”，并更换密封件材质。然而，这套装置只有零件图和安装图，改造难度很大，涉及金属材料学、理论力学等8个学科，就是学机械密封专业的技术人员也感到头疼。他每天拿着图纸，找参考资料和工具书，一点点仔细研究进口密封的工作原理和工艺参数，终于发现造成密封磨损的原因是机泵过热，原装的冷却系统满足不了降温指数，他决定改造进口机泵冷却系统。

赵林源和班组成员一道，进行了多次改造。以前7天就要更换一套的密封件，如今可以使用6年以上，国外最高纪录是3年更换一次，设备运转周期因此达到世界先进水平。2008年，项目获得了国家科技进步二等奖。

赵林源说：“是班组这种创新文化的土壤培养了我，正是在这片沃土中我才得以不断成长。”十几年来，赵林源和工友们先后对抚顺石油三厂进口和国产设备的机械密封进行技术改造83项，有些进口设备的运转周期达到国际水平，为企业节省资金3000多万元。

【感悟】

“温故而知新”一句话的重点在“温”字，温故就是温习旧有的知识，在此基础上，通过领会贯通来“知新”，没有这个“温”字，“知新”就要依靠别的渠道了。离开书本知识，温故而知新也可以作为一种重要的人生体验，可以帮助你成就事业。人需要时常总结经验，在总结经验的基础上，继续进行新的探索。

五、本章小结

《论语》从多个角度反映了孔子的思想特征，在学习研究《论语》的过程中，很有必要把《论语》的思想体系化、科学化，从而更好地理解《论语》中的思想精神。要做到“古为今用”，就要研究《论语》的时代价值，为我国现代化建设服务。事实上，作为两千多年前的著名思想家、教育家，孔子和我们今人有许多共同之处，其中的许多思想是值得当代人认真学习的。这说明古代的思想家与我们今天的思想非常接近。当然孔子是人不是神，孔子也有自己的历史局限性，这是不可否认的客观事实。但是，研究孔子重在吸收孔子思想精华，而不是简单地全盘否定或全盘肯定。

【复习思考题】

1.《论语》作为一部涉及人类生活诸多方面的儒家经典著作，许多篇章谈到做人的问题，这对当代有哪些指导意义?

2.谈谈你对儒家孝道的理解以及孝的现代意义。

3.结合《论语》中关于“信”的论述，谈谈现代社会的诚信问题。

4.请收集20条以上孔子的名言名句。

第四章　儒家《孟子》选读

一、孟子简介

孟子（约前 372—前 289），名轲，字子舆，邹国（今山东邹城东南）人，战国时期伟大的思想家、教育家、政治家，是继孔子之后儒家重要的代表人物。后世将其与孔子并称为“孔孟”，且称其为“亚圣”。

孟子幼年丧父，家庭贫困，学成以后，游历于齐、宋、滕、魏、鲁等国，企图推行自己的政治主张，前后历时 20 多年。但孟子的仁政学说在当时被认为“迂阔”，而没有得到实行的机会。最后他退居讲学，和他的学生一起，“序《诗》、《书》，述仲尼之意，作《孟子》七篇”。

二、《孟子》概述

《孟子》一书是孟子的言论汇编，由孟子及其再传弟子共同编写而成，记录了孟子的语言、政治观点和政治行动，属儒家经典著作。其学说出发点为性善论，提倡“仁政”、“王道”，主张德治。

《孟子》有 7 篇 14 卷传世：《梁惠王》上、下；《公孙丑》上、下；《滕文公》上、下；《离娄》上、下；《万章》上、下；《告子》上、下；《尽心》上、下。《孟子》笔带锋芒，常用夸张、比喻和寓言故事增强说服力，在秦散文中极富特色。

南宋时朱熹将《孟子》与《论语》、《大学》、《中庸》合在一起称“四书”，直到清末，“四书”一直是科举必考内容。

三、孟子的主要思想

孟子自幼受儒家思想的熏习，并以继承和光大儒学为毕生追求，形成了以“性善论”、“民本”、“仁政”和“王道”为主要内容的孟子学说。

（一）性善论

性善论是孟子全部思想的基础，是孟子谈人生和谈政治的理论根据。

孟子说：“人性之善也，犹水之就下也。人无有不善，水无有不下。”（《孟子·告子上》）人性的善，就好比水朝下流一样。人性没有不善的，水没有不向下流的。人具有一种先验的善性，而人性之所以都是善的，是因为人生来就具有“四心”。孟子认为，人都有恻隐之心、羞恶之心、辞让之心、是非之心。

“恻隐之心，仁之端也；羞恶之心，义之端也；辞让之心，礼之端也；是非之心，智之端也。人之有是四端，犹其有四体也。”（《孟子·公孙丑上》）在孟子看来，没有同情、羞耻、辞让、是非之心的人，简直不是个人。这四心分别是“仁、义、理、智”的开端，而人有此四端，就好比人有四肢一样，是自然而然的。

孟子认为：“仁、义、礼、智，非由外铄于我也，我固有之也。”（《孟子·告子上》）仁、义、礼、智，不是由外界赠给我的，是我本来就具有的。这就是孟子著名的“四端”说，也是孟子的“性善”论。这是一种与生俱来的善性。

（二）民本、仁政思想

1. 民本思想

把人民看做国家政治的根本，是孟子思想的精华所在。

“民为贵，社稷次之，君为轻。”（《孟子·离娄上》）孟子认为如何对待人民这一问题，对于国家的治乱兴亡，极为重要。孟子十分重视民心的向背，通过大量历史事例反复阐述这是关乎得天下与失天下的关键问题。人民放在第一位，国家其次，君在最后。孟子认为君主应以爱护人民为先，为政者要保障人民权利。他认为决定统治者统治地位的政治基础是民心的向背，民心归服是统一天下的决定性因素。

2. 仁政思想

孟子继承和发展了孔子的德治思想，发展为仁政学说，成为其政治思想的核心。孟子说："以不忍人之心，行不忍人之政，治天下可运之掌上。"（《孟子·公孙丑上》）孟子认为，这是一种最理想的政治，如果统治者实行仁政，可以得到人民的衷心拥护。"仁政"的基本精神就是对人民有深切的同情和爱心，主要体现在养民、教民两个方面。

第一，养民。"民之为道也，有恒产者有恒心，无恒产者无恒心。苟无恒心，放辟邪侈，无不为己。"（《孟子·滕文公上》）孟子的仁政就是要合理解决土地、衣食、教育等基本问题，其中最主要的是土地问题，"仁政必自经界始"（《孟子·滕文公上》）。

第二，教民。向人民施以教化。养民是解决民众的经济问题，教民则是解决民众的道德问题。孟子认为："善政不如善教之得民也。善政，民畏之；善教，民爱之。善政得民财，善教得民心。"（《孟子·尽心上》）他认为教化是保证社会和谐的重要措施。

（三）道德伦理

孟子把道德规范概括为四种，即仁、义、礼、智，同时把人伦关系概括为五种，即"父子有亲，君臣有义，夫妇有别，长幼有序，朋友有信"。他认为如果每个社会成员都用仁义来处理各种人际关系，封建秩序的稳定和天下的统一就有了可靠保证。

"老吾老以及人之老，幼吾幼以及人之幼。"（《孟子·梁惠王上》）这与孔子对大同之世的理解："人不独亲其亲、不独子其子，使老有所终、壮有所用、幼有所长、矜寡孤独废疾者皆有所养。"是一脉相承的。

（四）教育思想

孟子的教育思想，也是孔子"有教无类"的教育思想的继承和发挥。他们都把全民教育当做实行仁政的手段和目的。

一方面，主张"设为庠序学校以教之"（《孟子·滕文公上》），加强学校教育；另一方面，要求当政者要身体力行，率先垂范。"君仁，莫不仁；君义，莫不义；君正，莫不正。"（《孟子·离娄上》）以榜样的力量，教化百姓。

对教育方法的改进，孟子很推崇“易子而教”的传统教育方法。当他的得意门生公孙丑询问有的君子为何不亲自教育自己的儿子时，孟子回答道：“势不行也。教者必以正；以正不行，继之以怒。继之以怒，则反夷矣。……古者易子而教之，父子之间不责善。责善则离，离则不祥莫大焉。”（《孟子·离娄上》）父子之间由于感情深厚，父亲对儿子的教育往往不严，对于儿子的一些错误和毛病也因为溺爱和娇惯而放任，从而使正确的教育难以为继。所以，“父子之间不责善”，易子让别人来教育，既能从严要求，也能保持父子之间的亲密关系，不伤害感情。

四、作品选读

【原文】

舜发于畎亩之中，傅说举于版筑之中，胶鬲举于鱼盐之中，管夷吾举于士，孙叔敖举于海，百里奚举于市。故天将降大任于斯人也，必先苦其心志，劳其筋骨，饿其体肤，空乏其身，行拂乱其所为，所以动心忍性，曾益其所不能。人恒过，然后能改；困于心，衡于虑，而后作；征于色，发于声，而后喻。入则无法家拂士，出则无敌国外患者，国恒亡。然后知生于忧患，而死于安乐也。（《孟子·告子下》）

【译文】

舜从田间劳动中成长起来，傅说从筑墙的工作中被选拔出来，胶鬲被选拔于鱼盐的买卖之中，管仲被提拔于囚犯的位置上，孙叔敖从海边被发现，百里奚从市场上被选拔。上苍把重任落到某人身上，一定先要使他殚精竭虑，筋骨劳顿，肠胃饥饿，身体困乏，做事总是不能如意，这样，便可以震动其心意，坚韧其性情，增强其能力。人常常是出了错才能学会改正错误；心意困苦，思虑阻塞，才能奋发进取；表现在脸色上，表达在言语中，才能被人了解。一个国家，内没有严明的世臣，诤谏的士人，外无与之抗衡的邻国，常常容易被灭掉。我们由此可以懂得一个道理，忧患使人生存，安逸使人死亡。

【案例一】

公元前497年，吴越两国交战，吴国大获全胜。越王勾践投降后和妻子一起前往吴国。他们夫妻两个住在吴王夫差父亲墓旁的石屋里，在这里看守坟墓和养马。每次吴王出游的时候，勾践总是拿着马鞭，恭恭敬敬地跟在后面。有一次吴王生病了，勾践为了向吴王表明他的忠心，亲自去尝吴王大便的味道，为此来确诊吴王病愈的日期。吴王觉得勾践对自己很忠诚，于是就把勾践夫妇放回了越国。

【感悟】

不经历风雨，怎能见彩虹。人生在世，要实现自己的价值，是不可能一帆风顺的。在遭遇失败打击时，不要灰心丧气，而要把失败挫折看成是磨炼意志的过程。要知道，这世界上没有随随便便的成功，即使是天才也不可能一顺到底。面对人生中的各种难关，不要轻言放弃，坚持，再坚持，命运总会垂青那些懂得在磨难中不忘前行，一直追求梦想的人。

【案例二】

在深山里有两块石头，其中一块石头不安于现状的安逸，想出去闯一闯，于是它对第二块石头说："老兄，我们去看看外面的世界吧，无论结果如何，总是搏了一把，也不枉来世上走一遭啊！"第二块石头对此事不屑一顾，说："不，我才不去呢。放着眼前舒适的生活你不知道享受，非要跑到外面去遭受磨难，你怎么那么傻呢？我可不想使自己粉身碎骨！"

第一块石头说服不了自己的朋友，便独自出去了。它随着山谷的溪水滚落下去，路上经历了自然界的各种磨难，但它毅然执著地坚持着。第二块石头在山上尽情地享受安逸的生活。很多年以后，历尽了尘世各种磨难的第一块石头如同在熔炉中锻造过一样，脱胎换骨变成了世间的珍品，被千万人赞美。第二块石头知道后，开始羡慕第一块石头，但是一想到要经历千锤百炼，它又退缩了。人们为了更好地珍藏第一块石头，决定为它建造一座精美、宏伟的纪念馆，建造材料要全部用石头。于是，人们来到山上，把第二块石头弄成了碎块，给第一块石头建起了纪念馆。

【感悟】

每个人都喜欢享受安逸的生活，厌烦生活中的忧虑祸患。但现实中的生活并不像想象的那样一帆风顺，我们或多或少或早或晚都会遇到坎坷，这就需要我们勇敢地面对挫折。《士兵突击》中有这样一句话："人不能活得太舒服，太舒服了就会出问题。"的确，"宝剑锋从磨砺出，梅花香自苦寒来”，安逸舒适的生活会渐渐消磨我们的意志，打消我们进取的积极性，从而使我们一事无成。只有充满忧虑祸患的人生才更有利磨砺意志，使我们尽情地施展抱负，体会人生的意义和价值。

【原文】

老吾老，以及人之老；幼吾幼，以及人之幼。(《孟子·梁惠王上》)

【译文】

尊敬自己的父母，并且将这种感情推及别人的父母身上；爱护自己的儿女，并且将这种感情推及别人的儿女身上。

【案例】

有一个从越战归来的士兵，在回家前打电话给他的父母，告诉他们：“爸妈，我回来了，可是我想带一个朋友回去，好吗?”“当然好啊!”他们回答，“只要是你的朋友，我们都会很高兴的。”

儿子接着说：“可是有件事我想先告诉你们，他在战争中受了重伤，少了一条胳臂和一只脚，他现在走投无路，我想请他回来和我们一起生活。”

“儿子，我很遗憾，不过或许我们可以帮他找个安身之处。”父亲又接着说，“儿子，你不知道自己在说些什么。像他这样残障的人会对我们的生活造成很大的负担，我们还有自己的生活要过，不能就让他这样破坏了。我建议你先回家然后忘了他，他会找到自己的一片天空的。”就在此时儿子挂上了电话，他的父母再也没有他的消息了。

几天后，这对父母接到了警局的电话，告诉他们亲爱的儿子已经坠楼身亡了。警方调查过，这只是单纯的自杀案件。等到警方带领他们到停尸间去辨认儿子的遗体时，他们才发现，他们的儿子居然只有一条胳臂和一条腿。

【感悟】

尊老爱幼自古就是我国的优良传统。尊重自家的长辈，爱护自己的子女，对多数人来说都不是难事，但是像尊重自己的长辈、爱护自己的子女一样去尊重爱护别人，有几个能做到呢？社会本身就是一个大家庭，以一颗善良的心对待周围的人，也会受到别人的真心。善良的人有博爱的心，得到的爱也最多。爱别人等于爱自己，与人为善就是与己方便。

【原文】

挟太山以超北海，语人曰："我不能"，是诚不能也。为长者折枝，语人曰："我不能"，是不为也，非不能也。(《孟子·梁惠王上》)

【译文】

要一个人把泰山夹在胳膊下跳过北海，这人告诉人说："我做不到。"这是真的做不到。要一个人为老年人揉揉胳膊，这人告诉人说："我做不到。"这是不愿意做，而不是做不到。

【案例】

放手去做，一切皆有可能：乔·吉拉德给我们的启示！乔·吉拉德是世界上最伟大的销售员，他连续12年荣登世界吉斯尼纪录大全世界销售第一的宝座，他所保持的世界汽车销售纪录：连续12年平均每天销售6辆车，至今无人能破。乔·吉拉德也是全球最受欢迎的演讲大师，曾为众多世界500强企业精英传授他的宝贵经验，来自世界各地数以百万计的人被他的演讲所感动，被他的事迹所激励。35岁以前，乔·吉拉德是个失败者，他患有相当严重的口吃，换过40个工作仍一事无成，甚至曾经当过小偷，开过赌场；然而，谁能想象得到，像这样一个谁都不看好，而且是背了一身债务几乎走投无路的人，竟然能够在短短三年内爬上世界第一，并被吉尼斯世界纪录称为"世界上最伟大的推销员"。他是怎样做到的呢？虚心学习、努力执著、注重服务与真诚分享是乔·吉拉德的成功关键。

【感悟】

在面对挑战或压力的时候，很多人总是说，"我做不到"，是真的做不到吗？都没有去尝试，怎么会下"我做不到"这种结论呢？实际上，有些事情不是我们不能做到，而是我们不愿意去做。归根结底，还是不自信！不自信，就没有勇气去尝试，就会在未知的情况下否定自己。不自信，是阻碍你前进的最大障碍。销售是需要智慧和策略的事业，但在我们看来，信心和执著最重要，因为按照预测推断没人会想到乔·吉拉德后来的辉煌！由此可以推断，如果你的出身比乔·吉拉德强，没有偷过东西，如果你不口吃，那你没有理由不成功，除非你对自己没有信心，除非你真的没有努力过，奋斗过！

【原文】

曰："独乐乐，与人乐乐，孰乐？"曰："不若与人。"曰："与少乐乐，与众乐乐，孰乐？"曰："不若与众。"（《孟子·梁惠王下》）

【译文】

孟子说："独自娱乐的快乐，与他人一起娱乐的快乐，哪一种更快乐呢？"宣王说："不如与他人一起娱乐更快乐。"孟子说："与少数人一起娱乐的快乐，与多数人一起娱乐的快乐，哪一种更快乐呢？"宣王说："不如与多数人一起娱乐更快乐。"

【案例】

看到孩子们在自己的花园里玩，巨人很生气，他在花园周围筑起了高墙，将孩子们拒于墙外。从此以后，园里花不开，鸟不语，一片荒凉，春夏秋都不肯光临，只有冬天永远留在这里。孩子们从墙洞爬进来，春天也就跟着孩子们来了，园里立刻变得生机勃勃。当他把孩子们再次赶出花园之后，花园又被冰雪覆盖了。后来，在小男孩的启发下，巨人醒悟了，随即拆除了围墙，花园成了孩子们的乐园，巨人生活在漂亮的花园和孩子们中间，感到无比的幸福。

【感悟】

孟子的话旨在告诉我们要学会与人分享快乐。与人分享快乐，快乐就会变成两份；与人分担痛苦，痛苦就剩下二分之一。一个人的快乐是小快乐，与亲人朋友及周边的人分享的才是真正的快乐，因为它让每个人都开心；而当你伤心难过向朋友倾诉时，痛苦就会在友情的力量下变得微不足道。人生的道路漫长而崎岖，要学会与人分享你的快乐，也要学着帮助别人分担痛苦，这样的人生才会充满意义。

【原文】

戒之戒之！出乎尔者，反乎尔者也。（《孟子·梁惠王下》）

【译文】

警惕啊警惕啊，你怎样对别人，别人就怎样回报你。

【案例】

一个极其寒冷的冬日的夜晚，路边一间简陋的旅店来了一对上了年纪的客人。不巧的是，这间小旅店早就客满了。“这已是我们寻找的第十六家旅社了，这鬼天气，到处客满，我们怎么办呢?”这对老夫妻望着店外阴冷的夜晚发愁地说。

店里的小伙计不忍心这对老人出去受冻，便建议说：“如果你们不嫌弃的话，今晚就住在我的床铺上吧，我自己在店堂里打个地铺。”老夫妻非常感激，第二天要照店价付客房费，小伙计坚决拒绝了。临走时，老夫妻开玩笑地说：“你经营旅店的才能真够得上当一家五星级酒店的总经理。”

“那敢情好！起码收入多些可以养活我的老母亲。”小伙计随口应道，哈哈一笑。

没想到两年后的一天，小伙计收到一封来自纽约的信，信中夹有一张往返纽约的双程机票，信中邀请他去拜访当年那对睡他床铺的老夫妻。

小伙计来到繁华的大都市纽约，老夫妻把小伙计引到第五大街和三十四街交汇处，指着那儿的一幢摩天大楼说：“这是一座专门为你兴建的五星级宾馆，现在我们正式邀请你来当总经理。”

年轻的小伙计因为一次举手之劳的助人行为，美梦成真。这就是著名的奥斯多利亚大饭店经理乔治·波菲特和他的恩人威廉先生一家的真实故事。

【感悟】

人与人之间的关系是相互的，你帮助了别人，别人反过来就会在你困难的时候帮助你。你播下善意的种子，就会收获回报的果实。无论在学习中还是在生活中，都要与同学和家人处好关系，这样你才能有一个好的学习环境和温馨的家庭氛围，这对一个人的健康成长是很重要的。

【原文】

夫人必自侮，然后人侮之；家必自毁，而后人毁之。(《孟子·离娄上》)

【译文】

人一定先是有自取侮辱的原因，然后别人才侮辱他；家必先有自取毁坏的原因，然后别人才毁掉它。

【感悟】

世界上没有绝对完美的人，每个人或多或少都有缺点或短处。有的人能看到自己的不足，并且懂得积极地去改正，但是有的人不仅看不到，还总是给自己找借口，在受到别人的批评时不以为然。做人最重要的一点是看清自己，只有敢于正视自己的人才能不断进步，才能得到别人的称赞。

【原文】

自暴者，不可与有言也；自弃者，不可与有为也。(《孟子·离娄上》)

【译文】

自己糟蹋自己的人，不可能同他谈出什么有价值的言语；自己抛弃自己的人，不可能同他有所作为。

【案例】

英国诗人拜伦天生跛足，因此上小学的时候，他很少参加体育锻炼。有一天，他站在操场边看同学们打球。一个孩子看到了拜伦，非要拉他去打球，拜伦一再推托，可是那孩子怎么也不愿意放开他，还找来一个竹篮子要拜伦把一只脚踩进去，并绕着操场走一圈。拜伦很生气，但他打不过那个孩子，只好忍气吞声地绕着操场走了一圈，遭到很多同学的嘲笑。回到家，拜伦想：今天之所以受到侮辱，就是因为自己体弱，以后绝不能让别人小瞧我。于是，拜伦就开始了风雨无阻的体育锻炼。

一年过后，拜伦的体质增强了，他参加了学校举办的运动会，并在击剑比赛中打败了那个侮辱他的孩子。

【感悟】

在我们身边，经常可以听到这样的话：“我这个人就这样了，什么事也做不了。”像这样瞧不起自己的人，别人能看得起他吗？如果拜伦因为别人的当众侮辱就自暴自弃，而不是把屈辱当做动力，就不会战胜那个坏孩子，重新赢得尊重了。

当孩子因为某些自卑和弱点而遭受屈辱的时候，家长应该以此激励孩子，要像诗人拜伦一样，依靠意志和耐力去战胜和克服不利因素，以证明自己的能力，从而赢得尊重。

【原文】

人之患在好为人师。(《孟子·离娄上》)

【译文】

人的毛病在于喜欢做别人的老师。

【案例】

有个失意的书生来到寺庙拜访住持。住持问他为何如此失意，书生对住持说："我一心想要学绘画，可是到现在我都没找到一个令我满意的老师。"住持问："你走了这么多地方，这么多年都没找到一个让你钦佩的老师吗?"书生叹了口气说："他们都是徒有虚名，我画的都比他们好，他们怎么配做我的老师!"住持听了，对书生说："我虽然不懂绘画，但是我也收集了一些名家的精品。既然你的画技比他们还要好，那就请你给老衲留下一幅墨宝吧。"说着，命小和尚取来笔墨和宣纸。书生问住持想要他画什么，住持说自己喜欢品茶，就画一个茶杯和茶壶吧。不一会儿，书生就画出了一个茶杯和茶壶，那茶壶的壶嘴正对着茶杯注水。住持问学生："你是不是把茶壶和茶杯的位置弄错了?"书生大笑说："住持怎么这么糊涂啊，哪有茶壶往茶杯里注水，茶杯在茶壶上面的呢?"住持听了，笑着说："原来你明白这个道理啊！你希望自己的杯子里能注入那些高手的香茗，但你却总把杯子放得比那些茶壶还高，香茗又如何能注入你的杯子中呢?"书生听了恍然大悟，从此谦虚好学，最终成为有名的画家。

【感悟】

孔子说："三人行，必有我师焉。"俗语也说："活到老，学到老。"但是在日常生活中，我们往往认不清自己的角色定位，只要稍微学会一点东西就搬出来卖弄，一心想做别人的老师。须知，老师也须时时刻刻地学习，只有不断学习才能更好地向别人传授知识。在科技日益发达的今天，作为祖国未来的接班人，更应该虚心向别人求教，来弥补自己的不足，完善自己。

【原文】

人有不为也，而后可以有为。(《孟子·离娄下》)

【译文】

一个人应当对某些事放弃不做，才能够集中力量有所作为。

【案例】

有个年轻人很羡慕一位富翁取得的成就，于是就去拜访那位富翁。富翁得知青年的来意后，吩咐仆人拿来一个大西瓜，富翁当着青年的面把西瓜切成了大小不等的三块，然后对青年说："这三块西瓜分别代表一定程度的利益，这样的话你会怎么选择呢?"青年毫不犹豫地说要拿最大的那块。富翁笑了笑，把那块最大的西瓜递给青年，而他自己却拿了最小的那块，然后他们开始吃西瓜。富翁的那块西瓜很小，一会儿他就吃完了，于是他又拿起剩下的一块开始吃起来，而青年这时还在吃那块最大的西瓜。其实，那块最小的西瓜和最后剩下的那块加起来比那块最大的西瓜要大好多。如果每块西瓜代表一定程度的利益，那么富翁得到的利益比青年得到的多得多。这时，富翁对青年说："要想成功，就要先学会放弃。"

【感悟】

人生要面临太多的选择，而我们又无法顾及全部，这就要求我们必须学会舍弃。如果全部顾及，只会顾此失彼，什么都做不好，甚至一无所成。有些人因为贪婪，想得到更多的东西，却把现在拥有的失掉了，这是得不偿失啊！现在很多家长想让自己的孩子全面发展，不顾及孩子自身的需要而盲目地给孩子报各种各样的补习班，孩子无法一下子顾及那么多的课程，结果补习班的课程没上好，还把学校的学习给耽误了。有些东西是可以不要的，不要对它紧抓不舍，要学会放弃。适时的放弃有时候也是一种收获，一种智慧。

【原文】

仁者爱人，有礼者敬人。爱人者人恒爱之，敬人者人恒敬之。(《孟子·离娄下》)

【译文】

仁慈的人爱别人，有礼的人尊敬别人。爱别人的人，别人都爱他；尊敬别人的人，别人都尊敬他。

【案例】

有个小男孩和妈妈怄气，他爬到山上，大声地喊："我恨你，我恨你!"马上，他就听到山谷的回音"我恨你，我恨你!"这是小男孩第一次听见回声，他很害怕，就赶紧回家找妈妈，告诉妈妈说山谷里有个坏孩子在喊"我恨你，我恨你"。妈妈听见儿子的话后，又带着小男孩来到山上，让他对着山谷喊"我爱你"，结果听到对面传来"我爱你"的声音。小男孩顿时明白了一切，他对妈妈大声地说："我爱你!"

【感悟】

生命是一种回声，播种什么，就收获什么；给予什么，就得到什么；你越吝啬，你越一无所有。播种爱心，收到的是鲜花，你自己也一定会沉浸在鸟语花香的美好氛围之中；播种怨恨，收到蒺藜，你自己也一定会深陷在荆棘丛生的险恶境地之中。所以，只有尊重别人，别人才会尊重你。从某种意义来说，播种就是收获，如果你想从别人那里获得，那么最明智的办法就是先把自己的好东西分享给别人。

【原文】

虽有天下易生之物也，一日暴之，十日寒之，未有能生者也。(《孟子·告子上》)

【译文】

即使有一种天下最容易生长的植物，晒它一天，又冻它十天，没有能够再存活的。

【案例】

美国著名心理学家瓦尔特·米歇尔曾以一群小孩为对象做过一个有趣的实验：他给每个孩子发了一颗孩子们都喜欢的软糖，然后告诉满心欢喜的孩子们，自己有事要出去一会儿。

他希望每个孩子都不要吃掉自己手中的软糖，他对孩子们许下诺言："如果谁能将自己手里的软糖留到我办完事情回来再吃，我会再奖励给他们两块软糖。"之后，他便出去了。

他出去之后，无事可做的孩子们守着那颗诱人的软糖，等啊等，终于有人熬不住了，吃掉了自己手里的那颗糖，接着有部分孩子做了同样的事……

20分钟之后，米歇尔"回来"了，他履行了自己的诺言，给没有吃掉糖的孩子每人奖励两块糖，那些提前吃掉软糖的孩子则没有得到奖励。

实验进行到此并没有结束，米歇尔继续追踪、研究那群接受这项实验的孩子们。多年以后，他经过统计分析发现，当初那些不能等待的孩子大多一事无成，而日后创出一番辉煌事业的全都是当年愿意等待的孩子。

【感悟】

天才就是长期的坚持不懈，无论干什么事，要取得成功，坚持不懈的毅力和持之以恒的精神都是必不可少的。很多人终其一生一事无成的原因，就是他从来没有在任何一件事情上坚持过。

如果缺乏专心与恒心，再简单的小事也将半途而废，难以成功。因此，无论做什么事，只要确定下来，就要坚持到底。很多时候我们之所以失败，并不是方向不对，方法不对，而是缺少坚持，是做事的态度出了问题。当你决定做一件事的时候，千万不要轻言放弃，要学会坚持。

【原文】

鱼，我所欲也；熊掌，亦我所欲也。二者不可得兼，舍鱼而取熊掌者也。生，亦我所欲也；义，亦我所欲也。二者不可得兼，舍生而取义者也。（《孟子·告子上》）

【译文】

鱼是我所想要的，熊掌也是我所想要的，如果两种东西不能同时拥有，就舍弃鱼去取熊掌。生命是我所想要的，道义也是我所想要的，如果两种东西不能同时拥有，就舍弃生命而选择道义。

【案例】

从前有个财主犯了罪，县官对财主说："你犯了罪，就要接受惩罚，我给你提供三种接受惩罚的方式，你自己选择吧！第一种罚 50 两银子，第二种是抽 50 皮鞭，第三种是生吃 50 斤大蒜。"财主是有名的小气鬼，他怕花钱又怕挨打，想想吃大蒜应该不是什么难事，就选择了第三种。县官命手下拿来了 50 斤大蒜，财主拿起大蒜开始吃起来，刚开始他觉得很轻松，可他越往下吃越难受，等吃到第 3 斤的时候，他感觉自己就像被烈火炙烤一样。他大喊自己不要吃大蒜了，宁可挨 50 皮鞭。但衙役刚打了 10 鞭，财主就皮开肉绽，疼得忍不住了。最后，他不得不掏出了 50 两银子。

【感悟】

人总要面对选择，而选择是最难的，在很多时候都难以做到两全其美。就像既想欣赏残月之凄美，又想领略圆月之皎洁一样，这是无法同时做到的。所以当我们面对选择时不要盲目，要分清哪个才是更有意义更正确的，当目标确定之后就要勇敢果断地去做，不要见了芝麻丢了西瓜，什么都想要，沉着稳重作出对的选择，才会成功。

【原文】

天时不如地利，地利不如人和。(《孟子·公孙丑下》)

【译文】

有利于作战的天气、时令，比不上有利于作战的地理形势；有利于作战的地理形势，比不上人心所向和内部团结。

【案例】

春秋时期，齐景公派田书伐莒。莒国国王从都城逃到了附近的纪鄣城。纪鄣城雄踞于高山峻岭之中的一个高阜之上，四周都是深沟险壑，易守难攻，要攻城，只能从城门下手，别无他路。

田书派士兵强攻，齐国士兵虽然勇敢，但却始终无法攻进去。于是，他改派密探进城打探情况，很快密探打听到了一个消息：有个寡妇自丈夫被莒国国王冤杀后，就整天编绳子，现在已经编得很长了。于是，他设法找到那个寡妇，并说明了来意。寡妇非常激动，说："我等这一天已经很久了，为夫报仇的机会终于来了。"说完，她便把自己制作的绳子都献了出来。

深夜，密探用小车带着几十条绳子来到城墙边，把绳子的一端固定好，另一端从城头上垂放下来。田书立刻让善于攀登的士卒顺着绳子悄悄往上爬，先后爬上去了60个人。然后这些士卒高叫："齐军进城了！齐军进城了……"莒国国王从梦中惊醒，以为齐军真的已经攻进了纪鄣城，吓得衣服也没穿整齐就仓皇地带领家眷从西城门逃走了。从此，莒国失去了险要的据点，元气大伤，不得不对齐国唯命是从。50多年后，莒国最终被齐国吞并。

【感悟】

胜败取决于人心向背。无论是战争年代还是和平时期，不论是战场还是商场，民心向背始终是决定因素。

【原文】

然则治天下独可耕且为与？有大人之事，有小人之事。且一人之身，而百工之所为备，如必自为而后用之，是率天下而路也。故曰，或劳心，或劳力；劳心者治人，劳力者治于人；治于人者食人，治人者食于人。天

下之通义也。(《孟子·滕文公上》)

【译文】

难道一个人能边管理国家，边种地吗？官有官的事，民有民的事。只要是人，各种用品就都不可缺少，如果每件用品都自己制作，就只能率天下人疲于奔命了。所以我说，有的人动脑力，有的人动体力；动脑力的人是管理者，动体力的人是被管理者；被管理者供养别人，管理者靠人供养。这是天下通则。

【案例】

魏老师在组织学生交纳基本学习费用时，把收费任务交给了一个学生。接到任务的学生拿着纸和笔，准备按座位顺序依次开始收费。这时，魏老师叫住了他，说："用手表收。"学生不解地问："老师，用手表怎么收啊?"魏老师笑着说："别急，先站在一边，思考思考。"过了一会儿，学生说："老师，您真高明，我知道了，您是想让我组织一个'收费比赛'。"在魏老师的点拨下，负责收费的学生组织了一次小组收费比赛，以卫生小组为单位，委托每个小组的组长下去收费，收费快、过程不出差错的小组获得比赛的胜利（具体比赛细则在这里就不详述了）。这样一来，最快的小组只用了 10 分钟就把钱收齐了。小组长用写有姓名和钱数的白纸把钱包好，交给了负责收费的学生。当负责收费的学生正要把纸包交给魏老师时，魏老师又启发他说："再想想，收费过程结束了吗?"在魏老师再一次点拨下，负责收费的学生监督、陪同各个小组的组长，一起把钱送到了会计室。经会计清点，证实各小组交上来的钱数准确无误，收费完毕，比赛也分出了"胜负"。一项看似简单甚至容易引发学生反感的收费工作，就这样在愉快的气氛中顺利完成了。

【感悟】

上面这个教育案例，充分体现了魏老师提出的"学生能做的事就让学生做"的教育理念。通过组织收费比赛，调动了学生参与班集体工作的积极性，培养了学生关注细节，不断寻找解决问题的办法的能力，激发了学生的创新精神，提高了学生的实践能力。社会上任何一个角色都不可能什么事情都包揽，在管理上要懂得分工，一个人的本事不论多大，也不能什么都做，做得少才能做得好，做得对才能做得好。

【原文】

居天下之广居，立天下之正位，行天下之大道。得志，与民由之；不得志，独行其道。富贵不能淫，贫贱不能移，威武不能屈，此之谓大丈夫。（《孟子·滕文公下》）

【译文】

视野要开阔，立身要正，要走光明大道。得志与民同进，失意恪守原则。富贵不乱心，贫贱不变质，威武不屈节，这才叫大丈夫。

【案例】

南宋末年，首都临安被元军攻破，丞相文天祥组织武装力量坚决抵抗，但是寡不敌众，失败被俘。元军多次劝他投降，可他对此并不理睬，元军就把他拘禁在一个阴暗的地牢，多次威逼利诱，只要他投降，就可以做大官。但文天祥还是坚决拒绝，最终被害。临死前，他留下了千古名言："人生自古谁无死，留取丹心照汗青。"

文天祥殉难后，人们以各种方式纪念他。文天祥的文集、传记在民间流传很广，历久不衰，激励着民族的正气。

【感悟】

要想实现自身的价值，就必须积极培养自身的理想人格，将道德品质在行动中表现出来。从一个人面对各种诱惑时的表现，可以看出他是否具有坚定的意志。意志坚定的人有自己的原则，无视荣华富贵，不为五斗米折腰，在权势面前能够昂首挺胸，保持自己的节气。

人总会被各种诱惑包围，当面对这些诱惑时，是照单全收还是独善其身，就要靠自己去选择，最后的结果也要自己去承担。

【原文】

爱人不亲，反其仁；治人不治，反其智；礼人不答，反其敬；行有不得者，皆反求诸己。其身正而天下归之。（《孟子·离娄上》）

【译文】

我爱别人，可别人不亲近我，那得检查自己的仁道是否缺欠；我管理别人，可没管理好，那得反观自己的智慧是否缺欠；我以礼待人，可得不到相应的回敬，那得反问自己的礼教是否缺欠；行为没有得到预期的效果，这些都要反躬自责。本人身正，天下自会归顺。

【感悟】

他律是初级方式，自律是高级方式。中国文化重内省，在修身养性中，内因是变化的根据，要努力建设好自己的精神家园。如果遇到事情总找客观原因，没有眼睛向内的意识，就看不到自己的差距，很难提高。

【原文】

如知其非义，斯速已矣，何待来年。(《孟子·滕文公下》)

【译文】

如果知道做法不合道义，就立刻完全改掉，为什么要待到来年?

【案例】

从前，有一个人养了一群羊。一天早上他去放羊，发现少了一只。他开始查找原因，终于发现羊圈漏了个大窟窿，肯定是狼从窟窿进去把羊叼走的。好心的邻居劝他赶快把羊圈补一下，他却不听，反而说："反正羊已经丢了，改天补也不迟。"就这样，第二天，羊又少了一只。以后的每一天都会少一只羊。最后，他终于把羊圈补好了，但那时，羊已经丢失很多。

【感悟】

我们在平时生活中肯定会遇到像羊圈破窟窿之类的事，事态如何演变，关键看我们如何去对待。当我们意识到自己的做法不对时，就要立刻改正，不要拖延，拖延只会令事态变得严重。只有采取及时的挽救措施，才能将损失降到最低。

【原文】

离娄之明，公输子之巧，不以规矩，不能成方圆；师旷之聪，不以六律，不能正五音。(《孟子·离娄上》)

【译文】

纵然有离娄那样精明的眼睛，公输般那样的技巧，但如果不凭借规和矩，就不能画成方和圆；师旷耳力聪敏，但如果不依据六律，也不能校正五音。

【案例】

有一条小河，它总想越过河岸去自由地流淌。它试了很多次，可是无论多么努力挣脱，它还是被河岸给挡了回来。河水很不服气，生气地质问河岸："你为什么总挡着我，我要自由自在地去玩耍。"河岸语重心长地说："如果我不挡着你，任你肆意妄为，没有规矩地乱来，那河两岸的百姓可要遭殃了，你自己也会消失在陆地中。每个事物的存在都有它生存的规矩，不能乱来啊！"小河听了，乖乖地安静下来了。

【感悟】

做任何事，都要有一定的规矩，否则就会乱套。比如在马路上行走，如果不遵守交通规则，乱走一气，不但容易造成道路拥堵，还极易酿成事故。又比如上课时，如果不遵守学校纪律，在课堂上大喊大叫，玩耍捣乱，就会严重干扰大家上课。

现在中国的孩子很多是独生子女，从小就有一种优越感，在家中以自己为中心，总是自己想做什么就做什么。在家里看电视霸占频道，不让别人看；在外面，看到别的小朋友手中有自己喜欢的东西，就逼着家人去买，不达目的就哭闹不止。孩子任性，不讲规则，这大都是父母长辈惯出来的。在这种环境中长大的孩子，自控能力就非常弱，一旦走上社会，就容易出问题，做出一些极端的行为。因此，要从小培养孩子的规则意识，让孩子明白，任意妄为，父母亲朋可以容忍，但走进社会别人不会容忍。就如火车脱离了轨道就要翻车，飞机偏离了航道就到达不了目的地，也如打篮球比赛，犯规就要受到处罚，达到一定程度就要被罚下。只有懂得自我约束，知道哪些可以做，哪些不可以做，才能赢得在人生大舞台上竞争的资格。

【原文】

得道者多助，失道者寡助。（《孟子·公孙丑下》）

【译文】

施行仁政的人，帮助他的人就多；不施行仁政的人，帮助他的人就少。

【案例】

商朝末年，纣王荒淫无度，宠爱妲己，荒废朝政，偏信谗言，残害忠臣，大兴土木，弄得民不聊生，举国上下怨声四起。但此时，以西伯侯姬昌为首的西岐却在此形势下日益强大，他召集各路诸侯联合起来共同对抗商纣王。在姜子牙的带领下，周朝军队到了牧野，刚刚开战，商军就临阵倒戈，转身和周朝军队一起杀向朝歌。纣王登上鹿台自焚而死，商朝自此灭亡。

商纣王本也是一个能干的君王，在继位之初，他也曾励精图治，但后来由于宠信妲己，听信奸臣搬弄是非，弄到众叛亲离的地步，不仅失去了身边的忠臣，也失去了民心，最终灭国。

【感悟】

作为社会的一分子，无论是在日常生活中还是在社交活动中，人际关系都很重要，那些成功人士无一例外都有着良好的人际关系。在现在的社会中，人脉就是财脉，拥有人脉的前提就是道义。一个有道义的人知道如何用心对待周围的人，在他人遇到困难的时候会伸出援助之手，懂得为他人着想，这样的人才能得到别人的信任和帮助。

【原文】

天作孽，犹可违；自作孽，不可活。（《孟子·公孙丑上》）

【译文】

天降的灾难还可以躲避，自己造成的灾难那就无处可逃了。

【案例】

有一只蝎子到了河边，它想去河对面，但是又不会游泳。正着急的时候，它看到了河里的青蛙，激动地大喊："青蛙，请你背我过河好吗？我想去河对面。"青蛙见是蝎子，害怕地说："不行啊，你会蜇我的。"蝎子着急地说："不会的，你想啊，我不会游泳，如果我蜇了你，那我不是也要被淹死吗?"青蛙觉得很有道理，于是它游到岸边，将蝎子负在背上便下了水。当青蛙游到河中央的时候，忽然感到背上一阵剧痛，这时候它知道了，是蝎子蜇了它。临死前，青蛙问蝎子："你为什么要蜇我，你不知道这样我们都会死吗?"蝎子一边往下沉一边说："我也没有办法，我控制不住自己!"结果，它们都被淹死了。

【感悟】

人有旦夕祸福，月有阴晴圆缺，有些灾难是我们不可避免的，我们无力去改变。但是有些灾难却是自己“创造”出来的，经不住诱惑，或是只看到眼前利益，这些都有可能在不久的日子里带来出人意料的灾难。有些东西我们本来就知道它是有危险的，可是在某些诱惑之下还是铤而走险，接踵而来的只会是后悔。所以，在面对诱惑时，要保持平常心，要学会抵制。要知道，成功是没有捷径的。

【原文】

仁者如射，射者正己而后发。发出不中，不怨胜己者，反求诸己而已矣。(《孟子·公孙丑上》)

【译文】

所谓仁，就好比射箭，射箭的人先端正自己的姿态然后才发射。发射后而没有射中，不埋怨胜过自己的人，反过来找自己的原因就行了。

【案例】

小明学习成绩很好，每次考试都是班里的第一名，老师和同学们都非常喜欢他，但是他的性格很内向，不善言辞。有一次，学校要举行演讲比赛，小明是班里的尖子生，他想，老师一定会让他代表全班去参加演讲比赛，可是老师却迟迟不来找他。最后小明得知，原来老师让学习成绩一般但开朗健谈的同学去参加比赛。小明很生气，他觉得老师不应该让一个学习成绩不好的同学去。他开始埋怨老师，上课也不积极回答老师提出的问题。老师看出了小明的心思，下课之后把小明叫到了办公室。老师问小明：“你知道老师为什么不选择你而让别的同学去参加比赛吗?”小明很生气地说：“那是因为你不喜欢我，而喜欢那个同学。”老师笑着说：“你成绩很好，如果是竞赛考试的话我一定让你去。可是你语言表达方面稍有欠缺，我只能选口头表达能力强的同学去参加演讲比赛了。看问题要全面，遇到事情要学会从自身找原因，知道了吗?”听完老师的话，小明不好意思地笑了。

【感悟】

孟子这句话的原意是指，领导者如果要实行仁政，首先要做的就是端正自己的态度，树立一个正确的行政目标，这样才能为仁政的实行铺垫一个好的前提。但如果还是失败了，不能埋怨别人，要从根本上找到问题的所在。延伸开来说，就是一个人在做事的时候，首先要确定自己的目标正确，准备充分，只有自己的姿势无懈可击了，箭才会正中靶心。如果射偏了，聪明的人不会怪对手的技术太好，而是反省自己，找到失败的原因，为下一次的成功做准备。

【原文】

取诸人以为善，是与人为善者也。故君子莫大乎与人为善。(《孟子·公孙丑上》)

【译文】

吸取别人的优点来完善自己的人，就是同别人一起行善。所以君子最高的德行就是同别人一起行善。

【案例】

乌龟和兔子第一次赛跑的时候，兔子因为轻敌在树下睡着而失败了，兔子咽不下这口气，总是想找机会扳回一局。于是，兔子找到乌龟说要和它再比赛一次，乌龟答应了，但是乌龟提出必须由它来安排比赛路程。兔子想都没想就爽快地同意了，它心里高兴极了，心想，这下一定能赢乌龟，为自己挽回面子了。可是最后兔子还是失败了，原来乌龟把比赛终点定在了一条河的对岸，兔子不会游泳，只能眼睁睁地看着乌龟游到河的对岸，再次战胜了自己。

有一天，森林里要举行长跑比赛，比赛途中经过一条河，兔子很想参加，可是它不会游泳，这时候它想到了乌龟。于是兔子去找乌龟，对它说："我们一起报名去参加比赛吧，在地面的时候我背着你跑，过河你背着我。这样我们一定会赢的。"乌龟想，这是个好主意，于是就同意了兔子的建议。比赛时它们按兔子说的去做，结果得了冠军。

【感悟】

这个故事告诉我们：要善于发现别人的优点，并要吸取别人的优点来完善自己。每个人都有自身的优点和不足，我们不能忽视自己的优点，但也要认清自身的缺点并加以改正。别人身上存在着我们自己没有的优点，这个时候我们就要善于发现并吸取他人的优点来完善自己。故事中的兔子就是认识到了自身不会游泳的缺陷而选择与乌龟合作，它看到了乌龟的长处，认识到自己的短处，双方扬长避短进行资源整合，从而获得了冠军。有时候，我们凭借自己的力量无法办成的事，只要学会与别人合作，合理地进行资源整合，就能达到最佳的效果。

五、本章小结

孟子的主要思想是仁、义、善。孟子的经历和孔子差不多，都是周游列国去宣传自己的思想。孟子的“民为贵，社稷次之，君为轻”的思想在封建社会为君王所摈弃，但是这样的理念毕竟是有利于国家的发展的，好的建议终究会被采纳，现在我们国家的发展和建设注意到了这点。大家都能感受到，国家对广大人民群众的生命和利益还是很看重的。例如，每当有较大的灾难发生，国家就会不惜动用一切力量去保护每一个人的财产与健康。孟子对于气节也十分看重，“呼尔而与之，行道之人弗受；蹴尔而与之，乞人不屑也。”对于这种嗟来之食，孟子是不屑一顾的。

【复习思考题】

1. 结合实际谈谈孟子的思想对当今社会有哪些影响？

2. 你最喜欢孟子哪句名言？并说说理由。

3. 下列引文中，孟子的回答体现了一种什么样的心怀？

孟子去齐，充虞路问曰：“夫子若有不豫色然。前日虞闻诸夫子曰：‘君子不怨天，不尤人。’”曰：“彼一时，此一时也。五百年必有王者兴，其间必有名世者。由周以来七百有余岁矣，以其数则过矣，以其时考之则可矣。夫天未欲平治天下也；如欲平治天下，当今之世舍我其谁也？吾何为不豫哉？”

4. 孟子曰：“子路，人告之以有过，则喜。禹闻善言，则拜。大舜有大焉，善与人同，舍己从之，乐取于人以为善。”谈谈你对“乐取于人以为善”这句话的看法。

第五章　道家《老子》选读

一、老子简介

老子，姓李名耳，字伯阳，楚国，苦县历乡曲仁里（今河南鹿邑东）人，春秋时思想家，道家的创始人，曾做过周朝“守藏室之官”（管理藏书的官员）。

关于他的出生，充满了神话色彩，有种种不同的版本。据说老子出生时，他的母亲感应到天空有一颗大流星入腹，怀孕 11 个月之后生老子，他的母亲却因难产而死。又有人说，老子的母亲怀了他 72 年（一说 81 年）才剖开左腋生下了他，一出生就是白发苍苍，所以才叫老子。后世的另一种为众人所普遍采纳的解释是，“老”是年高德重的意思，“子”是古代对男子的美称，“老子”是人们对他的尊称。

二、《老子》概述

老子的代表作《道德经》（或称《老子》），洋洋洒洒五千字，九九八十一章，分上、下两篇，分别是《道》篇和《德》篇。它给我们构造出了一个朴素、自然、豁达、飘逸的宇宙观、人生观、方法论的宏大框架，内容涉及哲学、文学、兵学、美学、医学、养生学等，被誉为百科全书。《道德经》不但影响了汉代以来两千多年的思想史，而且也受到了西方思想家的重视，已成为世界哲学宝典之一。

《道德经》的由来，据说跟函谷关关尹有关，当时，国家政治局面越来越不稳，老子遂辞去官职，骑了头青牛，西出函谷关，准备去昆仑山修行。

在经过关口的时候，守关官员关尹求他留下一些思想作品，于是他挥手写下五千字，然后悄然离去，也有说法是关尹跟随他前往，一起往西域去。

三、老子的主要思想

以老庄为代表的道家思想提出顺应自然、超然物外、守朴尚俭、以退为进、以柔克刚的行为原则和道德准则。下面从宇宙观、价值观、政治观、知识论、管理思想等给老子的思想做一个总括。

（一）老子的宇宙观

“无为”在道家意味着“道法自然”，即所谓“人法地，地法天，天法道，道法自然”，道家将道视为宇宙之本，而道之本性则是“常无为而无不为”。

老子认为“道”是整个宇宙的起点，“万物负阴而抱阳，中气以为和”，万物都是阴、阳和气三样东西组成的。老子关于道的描写具有几个特征：第一，具有非神性，是自然的。第二，具有不可感知性，道是无，无生有，谁也不能看到，不能听到，不能摸到。第三，具有不可言说性，可以称呼但不能解释，就算解释也是勉强让人听得明白。

（二）老子的价值观

1. 无、道、德

老子的价值观由“无”、“道”、“德”三者所构成。

老子言“无”，尝谓：“天下万物生于有，有生于无。”当宇宙尚未形成，万物不会存在，故称“无”。天地初开，形成宇宙，故称“有”。“万物”由“有”所衍生，而“有”从“无”所衍生，天下万物均起于“有”而终于“无”。

老子言“道”，尝谓：“有物混成，先天地生。寂兮寥兮，独立不改，周行而不殆，可以为天下母。吾不知其名，字之曰道，强为之名曰大。”老子认为“道”是宇宙本体，乃万物之根源，故谓：“道生一，一生二，二生三，三生万物。”“道”生于天地万物之先，独立长存于万物之外，不断循环运行，遍及天地万物，绝不止息。老子又认为“道”不可触摸、莫可名状，故谓："无状之状，无物之象。"只能用"道"来代表，亦可勉强称为"大"。故谓："道可道，非常道；名可名，非常名。无，名天地之始；有，名万物之母。"意味"道"是玄妙深奥的，常人难以理解及形容。若可用言语来描述"道"，就不是真正的"道"了。当宇宙万物形成之际，人类会给万物命名，但都不是事物真正的名字，因为天地万物都是由"道"衍生出来的。人为自然万物之一，故须遵守自然法则，故谓："人法地，地法天，天法道，道法自然。""道"赋予万物生机而使各遂其生，故老子认为"道"是万物的宗主。

老子言"德"，认为"德"乃"道"之体现，而"德"应服从于"道"，故谓："孔德之容，惟道是从。"道家强调人应当好好行道，目的是助己之修养，避免犯过。

2. 守柔

老子言"守柔"，尝谓："天下之至柔，驰骋天下之至坚。""道"之所以能循环不息，因为"道"具备柔弱的特质，故言："弱者道之用。"老子以"水"作喻："天下莫柔弱于水，而攻坚强者莫之能胜，其无以易之。"又谓："弱之胜强，柔之胜刚，天下莫不知，莫能行。"老子强调以柔制刚，认为"强梁者不得其死"，目的在教人谦卑逊让，以退为进。人若如此，方可明哲保身，故谓："知其雄，守其雌，为天下谿；为天下谿，常德不离，复归于婴儿。"意谓人可有雄心壮志，但不可逞强好胜，应抱持柔弱谦下之道，保持质朴本性。老子强调"守柔"，皆因认为除了"道"之外，世间万物总有没落的一日，故谓："飘风不终朝，骤雨不终日。"老子又认为世事难测，故谓："祸兮，福之所倚；福兮，祸之所伏。"老子强调"守柔"，要求人清虚自守，勿刚强好胜，否则不得善终。

3. 居后不争

老子认为人应有"居后不争"之心，尝谓："我有三宝，持而保之：一曰慈，二曰俭，三曰不敢为天下先。慈，故能勇；俭，故能广；不敢为天下先，故能成器长。"只有仁慈、俭朴、谦让不争的人，方能具备道德勇气，进而博施于人，受人尊敬拥护而成大器。老子尝谓："圣人后其身而身先，外其身而身存。非以其无私耶，故能成其私。"只要人能舍弃争先争胜之心，深明"持而盈之，不如其已；揣而锐之，不可长保。金玉满堂，莫之能守；富贵而骄，自遗其咎"之理。莫自恃聪明，锋芒太露，应抱持以退为进的处世态度，从而达致“夫唯不争，故天下莫能与之争”的境界。

4. 寡欲

老子谓人应“寡欲”，故谓：“祸莫大于不知足，咎莫大于欲得。故知足之足，常足矣。”人若怀有“可欲”、“不知足”之心，则贪念自生，只有“知足”带来的满足感，才是真正的满足。老子指出：“五色令人目盲，五音令人耳聋，五味令人口爽。”沉醉于声色犬马和口腹物欲会使人神昏意乱，使身体的感官和灵性受损。故老子要求人“无欲”、“去欲”，谓：“是以圣人去甚、去奢、去泰。”又谓：“善为士者，不武；善战者，不怒；善胜敌者，不与；善用人者，为之下。”于生活起居、待人处事应“见素抱朴，少私寡欲”，达致“知足不辱，知止不殆，可以长久”的境界。

（三）老子的政治观

1. 无为

“不尚贤，使民不争；不贵难得之货，使民不为盗；不见可欲，使民心不乱。是以圣人之治：虚其心，实其腹，弱其志，强其骨，常使民无知无欲，使夫智者不敢为也。为无为，则无不治。”“无为”，不能理解为无所作为。《淮南子·原道训》：“无为为之而合于道。”道家的“无为”，是清静自守之义，是道家以“道”修身所要达到的“合于道”的理想境界。能达到这种理想境界便无所不能为（无为而不无为）。

2. 善为下

“善为士者，不武；善战者，不怒；善胜敌者，不与；善用人者，为之下。是谓不争之德，是以用人之力，是谓配天古之极。”用兵有言：“吾不敢为主而为客，不敢进寸而退尺。”是谓“行无行，攘无臂，扔无敌，执无兵。祸莫大于轻敌，轻敌几丧吾宝，故抗兵相加，哀者胜矣。”

（四）老子的知识论

“知人者智，自知者明。胜人者有力，自胜者强。知足者富，强行者有志。不失其所者久，死而不亡者寿。”“圣人无常心，以百姓心为心。善者吾善之，不善者吾亦善之，德善。信者吾信之，不信者吾亦信之，德信。圣人在天下，歙歙为天下浑其心。圣人皆孩之。”“知不知，上；不知知，病。圣人不病，以其病病，是以不病。”

（五）老子的管理思想

1．“无为而治”

“无为而治”就是按规律办事，不能乱加干涉。无为的目的是为了无不为，就是要遵循客观规律。自然就是客观世界的运动规律，无为就是让自然按自己的规律去运动，而人不去妄加干涉，就是管该管的事，不该管的就不要去管。

2．“治大国若烹小鲜”

“治大国若烹小鲜”是老子“无为”思想的进一步具体化表述，是“道法自然”、“无为而治”思想的展开。而这个“展开”的思想，并没有脱离它的根源，即“道”。治国要像烹小鱼一样，以“无为”的方式来治理社会。

（六）老子的“道”

老子“道”的主要思想精华概括起来有以下几个方面。

第一，道是什么。老子认为“有物混成，先天地生。寂兮寥兮，独立不改，周行而不殆，可以为天下母，吾不知其名，字之曰道”。

第二，道的作用。老子说：“道生一，一生二，二生三，三生万物，万物负阴而抱阳，冲气以为和。”一指混混沌沌的原始；二指由混沌二气生出的阴阳二气；三是阴阳二气通过冲撞而形成统一。

第三，道的特点。天下万物生于有，有生于无。无为无不为，反者道之动。无是虚无的无，无才是最有用的。无为而无不为，反者道之动，是说事物总是向它相反的方向去转化，矛盾依存的双方影响其对立面的转化。所谓“祸兮，福之所倚；福兮，祸之所伏”，因此通过这两者推出反者道之动。

第四，道的规律。事物总是向它相反的方向转化，这是道的规律，从出生就走向死亡，从成长就走向衰老。物极必反，乐极生悲。老子说，“柔弱胜刚强”。比如说一阵大风吹过，大树就要折断，而小草却留了下来。“天下莫柔弱于水，而攻坚强者莫之能胜”，水是最温柔的，但是用之攻坚又有很大力量。把之中观察事物的方法用于人事，老子有一个著名的论断：“将欲歙之，必固张之；将欲弱之，必固强之；将欲废之，必固兴之，将欲夺之，必固与之，是谓微明。”

第五，道的本质。老子认为，道的本质是听任万物自然的变化而不加干涉。道大，天大，地大，人亦大。地法天，天法道，道法自然。天之能长久，是听任物之自化，万物之自然。

四、作品选读

【原文】

故知足之足，常足矣。(《老子·四十六章》)

【译文】

所以懂得满足的这种满足，将是永远的满足。

【案例】

有一个农夫，日出而作，日落而息，辛苦耕作于田间，日子过得虽不富裕，倒也和美快乐。有一天，农夫在田里偶然挖到了一个价值连城的金罗汉，他的家人和亲友都为此而高兴不已，可是农夫却闷闷不乐，整天心事重重，愁眉苦脸的样子，别人问他：“你已经成了百万富翁了，还有什么不满意的呢?”农夫回答：“我在想，另外17个罗汉在哪儿?”得到一个罗汉，却失去了生活的快乐，究其原因不过是人的贪心在作怪。

【感悟】

人生在世，名利财物，都是身外之物，你就是时时刻刻永不停息永无止境地去追求和索取它，也不会有满足的时候。相反，它会给你带来无尽的烦恼。很多时候，我们之所以感觉到不快乐、不幸福，多半是由于我们不知足。而我们如能知足，那么就能长乐。反之，如贪得无厌，不知满足，就会时常感到焦虑不安。

【原文】

知人者智，自知者明。胜人者有力，自胜者强。知足者富，强行者有志。不失其所者久，死而不亡者寿。(《老子·三十三章》)

【译文】

能了解别人的人，是智者；能认识自己的人，才算聪明人。能战胜别人的人，是有力的；能战胜自己的人，才是真正的强者。知道满足的人就是富有的；努力不懈的人，才是有志气的。不离开适于自己生存的环境，就能长久，身虽死而精神仍存在的，就不被人遗忘，才算真正的长寿。

【案例】

东周时期，楚庄王有次大宴文武群臣，在酒宴上，楚庄王命他的爱姬给群臣敬酒，其中有一员偏将叫唐狡，见楚庄王的爱姬美貌至极，他就动心了。恰在这时，突然刮来一阵风，把酒宴上的灯全都吹灭了。唐狡借这机会伸手扯了爱姬的衣服。爱姬一伸手就把唐狡头盔上的盔缨摘掉了，然后跪在楚庄王面前，声称刚才有人调戏自己，她还把那个人头盔上的盔缨扯下来了。有人提议点上蜡烛，看谁的帽子上没有带子，那么谁就是调戏爱姬的人。唐狡心中有鬼，吓得直冒冷汗。这时候，楚庄王面临一个两难的选择，自己身为一国之君，居然有人趁黑调戏自己的妃子，是可忍孰不可忍！可真要追究下去，就要有人被杀头，那么借此就会有人大做文章，说自己为了一个女人滥杀朝廷大员。最后，楚庄王的理智战胜了冲动，他战胜了自己，他说不碍事，酒后失态，人之常情，于是让所有群臣在点燃蜡烛前，都摘掉帽带。一场风波就这样平息了。

后来楚庄王跟秦国打战，深陷重围，唐狡奋不顾身杀到他身边救驾，冒死保护楚庄王杀出重围，楚庄王得以脱险。楚庄王就问他："你为何舍命救我?"唐狡跪在他面前："大王，我谢您绝缨会上不斩之恩，誓死效忠您!"楚庄王心里感叹不已：如果那天听了爱姬和群臣的话，把唐狡杀了，今天我就死定了。

【感悟】

从这个故事可以看出，楚庄王之所以能成为春秋五霸之一，一个重要的原因在于他能战胜自己，他就是那个时代的强者。所以，强者之所以为强者，不仅仅是因为他能战胜别人，更大程度上是因为他能战胜自己。一个人，要能战胜自己，就意味着他要否定自己，否定过去的一些荣誉和成功，还要能克制自己，歌德说："谁不能克制自己，他就永远是个奴隶。"克制不住激情和欲望的魔力，就会被它们所牵制，难以成就事业，甚至有走向自取灭亡的可悲境地。而人的欲望不穷尽，所以克制自己也并非易事。这就要我们常怀律己之心，保持一颗平常心、平民心、好人心，如此这般我们才能克制欲望的纷扰，心胸坦荡地走好人生之路。

【原文】

无为而无不为。(《老子·四十八章》)

【译文】

能够顺应自然而不妄为，就没有什么事情做不成了。

【案例】

美国贝尔实验室在科研方面成绩斐然，曾诞生过十几个世界第一的发明。在谈及治所之道时，该所负责人陈煜耀博士指着他办公室挂的老子的“无为而治”的条幅解释说：“领导者的责任在于既要做到你在领导别人，又要做到别人并不认为你在干预他。”陈博士的话可谓一语中的，贝尔实验室的成功正是老子“无为而治”的最好体现。对于现代企业，真正高明的管理者应该是领导和指挥众人的“导演”，而不是扮演具体角色的“演员”。

【感悟】

作为领导者，其心态应该是悠闲自然的，他不轻易发号施令，对下属是多鼓励，少责难，顺应事物本来的客观规律去发展，因为事物本身是具有潜在性和可能性的，“自然”就是道，就是规律，就是法则。所以老子的这一思想，在今天的现代管理中，也有异曲同工之妙，不同领域的领导者，要学会顺应既定的道路前进，分级管理，领导者应扮演一个总的导演，而不是具体的角色扮演者。而在一般的事务处理中，我们都应该顺应事物发展的既定规律，而不能随便改变它，只有这样才能增加事物的成功几率。

【原文】

治大国，若烹小鲜。以道莅天下，其鬼不神。非其鬼不神，其神不伤人。非其神不伤人，圣人亦不伤人。夫两不相伤，故德交归焉。(《老子·六十章》)

【译文】

治理大国之道与烹调小鱼之道可以共通比拟。用道治理天下，鬼怪起不了作用；不但鬼怪起不了作用，神祇也不侵越人；不但神祇不侵越人，圣人也不侵越人。鬼神和有道者都不侵越人，所以德归会于民。

【案例】

“治大国，若烹小鲜。”老子的这句话流传甚广。它不仅深刻地影响了中国的政治家们，而且对世界上很多国家的重要人物也产生了深刻的影响，据说美国前总统里根曾在《国情咨文》中引用过老子这段话，用以阐述论证他的治国谋略。法国也曾有一位女政治家，直接把老子思想作为其参与竞选的指导原则。习近平同志在接受金砖国家媒体联合采访时，首次披露就职感受、个人工作和生活情况。

巴西《经济价值报》记者：您是中国领导人，外界渴望对您本人有更多的了解。比如，您领导一个13亿人口的大国，感受是什么？每天工作和生活情况怎样？能有多少时间与家人相处？能否介绍一下您个人的经历和爱好？巴西明年将主办世界杯足球赛，您预测哪支球队夺冠？

习近平：我会见一些国家的领导人时，他们感慨说，中国这么大的国家怎么治理呢？的确，中国有13亿人口，治理不易，光是把情况了解清楚就不易。我常说，了解中国是要花一番工夫的，只看一两个地方是不够的。中国有960万平方公里，56个民族，13亿人口，了解中国要切忌“盲人摸象”。

中国有句古话，“宰相必起于州部，猛将必发于卒伍”。我们现在的干部遴选机制也是一级一级的，比如，我在农村干过，担任过大队党支部书记，在县、市、省、中央都工作过。干部有了丰富的基层经历，就能更好树立群众观点，知道国情，知道人民需要什么，在实践中不断积累各方面经验和专业知识，增强工作能力和才干，这是做好工作的基本条件。

老百姓的衣食住行，社会的日常运行，国家机器的正常运转，执政党的建设管理，都有大量工作要做。对我来讲，人民把我放在这样的工作岗位上，就要始终把人民放在心中最高的位置，牢记人民重托，牢记责任重于泰山。这样一个大国，这样多的人民，这么复杂的国情，领导者要深入了解国情，了解人民所思所盼，要有“如履薄冰，如临深渊”的自觉，要有“治大国如烹小鲜”的态度，丝毫不敢懈怠，丝毫不敢马虎，必须夙夜在公、勤勉工作。人民是我们力量的源泉。只要与人民同甘共苦，与人民团结奋斗，就没有克服不了的困难，就没有完成不了的任务。

【感悟】

“治大国，若烹小鲜。”说的是治理一个国家（或一个企业），就像煮小鱼一样，文火烹煮，不急躁，不躁动，这样煮出的东西，才能色鲜味美。如果火候不对，调味不对，心情烦躁，下锅后急于翻动，最后煮出的东西很可能是色、香、味什么都没有了，而且鱼肉也被翻烂了。统治者治理国家，业主管理企业，就跟烹饪小鱼一样，不要常翻弄。一个国家大至十几亿人，一个企业大至几千人，如果制度朝令夕改，老百姓无法适应，大家的行为无所适从，就不知道该做什么才好，人心大乱，社会就会大乱。如果政局稳定，人心稳定，大家会专心工作，就容易出成果。

现实工作中，不管我们是治理一个国家还是一个企业，抑或是一个小的部门组织，我们都应该知道这其中的管理，应是像“烹小鲜”一样，领导者要懂得火候的把握，也就是火候未到，不能翻动，要不就会烂掉、糊掉。工作中，细节的东西很重要，只有这样，才是真正地领悟了“道”的内涵，才是真正的“若烹小鲜”的状态。

【原文】

我有三宝，持而保之：一曰慈；二曰俭；三曰不敢为天下先。（《老子·六十七章》）

【译文】

我有三条基本的行为原则，把持它以保证大道得以贯彻执行：第一是柔慈；第二是俭约；第三是不争天下第一。

【案例】

汉代的“大树将军”冯异，可谓深谙其中奥妙。冯异在每次征战结束后，从来不与诸将并坐论功，排写功劳簿，而是一个人悄悄地出去坐在一棵大树下闭目养神，久而久之，人们给他送了一个雅号：“大树将军”。平时他操练自己的军队与敌人交战时，将士必须冲在最前面，但“非交战受敌，常行诸营之后”，因而很受将士的拥戴。在军队调配之时，将士们都说：“原属大树将军”。光武帝刘秀对这位将军也十分敬重，在做皇帝时，特意把站在后面的冯异拉到诸位公卿面前介绍说：“是我起兵时主簿也，为吾披荆棘，定关中。”后来，冯异被封为应侯、阳夏侯。可见冯异的功名正是来自他的“不争”。

【感悟】

从古至今，不能认识自己和形势而惹来灾祸的人又岂止万千？有的人一朝得志便猖狂，目空一切，盛气凌人，不可一世；有的人自以为满腹经纶、才华横溢，埋怨得不到重用而满腹牢骚；有的人唯我独尊，天马行空。殊不知，过分的张扬显露和争强只能带给自己不利的后果。现实生活中并非人人都能争得第一。实在争不了第一，我们不妨向第二的位置靠拢，其实位居第二也是一个不错的选择，不争第一并不是我们丧失进取之心，争得第一的同时伴随着相当大的风险，何况，不争第一也有现实好处。第一者，要付出比别人多很多的努力，担比别人多很多的风险，当成了第一后，又一下子成了众人的“眼中钉”，众人都想超过你，或者击倒你。不是第一，就可以借机会培养实力，以迎接当“第一”的机会，我们暗中积蓄力量，志不在“第一”，就没有过重的压力，也不会勉强自己去做力所不能及的事情，这样反而能保全自己，降低失败的几率。如能稳当地做个第二，一旦主客观条件成熟，自然就成了第一，这个时候的第一，才是真正的第一。

【原文】

民之从事，常于几成而败之。慎终如始，则无败事。（《老子·六十四章》）

【译文】

人们做事情，总是在快要成功时失败，所以当事情快要完成的时候，也要像开始时那样慎重，就没有办不成的事情。

【案例】

当有记者问刘翔的教练孙海平训练的秘籍为何，他的答案简洁而有力：“坚持，尤其在最后一栏到终点前的冲刺。”比赛到了冲刺的一刻，已不单纯是肌肉实力的比拼，考验的还有运动员的精神状态。就如同一次长跑，起初的几圈十分轻松，而在终点前，脚步却异常沉重。只有意志坚定，顽强拼搏的人才会收获抵达终点那一瞬的近乎至福的感受。而在田径场上，刘翔不屈的身影也验证了孙海平的话，在那最疲劳的时刻，坚持，再坚持！拼搏，再拼搏！于是拥抱胜利，摘得桂冠。

【感悟】

现实生活中，我们开始做事的时候，大抵是很认真的，做到后来，就缺乏耐心了，有一句话叫“行百里者半九十”，说的就是这个意思。意为行程一百里，走了九十里才算完成一半，比喻做事越接近成功越困难。所以要想成功做好一件事，一定要小心谨慎，持之以恒。人生犹如一盘棋，哪怕开局是多么占优势，中盘多么气势凌人，没有恒心将优势保持到最后一秒，注定终将和胜利擦肩而过，只落得功亏一篑的感叹。

【原文】

信言不美，美言不信。(《老子·八十一章》)

【译文】

真实可信的话不漂亮，漂亮的话不真实。

【案例】

历史上著名的大臣魏徵，应该说就是这样一个不爱说漂亮话的大臣，每次进谏，他都直言不讳，不管唐太宗爱不爱听。有一次，魏徵在上朝的时候，跟唐太宗争得面红耳赤。唐太宗实在听不下去，想要发作，又怕在大臣面前丢了自己纳诤的好名声，只好勉强忍住。退朝之后，他憋了一肚子气回到内官，见了他的妻子长孙皇后，气冲冲地说："总有一天，我要杀死这个乡巴佬！"长孙皇后很少见太宗发那么大的火，问他："不知道陛下想杀哪一个？"唐太宗说："还不是那个魏徵！他总是当着大家的面侮辱我，叫我实在忍受不了！"长孙皇后听了，一声不吭，回到自己的内室，换了一套朝见的礼服，向太宗下拜。唐太宗惊奇地问道："你这是干什么？"长孙皇后说："我听说英明的天子才有正直的大臣，现在魏徵这样正直，正说明陛下的英明，我怎么能不向陛下祝贺呢！"这一番话就像一盆清凉的水，把太宗满腔怒火浇熄了。公元643年，直言敢谏的魏徵病逝。唐太宗很难过，他流着眼泪说："一个人用铜做镜子，可以照见衣帽是不是穿戴得端正；用历史作镜子，可以看到国家兴亡的原因；用人作镜子，可以发现自己做得对不对。魏徵一死，我就少了一面好镜子了。"这也说明了唐太宗深深知道"美言不信，信言不美"的道理。

【感悟】

纵观历史，我们不难发现：为政者不听"逆耳"之言，偏信顺耳之言，必然会堵塞言路，最终造成乱世；反之，为政者不怕"逆耳"之言，从谏如流，必然会广开言路，进而开创太平盛世。生活中，我们在跟朋友相处的时候也一样，不能只听美言，而拒绝听朋友好的建议。作为朋友也有义务及时地指出朋友的问题所在，让朋友不至于深陷误区；而不是一味地认为不能得罪朋友，只挑好听的跟朋友说，这样反倒会害了朋友。

【原文】

信不足焉，有不信焉。(《老子·十七章》)

【译文】

人的诚信不足，人们自然不信任他。

【案例】

秦末有个叫季布的人，一向说话算数，信誉非常高，许多人都同他建立起了浓厚的友情。当时流传这样的谚语："得黄金百斤，不如得季布一诺。"后来，他得罪了汉高祖刘邦，被悬赏捉拿，结果他的旧时朋友不仅不被重金所动，而且冒着灭九族的危险来保护他，使他免遭不测。

20世纪80年代，温州皮鞋又被叫做"一日鞋"或者"晨昏鞋"，其低劣的品质终于引起全国消费者的公愤，以至于很多商场都贴出了"本店无温州鞋"的安民告示。1987年8月8日杭州武林广场，5000双温州劣质皮鞋被市民扔进熊熊大火。就是这把火烧醒了温州人的诚信意识。他们认识到，诚信可以换来钱，而钱绝对买不来诚信，经过近30多年的树牌历程，以康奈、奥康、红蜻蜓为代表的温州鞋企高举温州制造的大旗，一路高歌猛进，使温州鞋成为中国鞋的一个代名词。温州人用诚信重新拾起温州皮鞋的尊严，2002年温州人将8月8日定为"诚信日"。

【感悟】

作为个体，每个人在生活、工作中都要树立诚信意识，诚信是做人的基本准则，只有具有诚信的个人，才能受到大家的肯定和接受。一个诚信缺失，道德沦丧的社会，不可能有快速、持续发展的经济，浮躁、急功近利、追求短期利润最大化的投机行为不仅会伤害企业本身、行业和市场，更严重的是前进中的整个社会都要为之付出巨大的成本。

【原文】

大器晚成。(《老子·四十一章》)

【译文】

贵重的器物总是迟迟才能完成。

【案例】

刘邦可算是典型的大器晚成的人。秦二世元年（前209）九月，刘邦在沛县聚众响应陈胜、吴广起义，称沛公。此时的刘邦已是47岁的“高龄”了。47岁在今天想创一番事业也已不年轻，2000多年前47岁的人可能相当于今天67岁的人，何况还是县里小小的干部到国家最高领导人的差距。

刘邦的革命事业进展非常迅猛。公元前206年十月刘邦便进抵霸上（仅仅3年时间），秦王子婴投降，秦灭亡。入关后刘邦废秦苛法，与关中父老约法三章：“杀人者死，伤人及盗抵罪。”因此受到人民的欢迎。项羽击溃秦军主力后，刘邦听从张良的意见，亲至鸿门，卑辞言好。项羽封刘邦为汉王，统治巴蜀地及汉中一带。刘邦不甘心革命的胜利果实被项羽独占，率军东出，发动了长达四年的楚汉战争。汉王五年（前202）冬，刘邦约韩信、彭越等人率军围楚军于垓下。项羽率部突围，至乌江自刎。当年二月，刘邦即帝位，初建都洛阳，不久迁至长安，史称西汉。

一般说“从奴隶到将军”表示一个人的飞跃，而刘邦8年时间就完成了“从亭长到皇帝”的跳跃，而且是在55岁的时候继帝位，正是大器晚成的代表人物。

另外一个人物是姜子牙，又名姜尚。姜尚年轻时曾在商都朝歌宰牛卖肉，又到孟津卖过酒。他虽贫寒，但胸怀大志，勤苦学习，始终不倦地研究、探讨治国兴邦之道，以期有朝一日能够大展宏图，为国效力。直到暮年，终于遇到了施展才华之机。姜尚在辅佐周文王期间，为强周灭商制定了一系列正确的内外政策。周文王死后，武王姬发继位，拜姜尚为国师。姜尚继续辅佐周国朝政。武王十一年，武王举兵伐纣，在牧野大获全胜。周朝建国之后，姜尚因灭商有功，被封于齐，都城营丘。

【感悟】

大器晚成，经常用来指一个人晚年收获成就，大家注重的是年龄，但实质上，老子的本来意思并不是放在年龄上，而是时间上。准确地说，是刻苦努力的时间，无论年龄大小，只要为成功付出了相当努力，就可望成功；反过来说，一定要将成功寄托在长期努力上，不可急于求成。最后成功者都是能克服急切心态，一步一步达成人生目标的人。所以说，不在乎起步的早晚，无论年龄的大小，只要为成功付出了相当的努力，就可望成功。因此，不论什么年龄，都可以成功，只要你肯把握现在，人的成长固然有着各种不可违背的规律，但是成功是不受年龄限制的。

【原文】

上善若水。水善利万物而不争。(《老子·八章》)

【译文】

最好像水一样，有利于万物却不与万物相争。

【案例】

约翰·卡尔文·柯立芝于1923年成为美国总统，他有一位漂亮的女秘书，人虽长得很好，但工作中却常因粗心而出错。一天早晨，柯立芝看见秘书走进办公室，便对她说："今天你穿的这身衣服真漂亮，正适合你这样漂亮的小姐。"这句话出自柯立芝口中，简直让女秘书受宠若惊。柯立芝接着说："但也不要骄傲，我相信你同样能把公文处理得像你一样漂亮的。"果然从那天起，女秘书在处理公文时很少出错了。一位朋友知道了这件事后，便问柯立芝："这个方法很妙，你是怎么想出来的？"柯立芝得意扬扬地说："这很简单，你看见过理发师给人刮胡子吗？他要先给人涂些肥皂水，为什么呀，就是为了刮起来使人不觉得痛。"

【感悟】

"良药未必非要苦口，忠言未必非要逆耳。"的确，可以给良药包上糖衣，可以给忠言加上装饰，批评也需要讲求艺术。犯了错误的人大多不会主动承认错误并自觉改正，这时候如果责以过分的犀利言辞，那么再宽容的人恐怕也会变容失色，内心反感。毫无顾忌、不讲方法的讽刺批评，会让人心生怨恨，更不用说接受建议改正错误了。世界上最柔的东西莫过于水，然而它却能穿透最为坚硬的东西，没有什么能超过它，所以，为何不学水呢？学它的轻柔，以柔克刚。

【原文】

千里之行，始于足下。(《老子·六十四章》)

【译文】

千里之行，开始于脚下的第一步。

【案例】

松下幸之助年轻时在一家电器公司打工，他野心勃勃，天天琢磨着要自立门户，开创一番事业，但他既无本钱又无背景，对做生意也一窍不通：如何才能独立创业呢？松下没有顾忌，说干就干，他邀请了两位朋友合伙，凑了一点资金，买了一台简陋的机器，在自己家里办起一个生产电源插座的家庭作坊。几位伙伴齐心协力，苦干一个月，终于生产出第一批产品，可是产品卖不出去，他们又没有钱改进设备和技术。那两位朋友思来想去觉得前途不妙，宣布退出合伙。朋友的退出没有动摇松下创业的决心，他每天提着那些没有人感兴趣的插座到处推销，做着前途渺茫的坚持。几个月的徒劳无功后，松下忽然时来运转，接到一笔加工5000个电扇地盘的订单。他把活干得漂漂亮亮，老板十分高兴，又交给他另一批同样的订单。以此为起点，松下的实力逐渐壮大，并在实践中慢慢积累了丰富的经营管理经验，最终成为商界顶尖人物。他创立的公司便是今日蜚声全球的松下电器公司。

【感悟】

人生之旅充满了未知因素，结果难以预料。很多人有一个好的想法，却迟迟未见行动，因为他们对未知感到恐惧，他们希望等到更有把握的时候才开始，但是，可能一等就要等到垂垂老矣。所以在生活中，最困难的是迈出第一步，无论你的速度快慢，只要迈出第一步，或迟或早总能达到目标，很多人并不缺少机会和智商，缺少的只是行动。所以，大家都要养成一个好习惯：一旦作出决定，马上就开始行动。另外，做事要有三心：第一是决心；第二是信心；第三是恒心。

【原文】

不自见，故明；不自是，故障。(《老子・二十二章》)

【译文】

不自作聪明，反能显明；不自以为是，反能彰显。

【案例】

有一位推销员，专门替一家画室推销服装设计草图。他每个礼拜都去拜访一位买主，但这位买主每次看过草图之后总是说“不行”。经过多次失败，推销员决定改变方法。一次，他拿着6张未完成的草图，来到这位买主的办公室，说："这是一些尚未完成的草图，请您指点一下，我们应如何做才能使你满意?"买主默默地看了那些草图一会儿，然后说："把这些图留在我这儿几天，过几天再来取。"三天后，推销员得到了买主的一些建议，取回草图，按照买主的意思把它们修饰完成。结果，6张图全被接受了。

【感悟】

每个人都喜欢按自己的想法做事，没有人喜欢被迫接受命令，所以在人际交往中，让对方畅所欲言，多听听别人的意见，让对方感觉到愉悦。人性中最深切的欲望是"做个重要人物"，你主动请对方帮一个小忙，等于是在暗示对方：我承认你是一个重要人物，这样能满足对方的自尊心，使他对你产生好感。争强好胜也是人的天性，但好胜心不必太强，处处不肯让人，将给自己带来很多不必要的麻烦。一个人，只要在事业的关键处争胜就可以了，至于其他地方，完全可以不把输赢放在心上，为一点点面子而争胜，是非常不值得的。

【原文】

大巧若拙，大辩若讷。(《老子·四十五章》)

【译文】

最灵巧的东西好像看起来很笨拙，最卓越的辩才好像木讷。

【案例】

隋朝的时候，隋炀帝十分残暴，各地农民起义风起云涌，隋朝的许多官员纷纷倒戈，转向农民起义军，因此隋炀帝疑心很重，对朝中大臣尤其是外藩重臣，更是起疑心。唐国公李渊（即唐太祖）曾多次担任中央和地方官员，所到之处，悉心结识当地的英雄豪杰，多方树立恩德，因而声望很高，许多人都来归附他。但是，大家都替他担心，怕遭到隋炀帝猜忌。正在这时，隋炀帝下诏让李渊到他的行宫晋见，李渊因病未能前往，隋炀帝很不高兴，多少有点猜疑。当时李渊的外甥女王氏是隋炀帝的妃子，隋炀帝向她问起李渊未来朝见的原因，王氏回答说是因为病了，隋炀帝又问道："会死吗?"

王氏把这个消息传给了李渊，李渊更加谨慎起来，他知道迟早会被隋炀帝所不容，但过早起事又力量不足，只好隐忍等待。于是，他故意广纳贿赂，败坏自己的名声，整天沉湎于声色犬马之中，而且大肆张扬。隋炀帝听到这些，果然放松了对他的警惕。这样，才有后来的太原起兵和大唐帝国的建立。

【感悟】

假如李渊当初听了隋炀帝的话，不是自毁声誉，低调做人，而是怒火中烧，马上与之理论或采取兵变，很可能会因为准备不足、时机不成熟而失败。

当遇到不利的情况或者对自己可能造成伤害的情况时，万万不能凭一时冲动办事，而应毫不犹豫地将自己隐藏起来。切勿逞匹夫之勇，而毁坏自己的前程。所以我们要干一项事业，在实务和规模还不足以搏击长空的时候，就不能与人家硬拼，而应该在不显山、不露水中悄然发展。

【原文】

圣人无常心，以百姓心为心。（《老子·四十九章》）

【译文】

圣人从不固执己见，他以百姓的意见为意见。

【案例】

“万宝路”是一个著名的香烟品牌，它的生产者菲利普·莫里斯公司始创于1924年，那时第一次世界大战的硝烟刚刚散尽，人们对战争的创伤还记忆犹新。这场以争夺利益为主题的战争使人们的价值观发生了紊乱。在美国，这一阶段被称为“迷惘的时代”，人们不知道什么是对和错，尤其是年轻人，他们除了享乐，不知道还有什么事情可以干，无论男女，都以吸烟为乐。稍有不同的是，妇女们比较注意自己的红唇，老是抱怨香烟的白色过滤嘴沾染了她们的唇膏。菲利普·莫里斯公司决定为女性烟民解决这个问题，它的烟嘴是红色的，以免沾在上面的唇膏过于醒目。它的广告也很女性化，像五月的天气一样温和。由于把握住了时代潮流，“万宝路”上市后销量很好，可惜好景不长，不久后，它的销售情况便日趋平淡。为什么呢？因为“百姓心”发生了变化，人们总是向上的，“迷惘的时代”总是会过去。许多原本颓废的女烟民，一旦为人妻母，负起家庭责任后就不再抽烟，她们也不鼓励自己的女儿抽烟，而男人们却不屑于选择这种过于女性化的香烟。为了打开销路，菲利普·莫里斯公司决定给“万宝路”进行新的市场定位。这一次，他们以男性烟民为目标消费群，试图为“万宝路”塑造出一个“牛仔”式的男子汉形象。公司挑选了真正的猛男作为广告代言人——目光深沉、皮肤粗糙、袖管高卷，手指夹着一支冉冉冒烟的“万宝路”香烟，浑身散发着粗犷的豪气。这个形象对崇拜英雄的美国青年颇具吸引力。

【感悟】

由于跟紧“百姓心”，菲利普·莫里斯公司重塑形象的战略大获成功，在消费者心目中树起了“哪儿有男子汉，哪儿就有万宝路”的概念，对那些渴望成为男子汉的人具有很大的吸引力，也打动了一批女烟民的芳心。重塑形象的头一年，它的销量即增长三倍。如今，“万宝路”已成为世界著名的香烟品牌。

老子认为，众人即是圣人，在绝大多数时候，我们需要听听众人的意见，而不是固执己见。

【原文】

祸兮，福之所倚；福兮，祸之所伏。(《老子·五十八章》)

【译文】

祸中隐含着福，福中潜藏着祸。

【案例】

从前，有位老汉住在与胡人相邻的边塞地区，来来往往的过客都尊称他为“塞翁”。塞翁生性达观，为人处世的方法与众不同。有一天，塞翁家的马不知什么原因，在放牧时竟迷了路，回不来了。邻居们得知这一消息以后，纷纷表示惋惜。可是塞翁却不以为然，他反而释怀地劝慰大伙儿：“丢了马，当然是件坏事，但谁知道它会不会带来好的结果呢?”果然，没过几个月，那匹迷途的老马又从塞外跑了回来，并且还带回了一匹胡人骑的骏马。于是，邻居们又一齐来向塞翁贺喜，并夸他在丢马时有远见。然而，这时的塞翁却忧心忡忡地说：“唉，谁知道这件事会不会给我带来灾祸呢?”家里平添了一匹胡人骑的骏马，塞翁的儿子喜不自禁，天天骑马兜风，乐此不疲。终于有一天，儿子因得意而忘形，竟从飞驰的马背上掉了下来，摔伤了一条腿，造成了终身残疾。善良的邻居们闻讯后，赶紧前来慰问，而塞翁却还是那句老话：“谁知道它会不会带来好的结果呢?”又过了一年，胡人大举入侵中原，边塞形势骤然吃紧，身强力壮的青年都被征去当了兵，结果十有八九都在战场上送了命。而塞翁的儿子因为跛腿，免服兵役，父子二人也得以避免了这场生离死别的灾难。

【感悟】

这就是有名的“塞翁失马焉知非福”的故事。这个故事告诉我们：人世间的好事与坏事都不是绝对的，在一定的条件下，坏事可以引出好的结果，好事也可能会引出坏的结果，谁知道祸福的界限呢？就像正反过来就变成了邪，善反过来就成了恶。祸福是相依的，所以在生活中，我们要在得意处及时回头。成功时不能得意忘形，因为谁也不能料到接下来会经历什么遭遇。当我们遭遇不幸时，也不能妄自菲薄，因为，下一秒，或许你就可以收获惊喜。所以，祸福相依，请淡然处之吧。

五、本章小结

老子是一个在中国的思想、文化、宗教史上都有着巨大影响的人物，他清静无为的学说、深邃的天人之际的哲理以及独特的辩证理论，2000多年来一直影响着中国人的思想和行为。他的《道德经》不但影响了汉代以来的思想史，而且也受到西方思想家的重视，成为世界哲学宝典之一。

【复习思考题】

1. 请熟悉你感兴趣的老子的语录，并在生活中加以运用。
2. 讨论在当今时代如何更好地用老子的思想指导我们的生活。

第六章　道家《庄子》选读

一、庄子简介

庄子（约前369—前286），名周，宋国蒙（今河南商丘市东北）人，战国时期哲学家、思想家、文学家。做过蒙地方的漆园吏，原系楚国贵族，楚庄王后裔，后因乱迁至宋国蒙，是道家学说的主要创始人之一。与道家始祖老子并称为“老庄”，他们的哲学思想体系，被思想界和学术界尊为“老庄哲学”，代表作《庄子》名篇有《逍遥游》、《齐物论》等。

二、《庄子》概述

《庄子》一书，据《汉书·艺文志》记载有52篇，各家注释《庄子》的篇目各不相同，这些注本后来都相继散佚，传世的郭象注本为33篇，其中分为内篇7篇，外篇15篇，杂篇11篇。唐代尊奉道教，封庄子为南华真人，《庄子》一书又称为《南华真经》。自宋代苏轼怀疑《庄子》中掺有伪作以来，经历代学者的考证，一般认为《庄子》内篇思想一贯，风格一致，构成比较完整的思想体系，当出自庄子之手，而外篇、杂篇思想倾向存在一定差异，且多为对内篇某一思想的演绎、发挥，当为庄子门人、后学之作。但总的倾向是一致的，集中体现了庄子学派的思想。

三、庄子的主要思想

（一）庄子的时空论

庄子认为时间是无限的，没有开端，没有结束。同样，空间也是无限的。他说，中国在四海之内，就像一粒米放在大仓里一样；而四海在天地之间，就像蚂蚁穴放在大湖里一样。

（二）庄子的运动论

庄子强调了运动的绝对性，他认为整个世界是变动不居的，正如月亮有圆有缺一样，不能停留在某一种状态。一切事物都处在生长消亡、终则有始的运动变化之中，这是万物的道理，一切事物都像马奔腾向前，永远不停地变动迁移着。

（三）庄子的认识论

1．是非相对论

庄子认为任何事物都是相对的，如是非相对，他认为真正的是非是无法确定的，主张消弭一切是非。

2．生命和知识相对论

庄子认为人的生命是有限的，而知识却是无穷的，用有限的生命去追求无限的知识，只能使自己很疲困。“吾生也有涯，而知也无涯，以有涯随无涯，殆已。已而为知者，殆而已矣。”

3．事物的矛盾性和对立统一性

庄子认为矛盾是普遍存在的，而事物的矛盾又是对立统一的，它们既相互依存又相互转化。

4．无用之用，方是大用

庄子与弟子走到一座山脚下，见一株大树，枝繁叶茂，耸立在大溪旁，特别显眼。但见这树：其粗百尺，其高数千丈，直指云霄；其树冠宽如巨伞，能遮蔽十几亩地。庄子忍不住问伐木者：“请问师傅，如此好的木材，怎一直无人砍伐？以至独独长了几千年？”伐木者似对此树不屑一顾，道：

“这何足为奇？此树是一种不中用的木材。用来作舟船，则沉于水；用来作棺材，则很快腐烂；用来作器具，则容易毁坏；用来作门窗，则脂液不干；用来作柱子，则易受虫蚀，此乃不成材之木。不材之木也，无所可用，故能有如此之寿。”

听了此话，庄子对弟子说：“此树因不材而得以终其天年，岂不是无用之用，无为而于己有为？”弟子恍然大悟，点头不已。庄子又说：“树无用，不求有为而免遭斤斧；白额之牛，亢曼之猪，痔疮之人，巫师认为是不祥之物，故祭河神才不会把它们投进河里；残废之人，征兵不会征到他，故能终其天年。形体残废，尚且可以养身保命，何况德才残废者？树不成材，方可免祸；人不成才，亦可保身也。”庄子最后总结说：“山木，自寇也；膏火，自煎也。桂可食，故伐之；漆可用，故割之。人皆知有用之用，却不知无用之用也。”

5. 庄周梦蝶

有一天，庄周梦见自己变成了一只翩翩起舞的蝴蝶。自己非常快乐，悠然自得，不知道自己是庄周。突然梦醒了，却是僵卧在床的庄周。不知是庄周做梦变成了蝴蝶，还是蝴蝶做梦变成了庄周？庄周与蝴蝶必定有区别，这就是所说的化为物（指大道时而化为庄周，时而化为蝴蝶）。庄子认为万物不存在一个绝对的尺度和一成不变的规矩，自由与超越是可以在精神领域之中达到的。

（四）庄子的政治观

1. 宁做自由之龟

一天，庄子正在涡水垂钓。楚王委派的二位大夫前来聘请他：“吾王久闻先生贤名，欲以国事相累。深望先生欣然出山，上以为君王分忧，下以为黎民谋福。”庄子持竿不顾，淡然说道：“我听说楚国有只神龟，被杀死时已三千岁了。楚王珍藏之以竹箱，覆之以锦缎，供奉在庙堂之上。请问二大夫，此龟是宁愿死后留骨而贵，还是宁愿生时在泥水中潜行曳尾呢？”二大夫道：“自然是愿活着在泥水中摇尾而行啦。”庄子说：“二位大夫请回去吧！我也愿在泥水中曳尾而行哩。”

2. 视权贵如腐鼠

惠子相梁，庄子往见之。或谓惠子曰：“庄子来，欲代子相。”于是惠子恐，搜于国中三日三夜。庄子往见之，曰："南方有鸟，其名为鹓鸰，子知之乎？夫鹓鸰发于南海，而飞于北海，非梧桐不止，非练实不食，非醴泉不饮。于是鸱得腐鼠，鹓鸰过之，仰而视之曰：'吓！'今子欲以子之梁国而吓我邪？"

庄子主张人要尽量过一种符合自己自然本性的生活，摆脱社会的束缚，摆脱争名逐利的欲望和束缚，使自己得到自由。

四、庄惠之交

惠施（约前370—约前310）又称惠子，战国时政治家、辩客和哲学家，是名家的代表人物。惠施是宋国（都城在今河南商丘）人，但他最主要的行政地区是魏国（都城在今河南开封），惠施是合纵抗秦最主要的组织者和支持者。他主张魏国、齐国和楚国联合起来对抗秦国，并建议尊齐为王。魏惠王在位时，惠施因为与张仪不和而被驱逐出魏国，他首先到楚国，后来回到家乡宋国，并在那里与庄子成为朋友。公元前319年魏惠王死后，由于东方各国的支持，魏国改用公孙衍为相国，张仪失宠离去，惠施重回魏国。

惠施的学问很渊博，魏王经常听惠施讲学，十分赞赏惠施的博学，而且，惠施对魏王也很忠诚。有一年，魏国的宰相死了，魏王急召惠施。惠施接到诏令，立即起身，日夜兼程直奔魏国都城大梁，准备接替宰相的职务。惠施一个随从也不曾带上，他走了一程又一程，途中，一条大河挡住去路。惠施心里记挂着魏王和魏国的事情，心急火燎，结果，过河时失足跌落水中。由于惠施水性不好，他一个劲地在水里扑腾着，眼看就要沉入水底，情况十分危急。幸亏这时有个船家赶来，将惠施从水中救起，才保住了惠施的性命。船家请惠施上了船，问道："既然你不会水，为什么不等船来呢？"惠施回答说："时间紧迫，我等不及。"船家又问："什么事这么急，让你连安全也来不及考虑呀？"惠施说："我要去做魏国的宰相。"船家一听，觉得十分好笑，再瞧瞧惠施落汤鸡似的失魂落魄的样子，脸上露出了鄙视的神情。他耻笑惠施说："看你刚才落水的样子，可怜巴巴的只会喊救命，如果不是我赶来，恐怕连性命都保不住。像你这样连凫水都不会的人，还能去做宰相吗？真是太可笑了。"惠施听了船家这番话，十分气恼，他很不客气地对船家说："要说划船、凫水，我当然比不上你；可是要论治理国家、安定社会，你同我比起来，大概只能算个连眼睛都没睁开的小狗。凫水能与治国相提并论吗？"一番话说得船家目瞪口呆。船家哪里懂得，这世间万事万物各有各的规律，各有各的办法与学问，这凫水与治国之间也没有必然的联系，怎么可以用不会凫水就判断人家不会治国呢？

庄子与惠子的交往构成了庄子生涯中最动人心弦的一幕，惠子是庄子一生中唯一的谈友。惠施年长于庄子，他们两人在现实生活中固然有距离，在学术观念上也相对立，但在情谊上，惠子确是庄子生平唯一的契友。这从惠子死后，庄子的一节纪念词上可以看出。

庄子从惠施墓前经过时，曾对随从的弟子们说：楚国郢都有两个人，一人把蝇翅大小的一点灰泥涂在鼻尖上，另一人抡斧去砍削，斧头运行如风般地砍将下来，"噌"的一声，灰泥削得干干净净，鼻子却毫无损伤，二人从容不迫，面不改色心不跳。宋元君听说后，就把抡斧匠人招来让他表演一番，匠人说："我原来是有这么个绝招，不过，我的伙伴早就死了。"自从惠老先生死后，我也像匠人一样失去了辩论的对手，我怕再也找不到一个能理解我的人来和我说说话了。一种"子期不在对谁弹"，失去知音的悲哀充分说明了庄惠之间的关系非同一般。庄子和惠子讨论切磋的问题范围广，深度大，其中最有趣的是所谓"壕梁鱼乐之辩"。

庄惠游于濠梁之上。庄子曰："儵鱼出游从容，是鱼之乐也。"惠子曰："子非鱼，安知鱼之乐？"庄子曰："子非我，安知我不知鱼之乐？"惠子曰："我非子，固不知子矣；子固非鱼也，子之不知鱼之乐全矣！"庄子曰："请循其本。子曰'汝安知鱼乐'云者，既已知吾知之而问我，我知之濠上也。"

庄子有着旷达的心境，视富贵荣华有如敝屣，其高超之生活情趣，自然超离人群与社群之上。无怪乎在他眼中，"以天下为沉浊，不可与庄语"。既然这样，就只好"独与天地精神往来"了。像庄子这样绝顶聪明的人，要想找到一两个知己，确是不容易。平常能够谈得来的朋友，除了惠子之外，恐怕不会再有其他的人了。他们都好辩论，辩才犀利无比；他们也很博学，对于探讨知识有浓厚的热诚。

五、作品选读

【原文】

大道不称，大辩不言。(《庄子・齐物论》)

【译文】

至高无上的真理是不必称扬的，最了不起的辩言是不必说的。

【案例】

释迦牟尼在一次灵山讲经会上，什么也没有说，自始至终都是手拈一朵鲜花，举起一指，含笑而坐。对佛祖的这一举动，众信徒均不解其意，唯有弟子摩诃迦叶了悟其中的真谛，于是他也做出手拈鲜花状，竖起一指，与释迦牟尼相顾而笑。佛祖颔首予以认可。后来，这位摩诃迦叶果然成为佛祖身边深谙佛理的大信徒。

【感悟】

佛祖拈花这一无言举止，已胜过千言万语，而它揭示的人生真谛又是那么的深刻。面对苦难的人生，我们需要用微笑来予以解脱。在生活中，我们总会遇到各种失败和挫折、成功与荣誉，当我们收获成功和荣誉的时候，能够淡然处之，不骄傲。当我们遭遇挫折和失败，也能泰然处之，用平和的心态对待，而不是怨天尤人，唉声叹气，感叹上天的不公，只有这样，才能笑看人生。所以，学会微笑地面对人生，这是佛家义理的“大辩”，而“大辩”不仅不需要言辩，有时甚至不需言说。

【原文】

意有所至，而爱有所亡。(《庄子・人间世》)

【译文】

用主观的方法去体现爱心反而得到反效果。

【案例】

有一位爱马的人，伺候他的马无微不至。他用竹编的箩筐去接马粪，用巨大的海蛤去装马尿。有一天，有一只巨大的蚊虻停在马背上正在吸血，养马的人一看，便悄悄走过去，出其不意地用力拍去。马受到惊吓，便用后脚一踢，把养马的人踢死了。

【感悟】

有些父母过分疼爱孩子，将儿女当成自己的附属品，他们的爱和期待就像丝线紧紧地牵住儿女，舍不得放手，使得孩子一生都活在他们的操控里，失去自我生存的能力，孩子既感到反感，父母也觉得孩子不听话，不长进，这样的爱何尝不是一种莫大的负担呢，对父母和子女而言都太累。现实中，为了爱情自杀和杀人的案件层出不穷，一个人太爱对方，会失去自我，过分的狂热，既让自己爱得太累，也让对方感觉窒息。莎士比亚说：爱，像炭一样，烧起来时要想办法让它冷却；不然的话，让它任意下去，将会把一颗心烧焦。“意有所至，而爱有所亡。”是一种爱的智慧，值得我们好好省思。

【原文】

大知闲闲，小知间间。(《庄子·齐物论》)

【译文】

见识广博的人胸襟豁达不与人争辩，见识短小的人总是斤斤计较。

【案例】

一位王公来拜访赵州禅师，禅师坐在禅床上抱歉地道：“我现在年老体衰得厉害，接见客人时，没有力气下禅床啦!”王公大人一点儿都不以为意，反而对他更加尊敬。隔天，王公大人又派位将军来传话，赵州禅师便下床去接待将军，侍奉在左右的小和尚疑惑道：“昨天大人来，师傅不下禅床，今天派将军来，为什么须下床应对呢?”禅师笑笑说：“这不是你们能明白的，第一等人来访，我就在禅床上迎接；中等人来访，我就要下禅床迎接；末等人来访，我就得走出大门去迎接。”

【感悟】

赵州禅师的话与世俗刚好相反，一般人认为越有权贵的人，越阿谀奉承，才越有好处。但赵州禅师却认为，末等人计较最多，最留意排场待遇，少一样他都会怪你；而中等人有点自卑，对他也要礼数周全，他才会高兴；而第一等人，他们内心光明磊落，无所营求，无所求取，只需要朴实真诚地对待即可让他们自在坦然。所以在生活中，我们要努力做个胸襟豁达，愉悦不争的人，这样才是明智的处世态度。

【原文】

金石有声，不考不鸣。(《庄子·天地》)

【译文】

钟磬有声，但不敲则不鸣。

【案例】

生长在美国加州的红杉，高度大约是90米，相当于30层楼高，它是世界上现存植物当中最雄伟的。植物学家在研究这种植物的时候却发现许多奇特现象，一般说来，越高大的树木，它的根越深入地底，但植物学家却发现，红杉的根只是浅浅的浮在地面而已。根扎得不够深的植物是非常脆弱的，只要一阵大风就能将它连根拔起，红杉是为什么会长得如此高大，还屹立不倒呢？植物学家发现，红杉生长之处必定是一大片红杉林，这些红杉彼此的根都紧密相连，再大的飓风也无法撼动几千株根部紧密相连，占地超过几千公顷的红杉林。红杉林的根浮于地表，方便快速而大量地吸收赖以成长的水分，同时它将向下扎根的力量，节省来用力向上成长。

【感悟】

单独生长的红杉是没有办法抗拒飓风的，只有成片生长且根部紧紧相连的红杉林才能抗拒自然的外力，所以成功不能只靠自己的强大，还需要依赖别人；钟磬虽然有声，但是如果没有外力的敲打，它还是没有办法发出悦耳的响声。在生活和工作中，我们不能把自己孤立起来，我们都是一个需要团体的个体，只有在不同的团队和集体中，依靠团队和集体之力，我们才能变得更强大。

【原文】

君子之交淡若水，小人之交甘若醴；君子淡以亲，小人甘以绝。(《庄子·山木》)

【译文】

君子交情淡薄若清水，小人交情甘美若甜酒；君子情虽淡却长久亲切，小人情虽甜却易断绝。

【案例】

有个叫林回的人，在战乱时候家破人亡，逃跑时背负着一块传家玉璧。就在敌军穷追不舍的时候，林回发现路边有个弃婴在哭泣，他立即抛掉玉璧背负起婴孩逃难。同路逃命的百姓都责怪林回太愚蠢，林回却说："凡是以利益相结合的关系，在面临穷困灾害的时候必定会彼此遗弃；而由自然性情相结合的关系，在碰到穷困灾害时却会彼此保护。互相遗弃，互相保护，两者之间岂可同日而语！"所以，人与人之间，假如不因为各抱着特殊的目的而结合，就不会因为达不到目的而分离。

【感悟】

人生中，我们会遇到不同的人，他们走进我们的生活，成为不同程度的朋友。淡如水的君子之交，建立在互相理解、思想一致的基础上，所以虽平淡如水，但能风雨同舟，生死不渝；小人之交是建立在私利的基础上，这样的朋友，一旦遇到金钱或物质利益的考验，就会弃你而去。所以我们在交友时，要交真正的"淡如水"的朋友。

【原文】

举世而誉之而不加劝，举世而非之而不加沮。(《庄子·逍遥游》)

【译文】

全世界的人都赞扬你，也不因此而奋勉；全世界的人都反对你，也不因此而消极。

【感悟】

遇事时我们要有自己的主张，不以他人的赞成或反对作为自己行动的根据和判断的标准。一个人过度重视他人的议论和他人对自己的看法，那么将会出现无所适从的状态，因为没有人的看法会得到所有人的一致认可，总有人会支持，有人会反对，所以，如果事事都在乎别人的意见，终会阻碍我们的发展。

【原文】

故知止其所不知，至矣。(《庄子·齐物论》)

【译文】

懂得在自己不懂的地方停下来，那就是绝顶的聪明。

【案例】

唐代有个姓朱的太尉，离任时去寺庙中与一位和尚话别，临别时送了老和尚一根竹杖作为纪念。这根竹杖虽然是竹子做成的，却成方形，竹子根部朝上，节眼须牙四面对出，自然可爱。朱太尉很珍惜它，将它送给和尚做纪念。几年后朱太尉又到当地为官，到任不久后去拜访老和尚，问他上次送的竹杖还在不在？老和尚说："至今我还珍藏着它。"待和尚兴冲冲地拿出来一看，方形已削成了圆形；除此之外，又在上面涂了一层漆。朱太尉见后丧气了好几天，从此以后就与这位和尚绝交了。

【感悟】

这根竹杖是大宛国送给太尉的珍贵礼物，其他几根竹杖都是圆的，唯独这根是方的。那位和尚为了使竹杖更美，用人工改变了竹杖的天然形态，结果却把宝贵礼物变成了一文不值的俗物。有许多人的一生都吃亏在聪明上面，不管是为人还是求学都想讨巧，与人交往不真诚，学习又求快捷方式，最后在人际关系上失去了别人的信任，而在学问和事业上一事无成。

【原文】

既以与人，己愈有。(《庄子·田子方》)

【译文】

以自己的东西尽可能地施与人，自己反而更加充足。

【案例】

山路上，一位四处云游的隐士信步走着，看见路旁草丛中发出闪烁不定的光芒，走近一看，是一块鹅蛋大小的宝石。隐士看着有趣，顺手将宝石捡了起来，放在自己的行囊中，继续他的旅程。几天后，隐士在森林中迎面遇上一个疲惫的旅人，隐士看那人风尘仆仆，脚步蹒跚，便好心的打开行囊，拿出一些干粮来分给他吃。旅人在吃完干粮之后，眼睛余光一瞥，望见隐士行囊中的那颗宝石，便开口问隐士能否将那块宝石借给他看看。隐士微笑着，毫不迟疑地从行囊中掏出宝石，道："不要说看一看，就是送给你也没有问题啊。"旅人大喜过望，连忙伸手接过宝石，道谢之后，两人便分道扬镳，继续赶路。旅人边走边脸上露出心满意足的笑容，想着，有了这块价值连城的宝石，自己的下半辈子就再也不用发愁了。过了几个小时之后，隐士听到身后远处有人不停地叫唤，他停下脚步，原来是刚才的那个旅人。隐士摊了摊手，笑道："如果你还要宝石，我可是没有了。"旅人气喘吁吁地赶到隐士面前，将那块宝石还给了他，说道："大师，我可不可以斗胆地猜测一下，您身上一定有更宝贵的东西?"隐士微笑着听旅人的下文："是什么样的力量驱使你愿意将这块价值非凡的宝石送给我？我想要的是你的那种力量，能不能送给我?"

【感悟】

故事中的旅人茅塞顿开后，匆匆赶回来向隐士请求的神秘力量——坦然面对一切的才智和心胸，也正是宇宙间最正大的力量；是所有人都在追寻的真谛，也是能够克服一切诱惑的最大动力，无私地给予，成就大我。

【原文】

以知为时者，不得已于事也。(《庄子·大宗师》)

【译文】

用已掌握的知识去等待时机的人，是因为对各种事情出于不得已。意思是想干一番事业，或者想办成一件事，如果时机不到，就要等待。

【案例】

一位著名的推销大师在体育馆做告别职业生涯的演说，人们都急切地等待这位伟大推销员的精彩演讲。演讲舞台的正中央吊着一个巨大的铁球，大师说："请两位身体强壮的人到台上来。"两名动作快的年轻人跑到台上。"请你们用这个大铁锤，去敲打那个吊着的铁球，直到把它荡起来。"一个年轻人先拿起铁锤，全力向那吊着的铁球砸去。但一声震耳的响声后，吊球却纹丝不动。他接着用大铁锤不断砸向铁球，铁球还是不动。很快他就气喘吁吁了。另一个人也不示弱，接过大铁锤把吊球砸的叮当响，可铁球仍旧一动不动。这时，大师从上衣口袋里掏出一个小锤，对着铁球"咚"敲了一下，再用小锤"咚"敲了一下，人们奇怪地看着，大师就这样自顾自地敲下去。10 分钟过去了，20 分钟过去了，会场早已开始骚动，有的人干脆叫骂起来。大师却不闻不问，只管一小锤一小锤不停地敲着，大概在进行到 40 分钟的时候，坐在前面的一个妇女突然尖叫一声："球动了!"接着，吊球在老人一锤一锤的敲打中越荡越高，它拉动着铁架子"哐哐"作响，它的巨大威力强烈地震撼着在场的每一个人。大师开口讲话了，他的告别演讲只有一句话："在人生的道路上，如果你没有耐心去等待成功的到来，那么你只好用一生的耐心去面对失败。"

【感悟】

人们天天都在做事，不过只是为了衣食。对于事业，常常是干的时候少，等待的时候多，须明白，等待也是一种争取的方式。事业不是每天都在做，事业的成功需要时机，需要谋划，不是想做就能做到的。不要急于求成，要稳打稳扎，厚积薄发，做好前期的铺垫工作，只待东风一到，便能大展拳脚，扬帆远行。

【原文】

世俗之人，皆喜人之同乎己而恶人之异于己也。(《庄子·在宥》)

【译文】

世俗之人，都喜欢别人跟自己相同，而讨厌别人跟自己不一样。

【案例】

我们经常看到这样的情况，有不少精明的商人会租赁昂贵的店面，装潢得漂亮精致，干练地购进不少精美货物，还花了价格不菲的广告费，可是却雇用了一些不懂得倾听顾客说话的店员，他们急急地打断顾客挑剔商品瑕疵的舌头，与他们辩论，让人家难堪，甚至把顾客气得一走了之。所以波音人寿保险公司为他们的推销员立下一条规则："不要争论!"真正完美、有效的推销，不是靠争论得来的，甚至最不易让人觉察的争论也要不得，因为争论并不能让人改变自己的意愿。

【感悟】

世界上与自己相同的人很少，因为每个人都有自己的独特之处，每个人的思想也不尽相同。所以，别人对你的看法就多种多样，有赞扬，有批评，有同情，有嘲笑，有不屑一顾……不管是哪种，我们都要勇于接受。善于倾听不同的意见，有时候妥协不是软弱，是为了做事圆满，在异见中走向一致，在碰撞中达成共识，这才是沟通的最佳状态。

【原文】

汝不知夫螳螂乎，怒其臂以当车辙，不知其不胜任也。(《庄子·人间世》)

【译文】

难道你不知道螳螂用自己的臂膀挡车吗，这是自不量力啊。

【案例】

武则天为了给自己当皇帝扫清道路，以严刑峻法、奖励告密等手段，实行高压统治，先后杀害李唐宗室贵戚数百人，接着又杀了大臣数百家。一次，酷吏来俊臣诬陷平章事狄仁杰等人有谋反行为。来俊臣出其不意地先将狄仁杰逮捕入狱，然后上书武则天，建议武则天下旨诱供，说什么如果罪犯承认谋反，可以减刑免死。狄仁杰突然遭到监禁，既来不及与家人通气，也没有机会面见武则天说明事实，心中不免焦急万分。审讯日子到了，来俊臣在大堂上宣读武则天诏书，就见狄仁杰跪地告饶。他趴在地上一个劲磕头，嘴里不停地说："罪臣该死，罪臣该死！大周革命变得万物更新，我仍坚持做唐室的旧臣，理应受诛。"狄仁杰不打自招，反让来俊臣吃了一惊，既然已经招供，来俊臣便不再用刑。这时，一个叫王德寿的判官说："你如果供认某位大臣是同谋的话，就可以不死。"狄仁杰说："皇天后土，狄仁杰岂能做这样的事情！"说着以头撞柱，血流满面，王德寿见状，吓得急忙上前将狄仁杰扶起，送到厢房休息。狄仁杰趁王德寿出去的空隙，抽出手绢，沾血写了一封家书，将冤屈都写了出来，写好后，将手绢藏在棉衣中，让王德寿把棉衣送回他家，并说，让家人拆了洗洗，天气太热，都汗湿了。狄仁杰儿子觉得父亲特地强调要拆棉衣，觉得肯定有文章，便拆了棉衣，发现血书，才知道父亲遭受冤屈。几经辗转，托人把状子递到武则天那里。武则天不知道怎么回事，就派人把来俊臣叫来问话，来俊臣做贼心虚，伪造了狄仁杰的"谢死表"奏上，并编造一大段谎话，将武则天应付过去，狄仁杰就一直被关押在大牢里。后面由于有几起冤案，造成很大影响，武则天有些醒悟，想起狄仁杰之案，忙把狄仁杰召来，不解地问："你既然有冤，为何又承认谋反呢？"狄仁杰回答说："我若不承认，可能早死于严酷刑法了。"武则天又问："那你怎么又写谢死表上奏呢？"狄仁杰断然否认，请太后明察，武则天拿出谢死表进行核对，果然发现不是狄仁杰的笔迹，才知道来俊臣从中做了手脚，于是，下令将狄仁杰释放。

【感悟】

狄仁杰在自己处于劣势毫无办法之际，并没有做无谓的顽抗，反而顺着来俊臣，从而给自己争取了时机，不能不说是大智慧。所以做事要量力而行，不能逆势而行，就算你的想法是对的，也要根据自己的实力来决定要采取的方法，否则，便是自找麻烦。当然，审时度势并不是要我们没有原则，也不是要我们助纣为虐。在生活中，当我们发觉自己和别人意见相左而别人又不能接受自己的观点的时候，不妨以退为进，量力而行，以待时机，切莫螳臂当车，自取其辱。

【原文】

夫为剑者，示之以虚，开之以利，后之以发，先之以至。(《庄子·说剑》)

【译文】

击剑有技巧，即有意把弱点显露给对方，再利用可乘之机引诱对方，后于对手发起攻击，却抢先击中对手。

【案例】

道格拉斯大学毕业后，一时找不到工作，愁得像个饱经沧桑的老人。有天，他在找工作时，突然冒出个怪念头：学校里老师同学都说我文笔好，我为何不去报社碰碰运气，不过，报社人才济济，没一两手绝活，他们可不会要我这个刚出校门的稚嫩学生，对，弄块牌，关键时候摊出来，吓他们一跳！第二天，道格拉斯走进了加州的一家报社，他笑眯眯地问经理："经理先生，你们这需要一个编辑吗？我虽然刚大学毕业，可干过三年大学学报编辑呢！"边说边掏出证明，又从挎包里掏出一大摞他编的学报。报社经理慢悠悠地吐了一口雪茄，上下打量了下道格拉斯，慢吞吞答话："不需要。"道格拉斯急了："那么记者呢？我大学三年级以后，常在大学所在的华盛顿报纸上发表文章啊。"他又忙递上一大叠剪报。报社经理笑着推开："人满了，不需要！"

道格拉斯慌了神："那么，排字工人呢？我可以一切从头学起啊！"报社经理斜了他一眼，继续抽他的雪茄："不，我们现在什么空缺也没有，天天有人找我，真麻烦！"道格拉斯反倒乐呵呵地笑了："那么，亲爱的经理先生，你们一定需要这个东西。"他从鼓鼓囊囊的公文包里拿出一块精致的木牌。这块木牌上赫然写着六个红色大字："额满暂不雇用。"

经理眼前一亮："这段时间失业的人多，找工作的人络绎不绝，忙得我焦头烂额。这年轻人想问题好周密啊。留下他干宣传工作，准不错！"想到这儿，他兴奋地掐灭了烟蒂："年轻人，你真聪明，你被录用了，先干新闻公司的宣传工作！"

道格拉斯一耸肩，诙谐地一笑："经理先生，原谅我这最后摊牌，明天我写一副大大的同样广告，挂到报社门口，这样，再也没有人来打扰你了，再也没有人来向你摊牌了！"

【感悟】

有许多时机是在不经意间来到我们身边的，但如果我们不善于把握它，它会像白驹过隙一样匆匆消失。所以，我们要做好充足准备，善于抓住有利时机出击，方可取胜，正所谓"机会是为有备而来的人所准备的"。机会来临之前，我们谁也不知道它是什么以及什么时候来到，所以我们只要踏实做好眼下的事，练好基本功，长期积累，能力自然会提高。当机会来临，我们自然能准确抓住，一举成功。

【原文】

物固有所然，物固有所可。无物不然，无物不可。(《庄子·寓言》)

【译文】

事物原本就有正确的一面，事物原本就有能被认可的一面。没有什么事物不存在正确的一面，也没有什么事物不存在能认可的一面。

【案例】

古时候有一位老婆婆，她生了两个女儿，大女儿嫁了一个做米粉的，二女儿嫁了一个卖伞的。都是普通百姓之家，所以都要很努力地干活才能保证家人的温饱，于是，这个老婆婆总是很担心两个女儿生活不好。下雨天的时候，婆婆就会担心大女儿的米粉做不了，没有太阳晾晒不了米粉，就没有生意做，没有生意就意味着没有收入。而出太阳的天气，她又担心二女儿的生意不好，因为不下雨，没有人用雨伞，所以她每天都是在这种担忧和念叨中度过，感觉到生活很郁闷，没有乐趣，逢人便要说天气和两个女儿的生意。一天，她又在跟别人诉说，愁容满面，被一位大师听到了，这位大师于是面带微笑地问她，你为何不换个角度看这个问题呢：下雨天的时候，二女儿的伞好卖，是一件好事；出太阳的天气，大女儿的米粉好晾晒，这也是一件好事。老婆婆想想确实是这个道理，顿时心情好起来，以后也都顺着大师给她的建议去看这个问题。

【感悟】

任何事情都是有两面的，我们不能只看到一面而忽略掉另一面。比如生活中，我们每个人都有自己的优势和劣势，我们需要做的就是扬长避短，而不是过分地纠结于自己的劣势，过分地放大他人的优势和长处，结果自轻自贱，破罐子破摔，完全丧失自己，就算自己具有的优势，也变成不可见。

【原文】

注焉而不满，酌焉而不竭，而不知其所由来。此之谓葆光。(《庄子·齐物论》)

【译文】

大海作为一种物象，江河注入它不会满溢，不停地舀取它不会枯竭。其实，我们的潜能就像海水一样，用之不尽，取之不竭。

【案例】

一位农夫在自家的谷仓前注视着一辆轻型卡车快速地驶过他的土地，他18岁的儿子正驾驶着这辆车，由于天潮地面湿滑，农夫一再叮嘱儿子要小心驾驶。突然，小卡车翻进水沟，农夫大吃一惊，急忙跑到出事地点。他看到沟里有水，他的儿子被汽车压在底下，只有头露出了水面一点点。这位农夫毫不犹豫地跳进水沟，把双手伸到小卡车下面，把车子抬了起来，高度足以使另一位跑来帮忙的工人把他儿子从车子下面拽出来。当地医生很快就赶了过来，给儿子做了全面检查，幸好只是一点皮肉伤，只需作简单的治疗。那位抬起卡车的农夫并不高大，大约170厘米的身高，体重70千克。所以，别人都很惊讶，如此身体，竟然能有如此壮举！连农夫也觉得奇怪，刚才他跑过去的时候根本没有想一想自己是不是能够抬得动。出于好奇，他就又试了一次，结果根本无法动得了那辆卡车。

【感悟】

一个人在生死紧要关头所爆发的力量是一般人不可想象的，我们每个人身上都有巨大的潜在能量未被开发出来。所以，不管做什么事，只要相信拥有无尽的潜能，相信只要通过努力就可以成功，那么，我们就成功了一大半。在通往成功的道路上，自信是我们必不可少的东西，只要对自己有信心，相信自己的聪明才智，加上个人的努力，就能实现自己的愿望。

【原文】

子产曰：子既若是矣，犹与尧争善。计子之德，不足以自反邪？（《庄子·德充符》）

【译文】

子产愤怒地说：你看你自己，一个受过极刑的犯人，还恬不知耻地想与尧等圣人比德性修养。我一看你这副德性就意识到你过去为非作歹的可耻行为，我深以有你这样的同学为耻，你难道不应该反省吗？

（这是《庄子》里讲的申徒嘉和子产的一个故事。申徒嘉是脚有残疾的人，他和郑国子产同门学习，子产因为申徒嘉有前科就看不起他。每次出门都和申徒嘉讲：我先出去，你等一下，要不你先出去，我等一下。申徒嘉答道：你固然是一个执政官，可是你也不过如此。子产还不服气，说："你的腿有问题，肯定是你原来犯了什么错误，你要是没有犯错误，腿怎么会残呢？"这个时候申徒嘉平淡地说："世人因为两脚健全，而笑我残废的很多，我原来听了也很生气，可是到了老师这里以后，我就什么想法都没有了。因为先生可以用美德来感染我，熏陶我，我在老师门下已经待了十几年了，他从来没有感到我是一个残废的人，因为我们是探讨学问，探讨道德。现在您也来到了这里，是与我探讨内在的思想与德行，怎么挑剔起我的外形来了呢？"子产听了申徒嘉一席话深感惭愧，脸色顿改，恭敬地说："你不要再说下去了！"子产因为申徒嘉以前有过前科，失去了一条腿而耻笑他并羞于与他同行，结果却被申徒嘉说得面红耳赤。）

【案例】

明太祖朱元璋出身寒微，早年还曾要过饭，当过和尚，做了皇帝后有不少昔日的穷哥们到京城找他，其中就有一位儿时的好友，千里迢迢从老家凤阳赶到南京，几经周折才算进了皇宫。一见面，这位老兄便当着朝中文武百官的面大叫大嚷起来："朱老四，你当了皇帝可真威风呀！还认得我吗？当年咱俩一块偷豆子吃，背着大人用瓦罐煮，豆还没有煮熟你就先抢起来，结果把瓦罐打烂了，豆子撒了一地。你吃得太急，豆子卡在喉咙里，还是我帮你弄出来的，你忘了吗？"这一番话说得朱元璋哭笑不得，在威严的金銮宝殿之上，在大庭广众之下，这位仁兄居然揭起了他儿时穷困的老底，这可让堂堂皇帝的脸往哪儿搁呢？过后不久，朱元璋找个借口把这位穷哥们杀了，免得四处散布皇帝的短处。

【感悟】

不管是上文的子产，还是案例中的朱元璋的儿时好友，都犯了人际交往中的大忌，就是揭人短处，触犯到了对方隐私，犯了对方的禁忌，让对方感到难堪下不了台，或者对对方造成一定伤害。俗话说：“打人不打脸，揭人不揭短。”也许言者无心，但可能听者有意。对于有些人来说，“面子”是极其重要的事情，为了“面子”，小则翻脸，大则以性命相搏。所以，聪明的处世者一定要懂得给别人面子，不随意揭人隐私和短处。在日常生活中，对于我们熟悉的人，我们不但不要揭人的短处，有的时候，甚至还需要我们为他们“护短”，人非圣贤，孰能无过？对于别人的一些过失，可能是在年幼无知或者其他情况下犯的，浪子回头金不换，谁都需要一个新的开始和新的生活，所以我们为何抓住别人的过去不放呢，有时候，宽容大度一些，对人对己都好。

六、本章小结

庄子一生淡泊名利，主张修身养性、清静无为，要求精神上的逍遥自在。在形体上，他也试图达到一种不需要依赖外力而能成就的一种逍遥自在的境界。他还主张顺从天道，而摒弃“人为”，摒弃人性中那些“伪”的杂质。庄子是我国哲学史上一位著名的思想家，同时也是我国文学史上一位杰出的文学家。

【复习思考题】

1. 请找一则你熟悉且感兴趣的庄子的语录，并在生活中加以运用。
2. 讨论在当今时代如何更好地用庄子的思想指导我们的生活。

第七章 法家《韩非子》选读

一、法家简介

法家是先秦诸子中对法律最为重视的一派，他们在以法治国、以术制臣、以势压民等方面提出了独特的观点，并形成了一整套的理论和方法。这为后来建立的中央集权的秦朝制定各项政策提供了相当有效的理论依据，后来的汉朝继承了秦朝的集权体制以及法律体制，这成为我国古代封建社会的政治与法制主体。法家在法理学方面作出了很大贡献，对于法律的起源、本质、作用以及法律同社会经济、时代要求、国家政权、伦理道德、风俗习惯、自然环境以及人口、人性的关系等基本问题都作了探讨，而且卓有成效。法家主要代表人物有李悝、慎到、商鞅、申不害、李斯、韩非子等。

法家思想先驱可追溯到春秋时的子产，实际创始者是战国前期的李悝、商鞅、慎到、申不害等。法家思想同中国封建土地关系的产生与发展相联系，是地主阶级取代奴隶主贵族统治的理论表现。在奴隶社会中，“礼”是奴隶主贵族统治的政治体系和道德规范。春秋以来，周礼逐步失去了原有的威力，旧有的典章制度随之衰落。为适应封建土地关系发展的需要，奴隶主贵族中出现了一批改革家，如齐国的管仲、晋国的郭偃、郑国的子产等人。他们颁布法令与刑书，改革田赋制度，促进封建化过程，成为战国时期法家学派的思想先驱。

法家的创始人之一李悝，任魏文侯相，提倡“尽地力之教”，主张大力发展农业生产，调整租谷，创“平籴”法，兼顾农人与市民的利益。他还收集当时诸国刑律，编成《法经》6 篇：《盗法》、《贼法》、《囚法》、《捕法》、《杂法》、《具法》。《法经》为中国古代第一部较为完整的法典。与李悝同时期的吴起先在魏国进行兵制改革，后又在楚国进行政治改革，“明法审会，损不急之官”，“使封君之子孙三世而收爵禄”，打破旧贵族的世卿世禄制，强迫旧贵族徙边垦荒，奖励“战斗之士”。后来，商鞅在秦实行两次变法，主要内容是：开阡陌封疆，废除井田制度；承认土地私有，奖励农战，凡勤于耕织而多缴粟帛者可改变原来身份；有军功者可授以爵位；实行郡县制；主张用严刑重罚以杜绝犯罪。但是他排斥道德教化，轻视知识文化的作用。他用发展观点看待历史，提出“反古者不可非，而循礼者不足多”，“治世不一道，便国不法古”。

商鞅重“法”，申不害则重“术”。为了防备大臣操纵权力、玩弄法柄，申不害建议最高统治者必须用术，君主应以“独视”、“独听”、“独断”的手段来实行统治。他认为，“独视者谓明，独听者谓聪。能独断者，故可以为天下主”，君主“方寸之机正而天下治，故一言正而天下定，一言倚而天下靡”。君主个人的言论和主张可以决定国家的兴亡，表明了专制独裁主义的思想。慎到是法家中强调“势”治的一派，主张君主可以“握法处势”，“无为而治天下”。他从“弃知去己”的观点出发，提出“大君任法而弗躬，则事断于法矣”。他以法为最高准则，提倡“官不私亲，法不遗爱，上下无事，唯法所在”，强调“法”必须和“势”相结合，把君主的权势看作行法的力量，所谓“贤智未足以服众，而势位足以诎贤者”，但他又认为国家的存亡并非全由君主一人的力量所决定，“亡国之君非一人之罪也，治国之君非一人之力也”。他承认“法”也不是一成不变的，提出“守法而不变则衰”。战国末期的韩非子集秦晋法家思想之大成，将“法”、“术”、“势”三者糅合为一，又吸收道家思想，将法治理论系统化，建立了完整的法治理论和朴素唯物主义的哲学体系。

法家学派的法治理论对春秋战国之际进行封建化的改革以至秦始皇统一六国，建立中央集权专制的封建国家起了重大的作用，并成为秦王朝的统治思想。到了西汉以后，独立的法家学派逐渐消失，其法治思想被吸收到儒学的体系中，德刑并用，成为维护地主阶级专政的有力工具。但是，先秦法家对以后的一些唯物主义者和进步思想家仍产生了一定的影响。

二、韩非子简介

韩非子（约前280—前233），战国末期韩国（都城在今河南新郑）人，杰出的思想家、哲学家、政论家、法家的代表人物。韩非子为韩国公子（即国君之子），传说他口吃，不善言谈，而善于著述。韩非子与李斯同是荀卿的学生，他博学多能，才学超人，思维敏捷，李斯自以为不如。他写起文章来气势逼人，堪称当时的大手笔。凡是读过他的文章的人，几乎没有不佩服他的才学的。

韩非子虽然师奉荀卿，但思想观念却与荀卿大不相同，他没有承袭儒家的思想，在战国末期的新形势下，他顺应时代发展的需求，却“喜刑名法术之学”，并“归本于黄、老”，继承并发展了法家思想，成为战国末年法家之集大成者。

韩非子生于战国七雄纷争之世，在战国七雄中，韩国是最弱小的国家，他目睹韩国日趋衰弱，曾多次向韩王上书进谏，寄希望于韩王励精图治，变法图强，但韩王置若罔闻，始终都未采纳。这使他孤独悲观，大失所望。他从“观往者得失之变”之中探索变弱为强的道路，写了《孤愤》、《五蠹》、《内外储说》、《说林》、《说难》等十余万言的著作，全面、系统地阐述了他的法治思想，抒发了忧愤孤直而不容于时的愤懑。后来这些著作流传到秦国，秦始皇读了《孤愤》、《五蠹》之后，大加赞赏，发出“嗟乎！寡人得见此人与之游，死不恨矣”的感叹，可谓推崇备至，仰慕已极。但秦始皇却不知这两篇文章是谁所写，于是便问李斯，李斯告诉他是韩非子的著作。秦始皇为了见到韩非子，便急切下令攻打韩国。韩王本来不任用韩非子，在形势急迫的情况下，于是便派韩非子出使秦国。秦始皇见到韩非子，对韩非子的理论倍加欣赏，然而并未信任和重用韩非子。韩非子曾上书劝秦始皇先伐赵缓伐韩，由此遭到李斯和姚贾的谗害，他们诋毁地说：“韩非，韩之诸公子也。今王欲并诸侯，非终为韩不为秦，此人之情也。今王不用，久留而归之，此自遗患也，不如以过法诛之。”秦始皇信以为然，就把韩非子交给法官审讯。李斯派人给韩非子送去毒药，让他自杀。韩非子想向秦始皇自陈心迹，却又不能进见。秦始皇后来感到懊悔，使人赦免他，但为时已晚，韩非子已经死了。韩非子于公元前233年死于秦国的云阳（今陕西淳化西北），他死后的第三年（即前230年），韩国被秦国所灭。韩非子虽死，但他的思想却在秦始皇、李斯手上得到了实施。

韩非子的著作《韩非子》吸收了儒、墨、道诸家的一些观点，以法治思想为中心。他总结了前期法家的经验，形成了以法为中心的法、术、势相结合的政治思想体系，被称为法家之集大成者。韩非子的一生虽然具有浓重的悲剧色彩，但他作为先秦时期最后一位思想家却彪炳于中国文化的史册。

三、韩非子的主要思想

韩非子的著作在古代被称为《韩子》，这是由后人辑录而成的，司马迁说韩非子的著作有十余万言，《汉书·艺文志》说《韩子》有55篇，现有的《韩非子》也是55篇，但是其中有部分篇章是其他人的著作。《韩非子》一书内容深刻而渊博，措施切中时弊而有效，其偏执之处令人感到害怕，其锋利的辩论力量又使人忘其偏执。

《韩非子》一书包含五个主要部分的内容：第一，将过去法家的法、术、势三种理论综合起来，并且加以提高，形成一套完整的君主独裁的理论体系。第二，针对过去某些君主依靠臣下统治，致使某些“重臣”权势膨胀，直接威胁君主地位的历史教训，设想出一套用以抑制臣下的“术”。第三，控制舆论，奖励密告等一系列措施。第四，在哲学吸收了老子思想的一部分，加以变化，运用到自己的统治术中，同时对其他各家进行批判，主张进行严格的思想统治。第五，整理了可借鉴的史料供备用，即《说林》和《内外储说》中的许多故事。

从《韩非子》一书中看，韩非子的思想主要有以下几个方面。

（一）“好利恶害”的人性论

韩非子的老师是儒家的荀子，荀子持“性恶”的观点，认为人的生理需求即是恶的根源，人一生来就有着向恶发展的趋向，但肯定通过教育可以“化性起伪”，人性可以由恶变善。韩非子接受了荀子的性恶理论，并把它推到了荒谬的极端。他从社会关系的考察出发，认为任何人都是自私的，追求名利是人的本性，人人都有“欲利之心”，“利之所在民归之，名之所彰士死之”，人的一切行为都是由利欲之心驱使，因此，人人都是唯利是图，人们不论做什么事，无不有其自私自利的目的，为他人、为社会团体、为国家利益的人是根本不存在的，并且他认为这种利己的本性是凡人皆有的，是不可改变的。由此出发，韩非子认为人与人之间的关系都是利害关系。

韩非子认为人人“皆挟自为心也”，人与人之间只是“用计算之心以相待”的利害关系，不是相互利用，买卖交换，就是钩心斗角，尔虞我诈。为了个人的利害，随时都可以把君臣、父子、夫妻、朋友之间的关系撕得粉碎，朋友可以立刻变为仇人，夫妻可以翻脸变成冤家。第一，父母之间是利害关系结合起来的。人为幼儿时，父母哺养如果不精心，子女长大时就要怨恨，子女长大成人，供养父母不厚，父母就要怒斥，这都是因为“不周于己”。父母生孩子，生了男孩就互相祝贺，生了女孩就把她杀了。子女都出自父母的怀抱，然而是男孩就受到祝贺，是女孩就杀了，这都是从自己的私利打算的。所以父母对于子女，尚且用计算利弊相对待，何况是对于没有骨肉恩泽的人呢？第二，夫妻之间的关系也是利害关系。“夫妻者，非有骨肉之恩也，爱则亲，不爱则疏”，在宫中更是如此，后妃如果受到君主的宠幸，她所生的儿子也会受到君主的宠爱，一旦失宠，儿子也要受到牵连，不再继承王位，这时，后妃希望君主早死，自己的儿子就可以继位，自己就成了太后。第三，兄弟之间也是利害关系，齐桓公为了争夺权力不惜杀掉自己的亲兄弟，这是因为利益的驱使。既然人世间最亲密的父子、夫妻、兄弟关系都是利害连接的，那么还有什么关系值得信任呢？

（二）“世异备变”的历史观

在《五蠹》中，韩非子描述了上古时人们钻燧取火、构木为巢，中古时鲧禹治水，近古时商汤伐桀、周武伐纣等情况，他从实际情况出发分析，认为当今之世物质生活丰富了，伦理观念也随之改变了，想要再回复到尧舜甚至燧人氏或有巢氏的生活环境是不可能的了，因此，“是以圣人不期修古，不法常可，论世之事，因为之备”，时代不同了，物质条件及人们的思想观念都有了变化，如果还按旧的方法来处理新的问题，将会被人耻笑。韩非子在这里还讲了一个“守株待兔”的故事来说明：有个宋人在田里耕作，田中有一个树桩，一只兔子奔跑时撞在树桩上碰断了脖子死了，从此这个宋人便放下手中的农具，守在树桩旁边，希望再捡到死兔子。他当然不可能再得到兔子，自己倒成了宋国的一个笑话。现在假如还要用先王的政治来治理当代的民众，那就无疑属于守株待兔之类的人了。

“故事因于世，而备适于事”，所以圣人要衡量财物多少、权势大小的实况制定政策。刑罚轻并不是仁慈，刑罚重并不是残暴，适合社会状况就是了。政事要根据时代变化，措施要针对社会事务，时代不同，治国的方法自然不同，古今社会风俗不同，政治措施自然也不一样。韩非子认为儒家的德治在“多事之时”、“大争之世”是行不通的，只有“去偃王之仁，息子贡之智”，坚持推行耕战政策，国家才能强盛。就法治来说，也不是一成不变的。智力社会没有固定不变的常规，法治应当随着时代的变化而变化，治国的方法与社会相适应才能收到好的效果。“故治民无常，唯治为法。法与时转则治，法与世宜则有功”。韩非子又讲了一则“郑人买履”的寓言故事来说明“法与时移”的必要性：郑国有个打算买鞋的人，先自己量好脚的尺码，然后把它放在座位上，等到去集市时却忘了带上。已经挑好了鞋，才说道：“我忘记拿尺码了。”于是返回家里去取。等到再返回集市时，集市已经散了，结果没有买到鞋。有人问：“为什么不用脚试试?”他说：“我宁愿相信尺码，不能相信自己的脚。”这则寓言对那些只相信法律制度，不知道灵活变通的人来说无疑是辛辣的讽刺。

（三）法、术、势之集大成

韩非子认为所谓法，就是由官府明文公布，赏罚制度深入民心，对于谨慎守法的人给予奖赏，而对于触犯法令的人进行惩罚。这是臣下应该遵循的。君主没有术，就会在上面受蒙蔽；臣下没有法，就会在下面闹乱子；所以术和法缺一不可，都是称王天下必须具备的东西。法令的功能就是区分出赏与罚的界限，臣下根据法令的规定来执行对民众的赏罚。对于“法”，韩非子主要强调了以下几点，一是立法必须明确可行，不能随意解释法律，制定法律时不需要求得民众满意。二是法律制定之后要进行宣传，即“明法”，通过法律公开和统一解释，防止官吏玩文弄法，只要民众与官吏都知道了法律的具体内容，彼此奉公守法，事情就简单了。三是执法必须坚决，“有功者必赏，有罪者必诛”，执法还必须公平，“法不阿贵，绳不挠曲”，“刑过不避大夫，赏善不遗匹夫”，这一原则是韩非子思想的精华所在，即使到了今天仍有莫大的意义。

“术”是君主依靠权势对群臣实施阴谋加以控制的手段。韩非子认为君主善于运用权术，才可以稳操胜券，南面高坐，专制独裁。《定法》说：“术者，因任而授官，循名而责实，操杀生之柄，课群臣之能者也。此人主之所执也。”《难三》中说：“术者，藏之于胸中，以偶众端而潜御群臣者也。故法莫如显，而术不欲见。”可见，“术”是君主特有的用来驾驭群臣的权术，形式是不公开的。君主的“术”主要有无为术，即君主要避免事必躬亲，君主与其靠自己的智慧和力量，不如用一国人的智慧和力量，所以就能敌得过众人的智力而胜过万物。同时君主还不能在臣下前暴露自己的思想轨迹，也不能显露自己的好恶，从而使自己神秘莫测。另有君主用人之术，即考核群臣、任用官员之术，“任人以事，存亡治乱之机也，无术以任人，无所任而不败”。韩非子主张通过实绩来考核群臣，以职任官，赏罚严明，同时强调职责分明，防止臣下擅权。在驾驭群臣方面，韩非子提出要多方考察，听取情况，防止臣下结党谋私，并运用矛盾，通过各种手段来有效地控制群臣。

韩非子认为“势”是君主治国的根本依存，“凡明主之治国也，任其势”。势是什么？《八经》说：“柄者，杀生之制也；势者，胜众之资也。”柄就是赏与罚两种权柄，在《二柄》篇里，韩非子详细论述了赏罚的掌握和运用，实际上，“势”就是生杀大权和控制民众的资本。势对君主而言就相当于虎豹的爪牙，“虎豹之所以能胜人执百兽者，以其爪牙也，当使虎豹失其爪牙，则人必制之矣。今势重者，人主之爪牙也，君人而失其爪牙，虎豹之类也”。韩非子主张“任势”，因为贤人虽然有才能，但无权势，就不能制服不肖的人，而不肖之人权重位尊就可以使贤人服从。桀作为天子，能够制服天下，不是依靠他的贤能，而是因为他的权势很重；尧作为普通的老百姓，不能使三户人家以他为表率，不是因为他不贤能，而是因为它的地位太低、权势太小的缘故。权势是君主尊贵地位的保障，所以绝对不能让赏罚之权旁落，一旦权势旁落与大臣，君主就会被臣下控制，甚至被臣下所杀或篡夺君位。

从以上可以看出，韩非子谈权论势，意在尊主重权，处势讲术，是研究如何驾驭群臣，处势行法，旨在镇压臣民。韩非子将法家前辈商鞅注重的“法”，申不害注重的“术”以及慎到注重的“势”三者统一起来，同时指出了他们的不足之处，通过对法、术、势的综合和提高，构建了一套完整的理论体系。

四、作品选读

【原文】

今若以誉进能，则臣离上而下比周；若以党举官，则民务交而不求用于法。故官之失能者其国乱。(《韩非子·有度》)

【译文】

现在若按声誉选用人才，臣下就会背离君主而在下面联络勾结；若凭朋党关系举用官吏，臣民就会营求交结而不求依法办事。所以官吏不称职的，国家就会混乱。

【原文】

故以法治国，举措而已矣。法不阿贵，绳不挠曲。法之所加，智者弗能辞，勇者弗敢争。刑过不辟大臣，赏善不遗匹夫。故矫上之失，诘下之邪，治乱决缪，绌羡齐非，一民之轨，莫如法。属官威名，退淫殆，止诈伪，莫如刑。刑重，则不敢以贵易贱；法审，则上尊而不侵。上尊而不侵，则主强而守要，故先王贵之而传之。(《韩非子·有度》)

【译文】

所以用法令治国，不过是制定出来、推行下去罢了。法令不偏袒权贵，墨绳不迁就弯曲。法令该制裁的，智者不能逃避，勇者不敢抗争。惩罚罪过不回避大臣，奖赏功劳不漏掉平民。所以矫正上面的过失，追究下面的奸邪，治理纷乱，判断谬误，削减多余，纠正错误，统一民众的规范，没有比得上法的。整治官吏，威慑民众，除去淫乱怠惰，禁止欺诈虚伪，没有比得上刑的。刑罚重了，就不敢因地位高轻视地位低的；法令严明，君主就尊贵不受侵害。尊贵不受侵害，君主就强劲而掌握要害。所以先王重法并传授下来。

【原文】

人主将欲禁奸，则审合刑名者，言与事也。为人臣者陈而言，君以其

言授之事，专以其事责其功。功当其事，事当其言，则赏；功不当其事，事不当其言，则罚。(《韩非子·二柄》)

【译文】

君主要想禁止奸邪，就要去审核刑名，刑名是指言论和职事。做臣下的发表一定的言论，君主根据他的言论授予相应的职事，专就他的职事责求他的功效。功效符合职事，职事符合言论，就赏；功效不符合职事，职事不符合言论，就罚。

【原文】

有国之君，不大其都；有道之臣，不贵其家。有道之君，不贵其臣；贵之富之，备将代之。(《韩非子·扬权》)

【译文】

统治国家的君主，不使封出去的城邑扩大；服从法治的大臣，不使属下的私家显贵。懂得治国之道的君主，不使他的臣下显贵；如让他们贵了富了，他们将取代君主。

【原文】

功劳之臣不论，官职之迁失谬。是以吏偷官而外交，弃事而亲财。是以贤者懈怠而不劝，有功者隳而简其业，此亡国之风也。(《韩非子·八奸》)

【译文】

劳苦功高的臣子得不到论定，官职的变动颠倒错乱。因此官吏玩忽职守而四外交往，抛弃事务而贪图财利。因此有才能的人懈怠而不求上进，有功劳的人堕落而轻慢职务，这是亡国的风气啊！

【原文】

大臣挟愚污之人，上与之欺主，下与之收利侵渔，朋党比周，相与一口，惑主败法，以乱士民，使国家危削，主上劳辱，此大罪也。(《韩非子·孤愤》)

【译文】

大臣挟持愚蠢腐败的人，对上和他们一起欺骗君主，对下和他们一起掠夺财物，结帮拉派，串通一气，惑乱君主败坏法制，以此扰乱百姓，使国家危殆受侵，君主忧劳受辱，这是大罪行。

【原文】

大意无所拂悟，辞言无所击摩，然后极骋智辩焉。此道所得，亲近不疑而得尽辞也。(《韩非子·说难》)

【译文】

进说的主旨没有什么违逆，言辞没有什么抵触，然后就可以充分施展自己的智慧和辩才了。

【原文】

而圣人者，审于是非之实，察于治乱之情也。故其治国也，正明法，陈严刑，将以救群生之乱，去天下之祸，使强不陵弱，众不暴寡，耆老得遂，幼孤得长，边境不侵，群臣相关，父子相保，而无死亡系虏之患，此亦功之至厚者也。(《韩非子·奸劫弑臣》)

【译文】

作为圣人，能够了解是非的实情，明察治乱的真相。所以他治理国家时，明正法令，设置严刑，用来解救百姓的祸乱，消除天下的灾难，使强不欺弱，众不侵寡，老年人们得享天年，幼子孤儿得以成长，边境不受侵犯，君臣亲密相处，父子互相护养，没有死亡和被俘的忧患，这也是最重大的功绩啊！

【原文】

主道者，使人臣必有言之责，又有不言之责。言无端末，辩无所验者，此言之责也；以不言避责，持重位者，此不言之责也。(《韩非子·南面》)

【译文】

做君主的原则是，应使臣下一定负起说话的责任，又要负起不说话的责任。说话无头无尾、辩词无从验证的，这就是说话的责任；用不说话来逃避责任，保持重要权位的，这就是不说话的责任。

【原文】

故先王明赏以劝之，严刑以威之。赏刑明，则民尽死；民尽死，则兵强主尊。刑赏不察，则民无功而求得，有罪而幸免，则兵弱主卑。(《韩非子·饰邪》)

【译文】

所以先王明定赏赐来加以勉励，严定刑罚来加以制服。赏罚分明，百姓就能拼死；百姓拼死，兵力就会强盛，君主就会尊贵。刑赏不分明，百姓就会无功而谋取利益，有罪而侥幸免罚，结果是兵力弱小，君主卑下。

【原文】

古之人目短于自见，故以镜观面；智短于自知，故以道正己。故镜无见疵之罪，道无明过之恶。目失镜，则无以正须眉；身失道，则无以知迷惑。(《韩非子·观行》)

【译文】

古代的人，眼睛看不见自己，所以用镜子照着观察面孔；才智不足以认识自己，所以用法术来修正自己。因此镜子没有照出毛病的罪过，法术没有暴露过失引起的怨恨。眼睛离开镜子，就不能修整胡子眉毛；人们离开法术，就不能辨别是非。

【原文】

安术：一曰赏罚随是非；二曰祸福随善恶；三曰死生随法度；四曰有贤不肖而无爱恶；五曰有愚智而无非誉；六曰有尺寸而无意度；七曰有信而无诈。(《韩非子·安危》)

【译文】

安定的方法：一是赏罚根据是非；二是福祸根据善恶；三是生死根据法律；四是人贤和不贤是实际存在的，但不能根据个人的好恶进行判断；五是愚和智是客观存在的，但不能根据别人的诽谤或赞美来确定；六是衡量事物有客观标准而不凭主观猜想；七是守信用而不欺诈。

【原文】

人臣皆宜其能，胜其官，轻其任，而莫怀余力于心，莫负兼官之责于君。故内无伏怨之乱，外无马服之患。明君使事不相干，故莫讼；使士不兼官，故技长；使人不同功，故莫争。(《韩非子·用人》)

【译文】

做臣子的都能发挥他们的才能，胜任他们的官职，完成他们的任务，而不需要把余力保存在心里，不需要对君主承担兼职的责任。所以在国内没有心怀怨恨的祸乱，在国外没有像赵括那样轻敌冒进的祸患。明君使职事不相干扰，所以不会发生争吵；使臣下不兼任官职，所以各自都有擅长的技能；使人们不为同一件事情而立功，所以不会发生争斗。

【原文】

人主者，守法责成以立功者也。闻有吏虽乱而有独善之民，不闻有乱民而有独治之吏，故明主治吏不治民。(《韩非子·外储说右下》)

【译文】

君主是依靠严守法令，责求臣下完成任务来建立功业的人。只听说官吏虽然胡作非为而仍有自行守法的民众，没听说民众作乱时仍有自行依法办事的官吏，所以明君致力于管理好官吏而不去管理民众。

【原文】

明主之道：一人不兼官，一官不兼事；卑贱不待尊贵而进论，大臣不因左右而见；百官修通，群臣辐辏；有赏者君见其功，有罚者君知其罪。(《韩非子·难一》)

【译文】

明君的治国原则：一人不兼任他职，一职不兼管他事；地位低的人不必等待地位高的人来推荐，大臣不必通过君主近侍来引见；百官都能逐级上通，群臣好像车辐聚集到中心一样归附君主；受赏的人君主能了解他的功劳，受罚的人君主能知道他的罪过。

【原文】

非贤而贤用之，与爱而用之同。贤诚贤而举之，与用所爱异状。(《韩非子·难四》)

【译文】

不是贤人而作为贤人来用，和因为宠爱而使用他是一样的。君主认为贤的人确是真正的贤人而提拔他，和君主用自宠爱的人是不一样的。

【原文】

圣人之所以为治道者三：一曰利，二曰威，三曰名。夫利者，所以得民也；威者，所以行令也；名者，上下之所同道也。非此三者，虽有不急矣。(《韩非子·诡使》)

【译文】

圣人用来作为治理国家的措施有三种：第一是利禄，第二是威权，第三是名称。利禄是用来赢得民众的，威利是用来推行政令的，名称是君臣共同遵行的准则。除了这三种，即使还有别的措施，也不是急需的了。

【原文】

故明主之治国也，适其时事以致财物，论其税赋以均贫富，厚其爵禄以尽贤能，重其刑罚以禁奸邪，使民以力得富，以事致贵，以过受罪，以功致赏，而不念慈惠之赐，此帝王之政也。(《韩非子·六反》)

【译文】

所以，明君治理国家，顺应时务来获得财物，确定赋税来调节贫富；厚赏爵禄使人们竭尽才能，加重刑罚来禁止奸邪；使民众依靠出力得到富裕，依靠功业获得尊贵。因犯罪受到惩罚，因立功获得奖赏，而不考虑仁慈恩惠的赏赐，这是通往帝王大业的政治措施。

五、案例分析

(一) 任数不任人——英特尔的纪律

【原文】

法者，宪令著于官府，刑罚必于民心，赏存乎慎法，而罚加乎奸令者也。(《韩非子·定法》)

【译文】

所谓法，就是由官府明文公布，赏罚制度深入民心，对于谨慎守法的人给予奖赏，而对于触犯法令的人进行惩罚。

【原文】

夫治法之至明者，任数不任人。(《韩非子·制分》)

【译文】

对法律整饬得极其严明的君主，依靠的是法律条文而不是一两个人才。

【案例】

英特尔公司是世界知名大企业，但在20世纪六七十年代，它还是一家名不见经传的小企业，与中国今天的某些公司相比，它的发展速度并不是特别惊人，但它每走一步都踏踏实实，如今的实力更是实打实的。

那么，英特尔公司是凭着什么获得今天的成就呢？两个字：纪律。总裁葛洛夫认识到，公司生产的是高科技电子产品，那么清洁是生产的一个重要因素，要想生产出比别人更好的产品，必须在清洁方面下足功夫。为此，公司制定了非常严格的流程和操作程序，每一道程序都配有相应的规章制度保证生产的清洁。所谓规章制度，其实并不神秘，无非就是不可以做什么和应该做什么、必须做什么，规定了的就一定去执行，这就是纪律。葛洛夫对纪律有着独特的理解，不是简单地要求和检查，而是将自觉地遵守纪律作为一种风气来培养，也就是使它发展为公司的一种文化。

为此，葛洛夫对清洁的要求从生产领域扩展到公司各个部门，所有的办公室、办公桌、档案柜都必须收拾得井井有条、干干净净。他还专门设立了清洁大使负责检查，并派资深经理巡视各区域，进行评分，一旦发现成绩不合格的个人和单位，立即责令其清理，限其在下次检查时以优异成绩洗刷耻辱。这绝不是作秀，也不是多此一举，这么做是为了使全体员工养成遵守纪律的良好习惯。果然，经过一段时间，员工的纪律性大大加强，制造、销售、工程、财务各部门的工作也都做到了按部就班，像一个机器上的齿轮一样配合严密。

正是因为强调纪律性，英特尔公司的规章制度才得到了坚决和准确地贯彻，它的执行力和战斗力才超过了其他企业，才能在与美国、日本的强大对手的竞争中占据上风。

（二）论之于任、试之于事——柳传志的识人术

【原文】

观听不参则诚不闻，听有门户则臣壅塞。（《韩非子·内储说上》）

【译文】

君主观察和听取臣下的言行，如果不加验证，就不会知道实情；如果偏听偏信，就会受到臣下的蒙蔽。

【原文】

明君不自举臣，臣相进也；不自贤，功自徇也。论之于任，试之于事，课之于功，故群臣公政而无私，不隐贤，不进不肖。(《韩非子·难三》)

【译文】

明君不凭个人心愿提拔臣子，臣子自会争相进用；不自以为谁是贤人，立功的人自会随之而来。从办事才能上鉴别他们，用实际工作去测试他们，从成绩大小上考核他们，所以群臣公正而无私，不隐瞒贤人，不推荐不贤的人。

【案例】

联想集团前总裁柳传志不仅是一位卓有成就的企业家，同时也是一位善于识别人才，培养人才以及使用人才的伯乐，联想集团的核心人物杨元庆、朱立南等人就是他亲自发现和培养的。

柳传志的识人术可以概括为三招："把嘴皮子磨热"、"助跑几步才能摸到"和"从赛马中识到好马"。

"把嘴皮子磨热"就是将考察对象聚集在一起，就某个需要总裁决策的问题拿出来让大家讨论，要求每个人都必须充分发言，鼓励不同意见的争论。就这样，柳传志和大家一起翻来覆去地说，你来我去地争，嘴皮子都被磨热了。正是通过这种集体讨论，柳传志熟悉了每个年轻人的思想意识、思维方式和脾气秉性。

"助跑几步才能摸到"也是一个形象的说法，就像触摸高处的东西，原地跳不了多高，如果跑几步再跳，就能摸得更高，人才培养也是这样，给他一个难度大一些的任务，使他在实际工作中发挥潜力，增长才干。显然，这种动态的人才培养方式更合理。这个过程也是一个加深对人才的认识的过程，他的思想和能力得到进一步展示，由此获得的认识更准确、更全面。

"从赛马中识到好马"强调的是在实践中识到人才，只有让马儿在赛马场上跑起来，才知道哪匹马跑得好。从 1990 年起，柳传志就开始有目的、有计划地提拔使用年轻人，当时联想有十大部门，对于条件比较成熟的年轻人，让他们担任部门的主任或经理，其余人担任副职，每一个部门都有一两个年轻人任副手。经过几年的磨炼，一批年轻领导干部成长起来，人才也得到了鉴别。这种鉴别是大浪淘沙式的鉴别，不行的淘汰掉，行的留下来，不是由哪一个人说好就是好，而是由实践说了算。

柳传志对联想的最大贡献，恐怕不是他创造了多少效益，甚至不是他推出了什么产品，而是他培养了一批高素质的企业家，正是因为有了他们，联想才能在他退出第一线后越做越强。

（三）赏罚信、禁令行——联想的“重赏”

【原文】

小信成则大信立，故明主积于信。赏罚不信，则禁令不行。（《韩非子·外储说左上》）

【译文】

在小事上能够讲求信用，在大事上就能够建立起信用，所以明君要在遵守信用上逐步积累声望。赏罚不讲信用，禁令就无法推行。

【原文】

赏誉薄而谩者下不用也，赏誉厚而信者下轻死。（《韩非子·内储说上》）

【译文】

赏誉轻而不兑现，臣下就不为君用；赏誉厚而守信用，臣下就争着为君献身。

【案例】

联想集团是我国IT行业的领军企业，1984年创立，1988年开始实行承包制。第一年下来，销售经理金开贵大幅度超额完成销售任务，按照公司奖励办法应该获得奖金6000多元。这个数额在今天看来不算什么，但是在当时给人的感觉几乎是个天价，总经理柳传志的月工资才两百多元，金开贵一次拿的奖金等于是柳传志整整两年半的工资，毫不夸张地说，这是真正的重奖。尽管按照当时的政策规定，奖金超过三个月工资，单位必须上300%的奖金税。为了维护制度的权威性，为了调动员工的积极性，柳传志还是发出了奖金。在同行中，销售始终是联想集团的一个强项，这与它坚持重奖的原则是分不开的。

实行重奖和高待遇是联想集团的一种理念，随着公司自身积累的高速增长，员工的福利也得到大幅度提高。仅住房一项，从1990年到1995年就购进商品房300多套，30岁出头的公司骨干一般都能住上三室一厅的房子，这种待遇在北京同龄人中是少有的。分配制度的改革也朝着“重”的方面倾斜。以前是业务部门超额完成营业额后，由公司按照规定下发一定数额的奖金，后来改成了5∶5分成，就是超额完成任务的部分利润的50%上交公司，50%归部门支配，这笔钱怎么花由部门自己说了算。

由于突出了“重”的原则，而且重得合理，能够持续进行，所以联想集团能够留住人，能够吸引大批人才。

六、《韩非子》感悟

韩非子作为法家的集大成者，对法、术、势三种进行糅合，达到了新的高度，韩非子的思想旨在维护君主专制，即君主能够有效地控制群臣，掌握国家机器，这对中国封建中央集权制度的确立，起了一定的理论指导作用，虽然这样，韩非子的思想中仍不乏闪光之点。例如，他非常强调执法的公平公正，这一原则是他思想中的精华所在。《韩非子·有度》说：“法不阿贵，强不挠曲。法之所加，智者弗能辞，勇者弗敢争，刑过不避大臣，赏善不遗匹夫。”坚持法律面前人人平等，有法必依，执法必严，违法必究，这是法治的基本准则和精义所在。但社会生活中法律面前不平等的现象，又是抹不去的现实。破解此题的关键在落实司法公正，而其核心环节，又在真正做到法不阿贵。

实际上，在我国封建社会的各个朝代，要想真正做到法不阿贵却非易事。贞观初年，吏部尚书长孙无忌应召入宫，他没有解下随身佩刀就闯入了，触犯了宫禁，唐太宗李世民把此事交众臣议处。宰相封伦主张，守宫校尉失职，罪当处死，长孙无忌误带刀入宫，罚铜20斤。唐太宗觉得此议称心，欲批准执行。大理寺少卿戴胄出言反对：“守宫校尉和长孙大人都有失误，触犯宫规，按律均应处死；可一个被杀头，另一个仅罚钱了事，律法公正何在？如果陛下想从轻处理，那也得先从轻发落守宫校尉，而不是只对长孙无忌法外开恩。”他说得有理有据，唐太宗只得叫众臣再议。双方唇枪舌剑，在宫廷上争得不可开交。好在李世民比较开明，采纳了戴胄的意见，说：“法者，非朕一人之法，乃天下人之法也，何得以无忌国之亲戚，便欲阿之？”他最终裁定，赦免守宫校尉的死罪。

历来传为法不阿贵的这则美谈，其实存有误读。皇权社会的王法，本质上是一家一姓的私法，它不可能实现在法律面前人人平等；相反，官官相护，徇私枉法，以权压法，以言代法，比比皆是。所谓“王子犯法与庶民同罪”，不过是做戏的宣传，说说而已，当不得真。因为，皇权高于一切，皇帝一言九鼎下的司法实践，归根结底只是人治，而绝非真正的法治。也就是说，当豪门权贵及其子弟享有超越法律的特权的时候，法必阿贵。开国功臣兼皇亲国戚的长孙无忌，曾为李世民打江山坐龙廷立下赫赫功勋，乃凌烟阁上第一人，且是被唐太宗视为心腹的股肱重臣，岂能因违犯宫规而处死？因此，唐太宗庇护长孙无忌，不愿依法办事、违法必究，既是一种政治需要，也是顾及皇家颜面；要不然，真把长孙无忌判死罪，他怎么向贤内助长孙皇后交代？所以，与其说赦免守宫校尉是法不阿贵，倒不如说是守宫校尉沾了长孙无忌的光，是王法的法必阿贵让守宫校尉捡回了一条命。总而言之，只要权力高于、大于法律，那么法律面前人人平等，便终究是虚幻的海市蜃楼。

法治的要义，首在治权、治官，即要让权力在法律许可的范围内运行，不允许官员有任何超越法律的特权，且执法必严，违法必究，真正做到法不阿贵，在法律面前人人平等。平民百姓要知法守法，权力和官员尤其要遵纪守法。法律如果推不开特权之门，也定然迈不进民众的心。

七、本章小结

韩非子认为人性是“好利恶害”的，人与人之间的关系是一种赤裸裸的利害关系，由此，只有通过严刑峻法才能安定天下。作为法家的集大成者，韩非子将法、术、势三者统一起来，形成了较完备的理论体系，他的专制和权术思想，为以后历代封建统治阶级所承袭。

【复习思考题】

1. 韩非子的人性论是什么？
2. 韩非子的“世异备变”的历史观有什么现实意义？
3. 韩非子是怎样将法、术、势三者统一起来的？

第八章　兵家《孙子兵法》选读

一、兵家简介

诸子百家之一的兵家是中国先秦及汉初研究军事理论，从事军事活动的学派。据《汉书·艺文志》记载："兵家者，盖出古司马之职，王官之武备也。""司马"是古代的一个官名，在战国时期是指专门掌管军政和军赋的朝廷大臣。兵家最初大概是源于古代这种管军务的官员，因为他们经常统率军队出征他国，就有条件去总结关于军事的经验。到了春秋战国时代，诸侯之间不断爆发战争，从事军事的人员越来越多，他们中间的一些智谋有识之士，注意在战争中不断汲取经验教训并总结成一系列理论，研究制胜的规律，这一类学者，称之为兵家。他们的那些论述军事的兵家著作，就称为兵书。

《汉书·艺文志》又将兵家分为兵权谋家、兵形势家、兵阴阳家和兵技巧家四类。兵权谋家，即战略家，其特点为"以正守国，以奇用兵，先计而后战，兼形势，包阴阳，用技巧者也"，注重军事战略研究，兼通形势、阴阳、技巧各派之长。兵形势家，特点为"雷动风举，后发而先至，变化无常，以轻疾制敌者也"，注重战术研究，探讨军事行动的运动性和战术运用的灵活性。兵阴阳家，特点为"顺时而发，推刑德，随斗击，因五胜，假鬼神而为助者也"，注重天时、地理条件与战争关系的研究，多阴阳五行，甚至迷信内容。兵技巧家，特点为"习手足，便器械，积机关，以立攻守之胜者也"，注重军事装备与军事技术的研究。

兵家的主要代表人物，春秋时期有孙武、司马穰苴；战国时期有孙膑、吴起、尉缭、魏无忌、白起等；汉初有张良、韩信等。今存兵家著作有

《黄帝阴符经》、《六韬》、《三略》、《孙子兵法》、《司马法》、《孙膑兵法》、《吴子》、《尉缭子》、《将苑》、《百战奇略》、《唐太宗李卫公问对》等。其中孙武所著的《孙子兵法》为中国现存最早、最杰出的兵书，历来被称为“兵经”。这些著作的观点互有异同，其中都包含丰富的朴素唯物论与辩证法因素。兵家的实践活动与理论，对当时及后世的影响非常大，是我国古代宝贵的军事思想遗产。

二、孙子简介

孙武，字长卿，春秋末年齐国乐安（今山东广饶）人，其生卒年已不可考。据史学家推算，他生活的年代大约与孔子同时。孙武出生于齐国军事世家的田氏家族，其祖先原是陈国的公子完，因避乱，公子完逃到齐国，齐桓公听闻其年轻有为，让他担任了管理百工的工正之职。公子完在齐国定居后，因陈与田在古代音同义通，故又称为田完。田完的五世孙即孙武的祖父田书，因伐莒立有战功，被齐景公赐姓孙氏，食采于乐安。

孙武所生活的年代正是春秋时期社会动荡加剧、兼并战争激烈而频繁的时代，也是各种学术思想及流派兴起、发展的时代，加之孙武军事世家的出身，使得他从小就受到浓厚的军事战争知识的熏陶，也受到各种进步的社会思潮的影响。孙武在齐国度过了他的青少年时代，后因避乱，辗转来到吴国，在吴国将领伍子胥的推荐下，孙子以兵法十三篇晋见吴王阖闾。吴王命他按照兵法操练宫中的妃子，在这次军事操练中，孙武严肃军纪军法，体现了信赏明罚，申明了“将在军，君命有所不受”的作战指挥原则，果断地处死了两位作为队长但却藐视将令、不守军纪的吴王宠妃，使得这次军事演练取得了成功。通过这次演练，吴王认识到了孙武的统兵才能，于是任命孙武为将军，担当起军国重任。

孙武为将后，运用“疲楚误楚”的方针策略，为吴王伐楚创造了有利条件。在公元前506年吴楚柏举之战中，吴军打败楚军，袭占了楚国都城郢（今湖北江陵）。柏举之战是孙武亲自参加的最重要的一次战争，它大大打击了南方强国楚国的势力，为吴国的进一步崛起，进而争霸中原奠定了坚实的基础。此后，孙武继续辅佐吴王的事业，曾在对越国的战争中发挥过一定的作用。孙武晚年选择了隐居在今江苏吴县附近的山林中，著书立说，为我们留下了不朽的名著——《孙子兵法》。

三、《孙子兵法》概述

《孙子兵法》一书是我国距今2500年前的大军事家孙武所撰。它以军事理论专著的形式，总结了春秋末及以前的战争经验，奠定了中国古典兵学的理论基础，在中外军事和谋略史上有突出的地位。这部书不断地影响后世的军事家及政治家，成为世界各国军事家争相研读的一部畅销书，经久不衰。这部书虽然只有13篇，6000余字，却是一部不朽的世界名著。《孙子兵法》又称《孙武兵法》、《吴孙子兵法》、《孙子兵书》、《孙武兵书》等，是中国古典军事文化遗产中的璀璨瑰宝，是中国优秀文化传统的重要组成部分，是世界三大兵书之一（另外两部是德国克劳塞维茨著《战争论》和日本宫本武藏著《五轮书》），其内容博大精深，思想精邃富赡，逻辑缜密严谨。

《孙子兵法》自问世以来，对中国古代军事学术产生了巨大而深远的影响，历代军事家、兵学家无不从中汲取养料，用于指导战争实践和发展军事理论。三国时曹操说道："吾观兵书战策多矣，孙武所著深矣。"唐太宗李世民也非常推崇孙武："朕观诸兵书，无出孙武。"宋代王安石说只要用孙子的一两句话便可以成就功名。从这些评论可以看出，作为兵家鼻祖的《孙子兵法》在军事史上有着极其重要的地位。

《孙子兵法》不仅在中国被奉为兵家经典，而且在世界上也久负盛名。《孙子兵法》在8世纪传入日本，18世纪传入欧洲，如今已被译为29种文字，在世界上广为流传。英国著名军事学家利德尔·哈特在其《战略》一书的序言中写道："在导致人类自相残杀、灭绝人性的核武器研制成功以后，就更需要重新而更加完整地翻译《孙子兵法》这本书了。"美国著名军事理论家约翰·柯林斯说："孙子是古代第一个形成战略思想的伟大人物……孙子13篇可与历代名著，包括2200年后克劳塞维茨的著作媲美。今天没有一个人对战略的相互关系、应考虑的问题和所受的制约比他有更深刻的认识。他的大部分观点在我们当前的环境中仍然有其重大的意义。"

孙子的思想不仅在现代军事领域，而且在政治、经济、外交等各个领域都有着广泛的应用。《孙子兵法》之所以备受人们的推崇，影响遍及世界，主要原因就是提出了一系列符合客观规律的“善战”思想。所谓“善战”，就是以最优的方法夺取战争的胜利。在现代经济社会，就是以最有效的手段战胜竞争对手，夺取市场的胜利。《孙子兵法》贯穿了作者的谋略思想，包括不战而屈人之兵的全胜谋略，威加于敌的伐交谋略，攻其不备、出其不意的诡道谋略，致人而不致于人的主动谋略，以迂为直、以患为利的军事谋略，快速突袭的速胜谋略，攻虚弱的易胜谋略，夺气攻心的心战谋略。这些谋略在当今社会被广泛地应用到政治、军事、经济和为人处世等方面。由于商场和战场的异常相似性，这本兵书成了一本商书，精明的日本企业家们对此书十分关注，美国的哈佛大学也有专门研究《孙子兵法》的经济学课程。

《孙子兵法》全书共13篇。分为上卷、中卷、下卷，详细内容如下。

《计篇第一》讲的是庙算，即出兵前在庙堂上比较敌我的各种条件，估算战事胜负的可能性，并制订作战计划。

《作战篇第二》讲的是战争动员及取用于敌，胜敌益强。

《谋攻篇第三》是以智谋攻城，即不专用武力，而是采用各种手段使守敌投降。

《形篇第四》讲的是具有客观、稳定、易见等性质的因素，如战斗力的强弱、战争的物质准备。

《势篇第五》讲的是指主观、易变、带有偶然性的因素，如兵力的配置、士气的勇怯。

《虚实篇第六》讲的是如何通过分散集结、包围迂回，造成预定会战地点上的我强敌劣，以多胜少。

《军争篇第七》讲的是如何“以迂为直”、“以患为利”，夺取会战的先机之利。

《九变篇第八》讲的是将军根据不同情况采取不同的战略战术。

《行军篇第九》讲的是如何在行军中宿营和观察敌情。

《地形篇第十》讲的是6种不同的作战地形及相应的战术要求。

《九地篇第十一》讲的是依“主客”形势和深入敌方的程度等划分的9种作战环境及相应的战术要求。

《火攻篇第十二》讲的是以火助攻。

《用间篇第十三》讲的是5种间谍的配合使用。

我们可以从《孙子兵法》中概括出十大战略战术原则来了解其主要的军事思想。

第一，先知原则。《孙子兵法》说："故明君贤将，所以动而胜人，成功出于众者，先知也。"先知就是预先掌握情况，预见战争胜负。孙子提出："知己知彼，百战不殆。"强调掌握敌我双方的情况，并对如何知彼作了专门的论述。书中对"知己"也多有论述。先知是进行决策的前提，是指挥军队的先决条件，因此不惜爵禄重金，采取一切可以采取的手段达到这一目的。《孙子兵法》的这一思想有超越了时空的价值，是其战略战术原则中的首要原则之一。

第二，先胜原则。《孙子兵法》说："胜兵先胜而后求战。"先胜就是先要使自己在作战之前，在政治、经济、军事外交、谋划等方面都超过敌人，形成积水于千仞之山之势。在全局上占优势，还要在局部上也占优势，这就要合理部署。如在全局上处于劣势，更要通过敌专我分、示形欺敌等手段造成自己局部上的优势，达到在战役战斗上先胜的目的。《孙子兵法》认为，实力优势是取得胜利的先决条件，但如果放松警惕，或不善谋划，也会遭到失败。因此，它强调在强化实力的同时，在谋划上也须胜过敌人，"多算胜，少算不胜，而况无算乎？"

第三，全胜原则。《孙子兵法》提出："百战百胜，非善之善者也；不战而屈人之兵，善之善者也。"进而要求："必以全争于天下，故兵不顿而利可全。"这是著名的"全胜"原则。这就要求在谋划上全面周到，算无遗策。知利害、知进退、知奇正、知仁诡、知虚实、知缓急等，即各种相反的可能都考虑到。"全"讲的是思想方法的全面性、思考问题的全面周密。同时又积极使敌人屈服于我，把损失减少到最小。

第四，致人原则。《孙子兵法》说："善战者，致人而不致于人"，所谓"致人而不致于人"，就是调动敌人而不被敌人所调动，讲的是关于战争主动权的问题。战争是智与力的较量，谁具有强大的智慧与实力，谁就能掌握主动权，谁掌握了主动权，谁就可以充分发挥自己的长处，即使短处有时也会变成长处，反之则被动挨打，遭到失败。主动权问题，至今仍是致胜的法则，是军事科学中一项常讲常新的课题。

第五，仁诡原则。《孙子兵法》是既讲仁，又讲诡，最早创立了仁诡辩证统一的战争指导理论。"兵者，诡道也"，所谓诡道，就是军事欺骗，如能示之不能、避实击虚、奇正相生等。

第六，奇胜原则。《孙子兵法》认为，“战势不过奇正”，要求“以正合，以奇胜”，即以正兵迎战，以奇兵取胜，提出“奇正相生，如循环之无端，不可胜穷”。一般地说，符合常规的为正，超出常规的为奇。具体讲，在兵力部署上，担任常备性任务为正，机动力量为奇；在作战方式上，正面攻击为正，迂回侧击为奇；公开对阵为正，暗中偷袭为奇；按一般原则作战为正，采取特殊手段为奇。从军事心理上看，合乎常理、人们意料之中为正，出乎常情、人们意料之外为奇。奇正理论的精髓是“奇正相生”，即以奇为正。

第七，击虚原则。《孙子兵法》主张集中己方的优势兵力攻击敌方空虚、防守薄弱的地方，还要“形人而我无形，则我专而敌分”，即隐匿自己的行迹，做到敌明我暗，使敌人防不胜防，己方就可以在局部以众击寡，这样就可以大大提高取胜的概率。

第八，突袭原则。《孙子兵法》强调要“攻其无备，出其不意”，因为奔袭之处是敌人难以预料的地方，敌人就不会有所防备，所以就必然能够取得胜利。

第九，任势原则。《孙子兵法》要求将领在己方现有的军事实力基础上，积极创造有利的作战态势，把握作战的主动权，灵活而有效地打击敌人。

第十，善守原则。《孙子兵法》在强调进攻的同时也非常注意防守的重要性。“善守者，藏于九地之下”，善于防守，使敌人无法找到机会进行进攻，才能自保而全胜。

四、作品选读

【原文】

孙子曰：兵者，国之大事，死生之地，存亡之道，不可不察也。(《孙子兵法·计篇》)

【译文】

孙子说：战争，是国家的头等大事，是关系民众生死的所在，是决定国家存亡的途径，不能不认真加以考察、研究。

【原文】

故经之以五事，校之以计，而索其情：一曰道，二曰天，三曰地，四曰将，五曰法。道者，令民与上同意也，故可以与之死，可以与之生，而不畏危也。天者，阴阳、寒暑、时制也。地者，远近、险易、广狭、死生也。将者，智、信、仁、勇、严也。法者，曲制、官道、主用也。凡此五者，将莫不闻，知之者胜，不知者不胜。故校之以计，而索其情，曰：主孰有道？将孰有能？天地孰得？法令孰行？兵众孰强？士卒孰练？赏罚孰明？吾以此知胜负矣。（《孙子兵法·计篇》）

【译文】

应该以五个方面的情实为纲，通过具体比较双方的基本条件来探讨战争胜负的情形：一是“道”，二是“天”，三是“地”，四是“将”，五是“法”。所谓“道”，就是从政治上使民众与君主的思想一致，这样，民众就能与君主同生死共患难，誓死效命，毫无二心。所谓“天”，就是气候的阴晴、寒暑、四季节令的更替规律等。所谓“地”，就是指行程的远近，地势的险峻或平易、战地的广狭、是死地还是生地等。所谓“将”，就是看将领们是否具备智、信、仁、勇、严五种素质。所谓“法”，就是指部队的组织编制制度、军官的职责范围规定、军需物资的供应管理制度等。大凡这五个方面，将领们没有谁没听说过，但只有透彻掌握了的人才能取胜，没有透彻掌握的人则不能取胜。因而，还要通过比较双方的具体条件来探究战争胜负的情形。这些条件是：双方君主哪一方施政清明、有道？将领哪一方更有才能？天时、地利哪一方占得多？军中法令哪一方执行得好？兵力哪一方更强大？士兵哪一方更训练有素？奖赏与惩罚哪一方更严明？我凭着对这些情况的分析比较，就可知道战争胜负的情形了。

【原文】

孙子曰：凡用兵之法，全国为上，破国次之；全军为上，破军次之；全旅为上，破旅次之；全卒为上，破卒次之；全伍为上，破伍次之。是故百战百胜，非善之善者也；不战而屈人之兵，善之善者也。（《孙子兵法·谋攻篇》）

【译文】

孙子说：大凡用兵的原则，使敌举国不战而降是上策，击破敌国使之降服是次一等用兵策略；使敌全军不战而降是上策，击破而取胜是次一等用兵策略；使敌全旅不战而降是上策，击破敌旅而取胜是次一等用兵策略；使敌全卒不战而降是上策，击破敌卒使之降服是次一等策略；使敌全伍不战而降是上策，击破敌伍而取胜是次一等策略。因此，百战百胜，并非好的用兵策略中最好的，不交战而使敌屈服，才是用兵策略中最好的。

【原文】

孙子曰：昔之善战者，先为不可胜，以待敌之可胜。不可胜在己，可胜在敌。故善战者，能为不可胜，不能使敌之可胜。故曰：胜可知，而不可为。(《孙子兵法·形篇》)

【译文】

孙子说：古代善于指挥作战的人，总是先创造条件使自己处于不可战胜的地位，然后等待敌人能被我战胜的时机。做到不可战胜，关键在于自己创造充分的条件；可以战胜敌人，关键在于敌人出现可乘之隙。因而，善于作战的人，能做到自己不可战胜，不能使敌人一定被我战胜。所以说，胜利可以预测，但不可强求。

【原文】

凡战者，以正合，以奇胜。故善出奇者，无穷如天地，不竭如江海。终而复始，日月是也。死而更生，四时是也。声不过五，五声之变，不可胜听也；色不过五，五色之变，不可胜观也；味不过五，五味之变，不可胜尝也。战势不过奇正，奇正之变，不可胜穷也。奇正相生，如循环之无端，孰能穷之？(《孙子兵法·势篇》)

【译文】

大凡作战，都是以正兵作正面交战，而用奇兵去出奇制胜。善于运用奇兵的人，其战法的变化就像天地运行一样无穷无尽，像江海一样永不枯竭。像日月运行一样，周而复始；与四季更迭一样，去而复来。宫、商、角、徵、羽不过五音，然而五音的组合变化，永远也听不完；红、黄、蓝、白、黑不过五色，但五种色调的组合变化，永远看不完；酸、甜、苦、辣、咸不过五味，而五种味道的组合变化，永远也尝不完。战争中军事实力的运用不过“奇”、“正”两种，而“奇”、“正”的组合变化，永远无穷无尽。奇正相生、相互转化，就好比圆环旋绕，无始无终，谁能穷尽呢？

【原文】

夫兵形象水，水之形，避高而趋下；兵之形，避实而击虚。水因地而制流，兵因敌而制胜。故兵无常势，水无常形。能因敌变化而取胜者，谓之神。故五行无常胜，四时无常位，日有短长，月有死生。(《孙子兵法·虚实篇》)

【译文】

兵的形态就像水一样，水流动时是避开高处流向低处，用兵取胜的关键是避开设防严密实力强大的敌人而攻击其薄弱环节。水根据地势来决定流向，军队根据敌情来采取制胜的方略。所以用兵作战没有一成不变的态势，正如流水没有固定的形状和去向。能够根据敌情的变化而取胜的，就叫做用兵如神。金、木、水、火、土这五行相生相克，没有哪一个常胜；四季相继相代，没有哪一个固定不移，白天的时间有长有短，月亮有圆也有缺，万物皆处于流变状态。

【原文】

三军可夺气，将军可夺心。是故朝气锐，昼气惰，暮气归。善用兵者，避其锐气，击其惰归，此治气者也。以治待乱，以静待哗，此治心者也。以近待远，以逸待劳，以饱待饥，此治力者也。无邀正正之旗，无击堂堂之阵，此治变者也。(《孙子兵法·军争篇》)

【译文】

对于敌方三军，可以挫伤其锐气，可使丧失其士气，对于敌方的将帅，可以动摇他的决心，可使其丧失斗志。所以，敌人早朝初至，其气必盛；陈兵至中午，则人力困倦而气亦怠惰；待至日暮，人心思归，其气益衰。善于用兵的人，敌之气锐则避之，趁其士气衰竭时才发起猛攻，这就是正确运用士气的原则。用治理严整的我军来对付军政混乱的敌军，用我镇定平稳的军心来对付军心躁动的敌人，这是掌握并运用军心的方法。以我就近进入战场而待长途奔袭之敌，以我从容稳定对仓促疲劳之敌，以我饱食之师对饥饿之敌，这是懂得并利用治己之力以困敌人之力。不要去迎击旗帜整齐、部伍统一的军队，不要去攻击阵容整肃、士气饱满的军队，这是懂得战场上的随机应变。

【原文】

故将有五危：必死可杀，必生可虏，忿速可侮，廉洁可辱，爱民可烦。凡此五者，将之过也，用兵之灾也。覆军杀将，必以五危，不可不察也。(《孙子兵法·九变篇》)

【译文】

所以，将领有五种致命的弱点：坚持死拼硬打，可能招致杀身之祸；临阵畏缩，贪生怕死，则可能被俘；性情暴躁易怒，可能受敌轻侮而失去理智；过分洁身自好，珍惜声名，可能会被羞辱引发冲动；由于爱护民众，受不了敌方的扰民行动而不能采取相应的对敌行动。所有这五种情况，都是将领最容易有的过失，是用兵的灾难。军队覆没，将领牺牲，必定是因为这五种危害，因此一定要认识到这五种危害的严重性。

【原文】

主不可以怒而兴师，将不可以愠而致战。合于利而动，不合于利而止。怒可以复喜，愠可以复悦，亡国不可以复存，死者不可以复生。故明主慎之，良将警之。此安国全军之道也。(《孙子兵法·火攻篇》)

【译文】

国君不可因一时愤怒而发动战争，将帅不可因一时的气愤而出阵求战。符合国家利益才用兵，不符合国家利益就停止。愤怒还可以重新变为欢喜，气愤也可以重新转为高兴，但是国家灭亡了就不能复存，人死了也不能再生。所以，对待战争，明智的国君应该慎重，贤良的将帅应该警惕，这是安定国家和保全军队的基本道理。

五、案例分析

(一) 因粮于敌——海尔的本土化

【原文】

善用兵者，役不再籍，粮不三载；取用于国，因粮于敌，故军食可足

也。(《孙子兵法·作战篇》)

【译文】

善于用兵的人，兵员不再次征调，粮饷不再三转运。各项军用从国内取得后，粮草补给在敌国就地解决，那么，军粮就可满足了。

【原文】

故智将务食于敌。食敌一钟，当吾二十钟；芑秆一石，当吾二十石。(《孙子兵法·作战篇》)

【译文】

因而，高明的将领务求从敌方夺取粮草。就地从敌方夺取粮食一钟，相当于自己从本国运出二十钟；就地夺取敌人饲草一石，相当于自己从本国运出二十石。

【案例】

中国加入世界贸易组织后，海尔在欧美等主要市场都实现了“三位一体”的本土化，即产品的设计、制造、营销都做到当地化。其中设计中心18个，分设在东京、洛杉矶、里昂、阿姆斯特丹等地；工业园10个，分设在美国、巴基斯坦等国；工厂50个，分设在美国、孟加拉、伊朗、尼日利亚等国；还有贸易中心56个，服务网点11976个，营销网点53000个。

第一，研究开发本土化。在国外设立研发中心，争抢国外优秀人才和技术，这比单一的硬指标更具战略眼光。这样不仅能降低跨国企业的研发成本，更重要的是使产品开发与市场营销紧密结合起来，使企业具有更强的适应力。

第二，产品制造本土化。跨国公司在经营中十分注重产品制造的本土化，讲求技术创新、服务与信誉的整合效率，使消费者群体迅速扩大，市场快速裂变与发展。随着电子商务的发展，企业已能有效运用因特网等现代营销方式与客户进行交流。而通过产品本土化制造，确保在最短的时间内将根据顾客个性化需求设计生产的产品交到顾客手中，其价格甚至低于市场平均价格，并有一流的技术和服务保证，从而获得了极大的市场占有率。

第三，营销方式本土化。企业进行跨国经营最大的困扰是没有自己的产品营销渠道，为此，跨国企业要努力营造自己的营销渠道。海尔在海外的营销网络包括一般客户、海尔经销商、合作（资）伙伴，如美国海尔最初由一般客户发展成为海尔经销商，再由经销商发展成为合资伙伴。

在成功进驻海外市场后，海尔又通过“三融一创”，提升海尔国际市场美誉度。“三融一创”，即通过融资、融智、融文化，创本土化名牌，是海尔国际化的最终体现。海尔在全球拥有3000多名海外经理人，海尔产品的高质量和海尔对市场的响应速度吸引了越来越多的优秀经理人加盟。在这个阶段，海尔运用了人力资源本土化和产品品牌本土化的战略。海尔在美国的贸易公司总经理聘用的就是当地的美国人，他自身所具备的优势是海尔派过去的人所无法比拟的，由他领导的美国贸易公司通过创新取得了丰硕的成果。可以说，人的本土化是最根本、最深刻的本土化，需要足够的勇气和胆量。企业走出去，跨国经营，不仅要创出国际品牌，还要使品牌在跨国经营中“本土化”。像美国宝洁公司，它的产品种类繁多，我们不仅看不到“美国”字样，形象代言人也不都是美国人。跨国公司品牌是企业与市场良性互动关系建立后积累的信誉，可以说，品牌具有非常强的区域性。在一个国际品牌林立的开放市场中，竞争的必须是品牌的差异性地位，彰显品牌个性成为外资品牌今后重要的发展课题。跨国公司品牌本土化的主要策略是根据本地的市场情况确定自己在当地的品牌发展规划，用当地特有的媒介形式加大品牌的推广力度，在主流媒介很难见到的跨国品牌都会随着市场的开放而浮出水面。

我国全面对外开放和加入WTO，把我国企业推上了国际舞台，而海尔无疑是积极者，成为“入世”赢家，它较迅速而成功的本土化战略为我国其他企业作出了典范。

海尔在进入海外市场时，充分利用他国的资源，实现了本土化运作，使海尔迅速成为了一个真正的国际品牌，这是运用《孙子兵法》“因粮于敌”而取得成功的经典案例。

（二）避实就虚——碧桂园的成功

【原文】

兵之所加，如以碫投卵者，虚实是也。(《孙子兵法·势篇》)

【译文】

攻击敌军，如同用石头砸鸡蛋一样容易，关键在于以实击虚。

【原文】

故善战者，其势险，其节短。势如彍弩，节如发机。(《孙子兵法·势篇》)

【译文】

所以善于作战的指挥者，他所造成的态势是险峻的，进攻的节奏是短促有力的。“势险”就如同满弓待发的弩那样蓄势，“节短”正如搏动弩机那样突然。

【案例】

总部设在中国广东省佛山市顺德区的碧桂园，目前已经营造了十多个超大规模综合社区，发展成为拥有10多万业主住户、4万多员工、属下机构涉及房地产开发各个环节的大型综合房地产企业。其项目遍布于珠三角及国内其他省市，开创性地建立了碧桂园“星级酒店连锁体系”、“全国领先的教育连锁体系”和以大型主题公园和高尔夫球会为内容的“休闲娱乐配套体系”。

碧桂园企业集团创始初期只是顺德市的一家民营房地产公司，这家企业是在中国经济从上到下进行着力度极大的宏观调控的1992年创立的。当时我国房地产业出现了从高峰急剧下降时刻，房地产泡沫破灭之声响彻中国东西南北中。那时有一种悲观的看法：中国房地产业将进入一个坚冰期。碧桂园正是在这种特殊环境下，逆潮流而上，征地数千亩，投资兴建大型住宅项目。当时有人说，这位顺德老板是否发了疯？

然而，结果是令人刮目相看和惊叹叫绝的。不到几年时间，不仅顺德的碧桂园顺利地按计划目标建成并以理想的价格售罄，而且还接连在番禺等地建成广州碧桂园、华南碧桂园、佛山碧桂园等，一个比一个速度快并销售效果好，使碧桂园企业集团迅速乘上发迹致富列车。到2000年年底，其拥有资产达26亿元，1999年纳税也达1亿多元，成为国内外知名的大企业。

碧桂园怎么能在房地产市场低迷之中获得经营成功呢？一个关键因素是善于避实就虚。该企业的决策者在看到房地产业悲观的一面时，又清醒地看到该行业的乐观之处。他们认为，衣、食、住、行是人类生存与发展的四大要素，住宅是人们永恒需求的商品之一，它始终是潜在的巨大市场。

当前房地产市场出现低迷现象，主要是因一些房地产商盲目发展扩张，不按市场需求投资项目，或是不自量力狂拓地盘导致。另外，他们还看到先富起来的珠江三角洲和广州地区居民，他们潜在一种提升生活居所质量的欲望。针对这种市场情况，碧桂园集团独辟蹊径，开发高品位的住宅园地，以给消费者一个“五星级的家”为目标，把每个碧桂园小区建成有20多种风格不同的户型。赢得了市场区隔的消费者芳心。

碧桂园面对低迷的房地产市场，能够“避实就虚”、“以实击虚”，看准未来市场的巨大潜力，找准了市场空当，选准开发方向，集中自己的人力、物力、财力，迅速投入市场，准确把握到了市场节奏，因敌制胜，乘势而为，抢占了市场份额，转被动为主动，使自己在竞争中脱颖而出。本案例灵活运用了《孙子兵法》致人、击虚、任势等战略原则。

（三）知己知彼——索芙特的准确定位

【原文】

故曰：知彼知己者，百战不殆；不知彼而知己，一胜一负；不知彼不知己，每战必殆。（《孙子兵法·谋攻》）

【译文】

因此可以说：了解对方也了解自己的，百战不败；不了解对方而了解自己的，胜负各半；不了解对方也不了解自己的，每战必败。

【原文】

故知兵者，动而不迷，举而不穷。故曰：知彼知己，胜乃不殆；知天知地，胜乃可全。（《孙子兵法·地形》）

【译文】

所以，懂得用兵的人，他行动起来不会迷惑，他的战术变化无穷。所以说：了解对方，了解自己，争取胜利就不会有危险，懂得天时，懂得地利，胜利就是可把握的。

【案例】

有资料显示，2000年，我国化妆品的销售额为220亿元。巨大的市场容量、较低的准入门槛、相对可观的利润，使化妆品行业成为众多投资者追逐的热门行业。索芙特就是在这样一个竞争激烈的市场选择入市并迅速突围的一个品牌。索芙特的发展，经历了一个由小而大，由一个名不见经传的中小企业，发展到今天的知名品牌的历程。索芙特的成功，与其知己知彼、创意先行的策略是分不开的。

当时的化妆品市场，大部分都在强调一种精神感受，但真正能把功能利益点落到实处的产品还很少。于是，索芙特看准了这一市场，看准了竞争品牌的弱势，在产品开发和品牌营销上，索芙特走出了介于类似保健品与化妆品之间的品牌战略，从而迅速与其他品牌区分开来，让产品形成了强大的附加值及信任感，取得了很好的市场效果。基于此，索芙特的市场选择有两个要素：其一是特殊利益需求者；其二是有购买能力者。这两个市场对价格都不太敏感，他们更关注问题的解决。面对清晰的定位，索芙特更关注的是如何使消费者支付的价格达到最大利益化。所以，它敢于实行特殊的价格，成功实现其价格差异与市场差异。

进行了差异化的市场定位以后，索芙特便在差异化的市场层面，开发与竞争品牌完全不同的产品，走创意先行的道路。在产品开发方面，索芙特坚持开发高附加值的产品，不参与非理智的价格战，在获取合适的利润的前提下实现了高速的发展，这一方面从其产品开发中可见一斑。1993年，针对当时的市场差异，索芙特率先开发了市场上还没有见到甚至根本就没有的香皂——索芙特海藻减肥香皂。SOFT 牌海藻减肥香皂的诞生，率先实现了香皂的功能化，适应了消费者安全、方便的消费心理，1995 年在中国市场形成了规模优势。这是来自市场终端的差异化的成功，更是知己知彼，创意先行的另类成功。1997 年，索芙特又推出了“木瓜白肤香皂”，大受欢迎。“木瓜”素有岭南果王之称，其蕴涵的木瓜果酸、木瓜蛋白酶具有良好的分解黑色素和去死皮的功能。“木瓜白肤香皂”受到了香港和两广消费者的欢迎，再次引领了中国市场上的美肤护肤潮流，木瓜护肤成了各个品牌竞相开发的领域。2000 年，索芙特洗面奶开始全面进入市场，一下子推出了“十大美女”洗面奶。索芙特从消费者的脸面需求入手，包括木瓜白肤、珍珠白肤、柠檬白肤、收缩毛孔、微粒护肤、MG 祛痘、芦荟保湿、羊胎除皱、眼圈活肤、瘦脸十个单品。“用洗脸的方式解决面子问题”，独特的产品，使索芙特在洗面奶市场上高歌猛进。2001 年，索芙特洗面奶已成为所有品牌销售量的第九名，国产品牌第一名。

索芙特的成功，是与其深入研究行业，深入分析竞争品牌是分不开的。这是运用了《孙子兵法》“知彼知己，百战不殆”的战术，充分了解自我以及竞争对手的特点，寻找机会击败对手。索芙特在这一思想的指导下开发的系列产品，都做到了“人无我有”，从而迅速占领了市场。

六、《孙子兵法》感悟

《孙子兵法》非常重视战争之前的运筹帷幄，在每次战争前都要进行很好的计划，分析敌我力量的对比，双方的有利及不利条件，所谓“夫未战而庙算胜者，得算多也；夫未战而庙算不胜者，得算少也”。其实，我们的人生何尝不是如此，面对不确定的未来，许多人茫然不知所措，以致蹉跎岁月，后悔莫及。如果我们能够趁早树立自己人生的目标，制定合理的职业生涯规划，人生就会变得有序和精彩。这种规划也可以称之为战略，人生战略是每个人为了适应环境和实现自己的远大理想而制定的规划，是人生行动的纲领。

在制定自己的人生战略时，我们既要充分地认识自我，又要了解自己所处的环境，然后再确定合理的奋斗目标。《孙子兵法》云：“故知兵者，动而不迷，举而不穷。”有了明确的目标，前进才会有方向。古罗马哲学家塞涅卡曾说：“如果一个人活着不知道他要驶向哪个码头，那么任何风都不会是顺风。有人活着没有任何目标，他们在世间行走，就像河流中的小草，他们不是行走，而是随波逐流！”一个人没有明确的目标，犹如茫茫大海之中看不见灯塔的航船一般，随时可能迷失方向，这时，无论怎样奋力航行，终究无法到达彼岸。在纷纭的大千世界里，如果丧失自己的人生目标，就会彷徨徘徊，浑浑噩噩地虚度年华。

确立了正确的目标后，我们需要选定自己的发展路线并付诸行动，对应自己的行动计划可将目标分解为短期目标、中期目标和长期目标。在行动时，不能左顾右盼，随意偏离目标，一旦确定就要下决心为之奋斗。作家柳青说：“人生的道路漫长，但紧要处常常只有几步，特别是当人年轻的时候。”每个人的人生道路上总会有着坎坷和岔道，在这些地方，你一旦走错，就有可能影响你人生的一段时期甚至影响一生。一个人最悲惨的事情莫过于在人生道路上丧失方向，即使迷途知返，也会流逝宝贵的时光，给人生留下难以挽回的遗憾。

人生就如同一场战斗，有时候不可避免地需要与他人竞争，但是更多时候我们应当挑战自我，不断促使自己登上新的高峰。在这个斗争过程中，我们要做一个“知兵者”，才能赢得辉煌的人生。

七、本章小结

《孙子兵法》的军事思想博大精深，其中的战略战术思想备受人们推崇。其强调指挥作战的将领必须具备智、信、仁、勇、严等素养以及知天时、地利等才能，在对敌我情况都非常了解的情况下，制定适宜的作战方案，灵活运用不同战术，在保全自我的前提下，有效地打击敌人。

【复习思考题】

1. 请写出《孙子兵法·计篇》中论述的“五事”和“七计”的具体内容并加以解释。

2. 试述《孙子兵法·谋攻篇》中所论述的制胜必须具备的先决条件。

3. “一切行动听指挥”与“君命有所不受”是否矛盾？两者如何区别对待？

4. 《孙子兵法·虚实篇》说到“兵之形，避实而击虚”，请举一个实例进行说明。

5. 利用课余时间通读《孙子兵法》原著至少两遍，摘录其中对自己启发较深的句子，然后将自己的阅读心得写下来。

第九章　墨家《墨子》选读

一、墨子简介

墨子（约前468—前376年），名翟，春秋末期战国初期宋国（都城在今河南商丘）人，一说鲁国（都城在今山东滕州）人，著名的思想家、教育家、科学家、军事家，墨家学派的创始人。墨子先祖是宋国贵族目夷，曾到过鲁、卫、楚、齐等国，并打算到越国，但终未成行，后来墨氏地位下降，接近劳动者。到墨子出生时，墨氏早已沦为平民，故墨子一生都称自己为“北方之鄙人”，鄙人，就是小人、平民。顾颉刚在《禅让传说起源于墨家考》说：“墨确实是他的真姓氏，而且从这个姓上，可知他是公子目夷之后，原是宋国的贵族。”

墨子出身低微，是历史上唯一一个农民出身的哲学家，自称“上无君上之事，下无耕农之难”，虽属当时的“士”阶层，但他又自称是“鄙人”，被人称为“布衣之士”。作为一个平民，墨子的少年时代做过牧童，学过木工，可能当过工匠或小手工业主，具有相当丰富的生产工艺技能，因而养成了勤俭节约、劳身苦志的作风，“量腹而食，度身而衣”，吃的是“藜藿之羹”，穿的是“短褐之衣”，足登“跋跷”。他注重实践，善于制作，相传他精通手工技艺，可与当时的巧匠公输班（俗称鲁班）相比。墨子擅长防守城池，据说他制作守城器械的本领比公输班还要高明。相传他曾止楚攻宋，实施兼爱、非攻的主张，他“南游使卫”，宣讲“蓄士”以备守御。又屡游楚国，献书楚惠王，却拒绝楚王赐地而去。晚年到齐国，企图劝止项子牛伐鲁，未能成功。越王邀墨子做官，并许以五百里封地，他以“听吾言，用我道”为前往条件，而不计较封地与爵禄，目的是为了实现他的政治抱负和主张。他日夜不休，奔走四方，“席不暖”，“衣不黔”，真有孟子所说的“摩顶放踵利天下为主”的精神。

二、墨家简介

作为没落的贵族后裔，墨子自然也受到必不可少的文化教育。在他的家乡，滔滔的黄河奔流东去，巍巍的黛眉山经年岚黛飘飘，它们阻挡了墨子的视线。墨子决心走出大山，去拜访天下名师，学习治国之道，恢复自己先祖曾经有过的荣光。于是他开始各地游学，学习儒家之术。在学术上，初受孔子影响，“学儒者之业，受孔子之术”，称道尧舜大禹，学习《诗》、《书》、《春秋》等儒家典籍。后逐渐对儒家烦琐的“礼乐”感到厌烦，最终舍弃儒学，成了孔子和儒家的“叛逆”，创建了与儒家相对立的墨家学派，成为流誉四方、最具影响力的大思想家之一。

墨子一生的活动主要在两方面：一是广收弟子，积极宣传自己的学说；二是不遗余力地反对兼并战争。他首先在各地聚众讲学，以激烈的言辞抨击儒家和各诸侯国的暴政。大批的手工业者和下层士人开始追随墨子，墨子及其弟子组成了墨家游侠集团。他们有严密的组织和严格的纪律，穿短衣草鞋，参加劳动，以吃苦为高尚。如果谁违背了这些原则，轻则开除，重则处死。墨家是一个有着严密组织和严密纪律的团体，最高领袖被称为“巨子”（也作矩子），代代相传。墨家的成员都称为“墨者”，所有墨者都必须服从“巨子”的指导，听从指挥，可以“赴汤蹈火，死不旋踵”（意思是说至死也不旋转脚跟后退）。第一任巨子是墨子，后来的“巨子”有孟胜、田襄子、腹䵍等。由“巨子”执行“墨子之法”。墨者“巨子”腹䵍住在秦国，他的儿子杀人，本应依法处死。但秦惠王认为腹䵍年老，只有一个儿子，就命令不杀。腹䵍却说，墨者之法规定：“杀人者死，伤人者刑。”这是禁止杀人伤人的必要措施，它符合“天下之大义”，还是坚持把自己的儿子杀了。这个故事生动地反映了墨家纪律的严明。正因为如此，墨者很能战斗，具有“赴火蹈刀，死不旋踵”的精神。但是，墨家是一个具有宗教性的集团，往往容易被人利用。据《史记》记载，在楚国旧贵族阳城君等杀害从事变法改革的吴起时，墨者“巨子”孟胜就站在阳城君一边。后来阳城君畏罪逃走，楚国要收回其封国。孟胜为阳城君守封国，忠于阳城君。他传“巨子”于田襄子，自己为阳城君死难，许多弟子也从其死。从这个故事可以看出，墨者有“侠客”的精神。正如《史记·游侠列传》所说的游侠那样：如果行为并不符合正义，但是说话算话，讲信用，答应人家要办的事就必须办到。而且行动果断，不爱惜自己的生命，去解救别人的危难等。

在墨子晚年，儒墨齐名。儒墨两派互相驳辩，并称“显学”，揭开了先秦百家争鸣的序幕。墨子去世后，墨家弟子仍“充满天下”、“不可胜数”，故战国时期虽有诸子百家，但“儒墨显学”则是百家之首。墨家以“为万民兴利除害”为自己使命，并为之孜孜奋斗，游说诸侯，谋求制止战争，安定社会，安定民生。到了汉代，随着儒学统治地位的确立，墨家学派渐趋式微。但体现墨家思想精华的《墨子》一书得以保存下来，并一直流传至今。

三、《墨子》概述

《墨子》是先秦时期墨家学派的著作总集，《汉书·艺文志》著录为71篇，现仅存15卷，53篇。《墨子》一书既非一人所作，又非一时所成，一般认为是墨子自著及其门徒记述墨子言论的书篇，而写定的一家之言，大部分是墨子的弟子及其再传弟子对墨子言行记录的汇集。《墨子》是研究墨子思想的直接材料。

《墨子》分两大部分：一部分是记载墨子言行，阐述墨子思想，主要反映了前期墨家的思想；另一部分《经上》、《经下》、《经说上》、《经说下》、《大取》、《小取》6篇，一般称作墨辩或墨经，着重阐述墨家的认识论和逻辑思想，反映了后期墨家的思想，在逻辑史上被称为后期墨家逻辑或墨辩逻辑（古代世界三大逻辑体系之一，另两个为古希腊的逻辑体系和佛教中的因明学），其中还包含许多自然科学的内容，特别是天文学、几何学和力学。

自秦以后，墨子及其弟子的言论散见于各种典籍之中，如见于《新序》、《尸子》、《晏子春秋》、《韩非子》、《吕氏春秋》、《淮南子》、《列子》、《战国策》、《诸宫旧事》、《神仙传》等。西汉刘向的《汉书·艺文志》将散见各篇著录成《墨子》共71篇。经历代亡佚，到宋时，只存60篇，目前只存53篇，已亡佚18篇。其中已亡佚的有：《节用》下篇，《节葬》上、中篇，《明鬼》上、中篇，《非乐》中、下篇，《非儒》上篇，除此8篇外，另10篇连篇目皆亡佚，在这10篇中，只有《诗正义》曾提到过《备卫》此篇目，其余无可考。

今本《墨子》为汉代刘向所校定，著于《别录》，刘歆《七略》与班固《汉书·艺文志》均据此。晋惠帝时，鲁胜曾作《墨辩注》，早已失传，仅存其《叙》。清以前以明嘉靖唐尧臣刻本为善本。清乾嘉年间，《墨子》研究兴起，陆续涌现出许多注释或阐发墨学的著作，有清毕沅的《墨子注》、孙诒让的《墨子间诂》，近人吴毓江的《墨子校注》、梁启超的《墨子学案》、陈柱的《墨学十论》、方授楚的《墨学源流》等。

《墨子》内容广博，包括了政治、军事、哲学、伦理、逻辑、科技等方面，按梁启超的分类，《墨子》一书内容可以分为五大类。从《亲士》到《三辩》7篇为墨子早期著作，其中前3篇掺杂有儒家的理论，应当是墨子早年“习儒者之业，受孔子之术”的痕迹；后4篇主要是尚贤、尚同、天志、节用、非乐等理论。从《尚贤上》到《非儒下》24篇为一组，系统地反映出墨子“兼爱”、“非攻”、“尚贤”、“尚同”、“节用”、“节葬”、“非乐”、“天志”、“明鬼”、“非命”十大命题，是《墨子》一书的主体部分。《经上》、《经下》、《经说上》、《经说下》、《大取》、《小取》6篇，专说名辩和物理、光学等内容，前人因其称“经”，定为墨翟自著，实际是后期墨家作品，这是研究墨家逻辑思想和科学技术成就的珍贵资料。《耕柱》至《公输》5篇是墨子言行记录，体例与《论语》相近，是墨子弟子们辑录的，也是研究墨子事迹的第一手资料。《备城门》以下到末20篇（含已佚9篇），专讲守城技巧与城防制度，其制度与秦相近，是战国时期秦国墨者所作，这是研究墨家军事学术的重要资料。《墨子》按梁启超的方法具体可分如下五类。

第一类：《亲士》、《修身》、《所染》、《法仪》、《七患》、《辞过》、《三辩》。

这一类杂有名家之言，混有杂家之说。比如《亲士》篇中的“铦者必先挫，错者必先靡”、“甘井先竭，招木先伐”、“太盛难守”等，皆出于道家之语。“修身”一词，为儒家之言。《所染》中的“染苍则苍，染黄则黄”疑出于名家之性说。“法仪”一词，疑是法家之言，纯出伪托，而后4篇是墨家记墨学的概要，有可能是墨学的提纲挈领。

第二类：《尚贤》上、中、下篇；《非攻》上、中、下篇；《兼爱》上、中、下篇；《节用》上、中篇；《非乐》上篇；《明鬼》下篇；《尚同》上、中、下篇；《非命》上、中、下篇；《天志》上、中、下篇；《节葬》下篇；《非儒》下篇。

这一类是代表墨家的主要政治思想。除了《非攻》上篇、《非儒》下篇之外，各篇皆有“子墨子曰”4字，认为是墨子门人所记的墨子之言。

第三类：《经说》上、下篇；《经》上、下篇；《大取》、《小取》。

这一类被治墨者称为墨辩，亦称为墨经。此6篇难通难译，古字词较多，辩理深奥，加上杂有朴素的唯物主义和唯心主义的理论以及光学、力学和数学等自然科学理论、社会科学、伦理学、逻辑学等，实在难以理解。这一类是《墨子》的精华部分。梁启超认为这6篇是墨翟自著，而孙诒让则认为是后墨学者所著。孙诒让所据的理由之一是：公孙龙与墨子时代不同，而且公孙龙在墨子之后，因此不可能有坚白石之论。

第四类：《耕柱》、《贵义》、《公孟》、《鲁问》、《公输》。

这5篇是墨子弟子记载墨子的言论行事，也算是对墨子生平的记录，体裁接近《论语》。

第五类：《备城门》、《备蛾傅》、《备梯》、《备突》、《旗帜》、《杂守》、《备高临》、《迎敌祠》、《备水》、《备穴》、《号令》。

第五类可以说是墨家兵法。墨子提倡非攻，以守御为主，这11篇皆以守备之法为主题。墨家兵法是墨学之弟子精研而成。此11篇古字词颇多，古代兵法阵法用词不少，很少通译。

《墨子》文风朴实无华，但部分内容佶屈聱牙，以致两千多年来很少有人问津。直到近代，才有学者认真解读这本古书，才发现早在两千多年前墨家便已有对光学（光沿直线前进，并讨论了平面镜、凹面镜、球面镜成像的一些情况，尤以说明光线通过针孔能形成倒像的理论为著）、数学（已科学地论述了圆的定义）、力学（提出了力和重量的关系）等自然科学的探讨，可惜的是，这一科学传统也因此书在古代未得到重视而没能结出硕果，但这一发现，震动了当今学术界，使近代人对墨家乃至诸子百家更为刮目相看。

四、墨子的主要思想

（一）政治思想

在《墨子·鲁问》中，墨翟提出了墨家的十大主张，即“兼爱”、“非攻”、“尚贤”、“尚同”、“尊天”、“事鬼”、“非乐”、“非命”、“节用”、“节葬”，其中兼爱和非攻是墨子思想的核心。墨子认为：要根据不同国家的不同情况，有针对性地选择十大主张中最适合的方案，如国家昏乱，就选用“尚贤”、“尚同”；国家贫弱，就选用“节用”、“节葬”等。“兼以易别”是他的社会政治思想的核心，“非攻”是其具体行动纲领。他认为只要大家“兼相爱，交相利”，社会上就没有强凌弱、贵傲贱、智诈愚和各国之间互相攻伐的现象了。他对统治者发动战争带来的祸害以及平常礼俗上的奢侈逸乐，都进行了尖锐的揭露和批判。在用人原则上，墨子主张任人唯贤，反对任人唯亲，主张“官无常贵，而民无终贱”。他还主张从天子、诸侯国君到各级正长，都要“选择天下之贤可者”来充当；而人民与天子国君，则都要服从天志，发扬兼爱，实行义政，否则，就是非法的，这就是“一同天下之义”。

兼爱非攻。所谓兼爱，包含平等与博爱的意思。墨子要求君臣、父子、兄弟都要在平等的基础上相互友爱，“爱人若爱其身”，并认为社会上出现强凌弱、富侮贫、贵傲贱的现象，是因天下人不相爱所致。

天志明鬼。宣扬天志鬼神是墨子思想的一大特点。墨子认为天之有志——兼爱天下之百姓，因“人不分幼长贵贱，皆天之臣也”，“天之爱民之厚”，君主若违天意就要受天之罚，反之，则会得天之赏。墨子不仅坚信有鬼神，而且认为它们对于人间君主或贵族会赏善罚暴。墨子宗教哲学中的天赋人权与制约君主的思想，是墨子哲学中的一大亮点。

尚同尚贤。尚同是要求百姓与天子皆上同于天志，上下一心，实行义政。尚贤则包括选举贤者为官吏，选举贤者为天子国君。墨子认为，国君必须选举国中贤者，而百姓理应在公共行政上对国君有所服从。墨子要求上面了解下情，因为只有这样才能赏善罚暴。墨子要求君上能尚贤使能，即任用贤者而废抑不肖者。墨子把尚贤看得很重，以为是政事之本。他特别反对君主用骨肉之亲，对于贤者则不拘出身，提出“官无常贵，民无终贱”的主张。

节用节葬。节用是墨家非常强调的一种观点，他们抨击君主、贵族的奢侈浪费，尤其反对儒家看重的久丧厚葬之俗。认为君主、贵族都应像古代大禹一样，过着清廉俭朴的生活。墨子要求墨者在这方面也能身体力行。

（二）哲学思想

墨子的哲学建树，以认识论和逻辑学最为突出，其贡献是先秦其他诸子所无法比拟的。

墨子认为，人的知识来源可分为三个方面，即闻知、说知和亲知。他把闻知又分为传闻和亲闻两种，但不管是传闻或亲闻，在墨子看来都不应当是简单地接受，而必须消化并融会贯通，使之成为自己的知识。因此，他强调要“循所闻而得其义”，即在听闻、承受之后，加以思索、考察，以别人的知识作为基础，进而继承和发扬。

墨子所说的“说知”，包含有推论、考察的意思，指由推论而得到的知识。他特别强调“闻所不知若已知，则两知之”，即由已知的知识去推知未知的知识。如已知火是热的，推知所有的火都是热的；圆可用圆规画出，推知所有的圆都可用圆规度量。由此可见，墨子的闻知和说知不是消极简单地承受，而是蕴涵着积极的进取精神。

除闻知和说知外，墨子非常重视亲知，这也是墨子与先秦其他诸子的一个重大不同之处。墨子所说的亲知，乃是自身亲历所得到的知识。他把亲知的过程分为“虑”、“接”、“明”三个步骤。“虑”是人的认识能力求知的状态，即生心动念之始，以心趣境，有所求索。但仅仅思虑却未必能得到知识，譬如张眼睨视外物，未必能认识到外物的真象。因而要“接”知，让眼、耳、鼻、舌、身等感觉器官去与外物相接触，以感知外物的外部性质和形状。而“接”知得到的仍然是很不完全的知识，它所得到的只能是事物的表观知识，且有些事物，如时间，是感官所不能感受到的。因此，人由感官得到的知识还是初步的，不完全的，还必须把得到的知识加以综合、整理、分析和推论，方能达到“明”知的境界。总之，墨子把知识来源的三个方面有机地联系在一起，在认识论领域中独树一帜。

墨子又是中国逻辑学的奠基者。他称逻辑学为“辩”学，把其视之为

“别同异，明是非”的思维法则。他认为，人们运用思维，认识现实，作出的判断无非是“同”或“异”，“是”或“非”。为此，首先就必须建立判别同异、是非的法则，以之作为衡量、判断的标准，合者为“是”，不合者为“非”。这种判断是“不可两不可”的，人们运用思维以认识事物，对同一事物作出的判断，或为“是”，或为“非”，二者必居其一，没有第三种可能存在，不可能二者都为“是”，或二者都为“非”，也不可能既“是”又“非”，或既“非”又“是”。用现代的逻辑学名词来说，这就是排中律和毋矛盾律。

由这一思维法则出发，墨子进而建立了一系列的思维方法。他把思维的基本方法概括为“摹略万物之然，论求群言之比。以名举实，以辞抒意，以说出故。以类取，以类予”（《墨子・小取》）。也就是说，思维的目的是要探求客观事物间的必然联系以及探求反映这种必然联系的形式，并用“名”（概念）、“辞”（判断）、“说”（推理）表达出来。“以类取，以类予”相当于现代逻辑学的类比，是一种重要的推理方法。此外，墨子还总结出了假言、直言、选言、演绎、归纳等多种推理方法，从而使墨子的辩学形成一个有条不紊、系统分明的体系，在古代世界中独树一帜，与古代希腊的逻辑学、古代印度的因明学并立。

（三）科学思想

墨子在科学技术领域中的成就和贡献是多方面的，其主要者有以下几个方面。

1．宇宙论方面

墨子认为，宇宙是一个连续的整体，个体或局部都是由这个统一的整体分出来的，都是这个统一整体的组成部分。换句话说，也就是整体包含着个体，整体又是由个体所构成，整体与个体之间有着必然的有机联系。

2．数学方面

墨子是中国历史上第一个从理性高度对待数学问题的科学家，他给出了一系列数学概念的命题和定义，这些命题和定义都具有高度的抽象性和严密性。

3．物理学方面

墨子关于物理学的研究涉及力学、光学、声学等分支，给出了不少物理学概念的定义，并有不少重大的发现，总结出了一些重要的物理学定理。

首先，墨子给出了力的定义，说："力，刑（形）之所以奋也。"接着，墨子又给出了"动"与"止"的定义。他认为"动"是由于力推送的缘故，更为重要的是，他提出了"止，以久也，无久之不止，当牛非马也"的观点，意思是物体运动的停止来自于阻力阻抗的作用，如果没有阻力的话，物体会永远运动下去。关于杠杆定理，墨子也作出了精辟的表述。他指出，称重物时秤杆之所以会平衡，原因是"本"短"标"长。用现代的科学语言来说，"本"即为重臂，"标"即为力臂，写成力学公式就是：力×力臂（"标"）＝重×重臂（"本"）。现在人们一般都习惯于把杠杆定理称为阿基米德定理，其实墨子得出杠杆定理比阿基米德早了200年，应称之为墨子定理才是公允的。

4. 机械制造方面

墨子是一个精通机械制造的大家，在止楚攻宋时与公输般进行的攻防演练中，已充分地体现了他在这方面的才能和造诣。墨子几乎谙熟当时各种兵器、机械和工程建筑的制造技术，并有不少创造。在《墨子》一书中的《备城门》、《备水》、《备穴》、《备蛾傅》、《迎敌祠》、《杂守》等篇中，他详细地介绍和阐述了城门的悬门结构，城门和城内外各种防御设施的构造，各种攻守器械的制造工艺以及水道和地道的构筑技术。他所论及的这些器械和设施，对后世的军事活动有着很大的影响。

（四）军事思想

在墨家整个思想体系中，军事思想占有重要位置。《墨子》军事思想是处于弱者地位的自卫学说，其主要内容有二：一是非攻，反对攻伐掠夺的不义之战；二是救守，支持防守诛讨的正义之战。

1. 非攻

墨子认为，当时进行的战争均属掠夺性非正义战争，在《非攻》诸篇中，反复申诉非攻之大义，认为战争是凶事。他说，古者万国，绝大多数在攻战中消亡殆尽，只有极少数国家幸存。这就好比医生医了上万人，仅仅有几人痊愈，这个医生就不配称之为良医一样，战争同样不是治病良方。历史上好战而亡的统治者不可胜数，这无异于给那些企图通过攻战来开疆拓土吞并天下的人以当头棒喝。所以墨子主张以德义服天下，以兼爱来消弭祸乱。在墨子眼里，兼爱可以止攻，可以去乱。兼爱是非攻的伦理道德基础，非攻是兼爱的必然结果。

墨子主张非攻，是特指反对当时的“大则攻小也，强则侮弱也，众则贼寡也，诈则欺愚也，贵则傲贱也，富则骄贫也”的掠夺性战争。墨子以是否兼爱为准绳，把战争严格区分为“诛”（诛无道）和“攻”（攻无罪），即正义与非正义两类。“兼爱天下之百姓”的战争，如禹攻三苗、商汤伐桀、武王伐纣，是上中（符合）天之利、中中鬼之利、下中人之利的，因而有天命指示，有鬼神的帮助，是正义战争。反之，大攻下，强凌弱，众暴寡，“兼恶天下之百姓”的战争，是非正义的。

墨子还坚决无情地揭发战争给人民带来的沉重无尽的灾难。一是贻误农时，破坏生产，斩断了老百姓的衣食之源。二是抢劫财富，不劳而获。窃人桃李，抢人犬豕鸡豚、牛马，杀人越货者，“谓之不义”；攻小国，“入其沟境，刈其庄稼，斩其树木”，同样是“不与其劳就其实，以非其所有而取”的不义行为。三是残害无辜，掠民为奴。墨子指出，大国君主命令军队攻小国，“民之格者，则迳杀之。不格者，则系操而归。丈夫以为仆圉胥靡，妇人以为舂酋。”

2. 救守

墨子“惟非攻，是以讲求备御之法”，从“非攻”出发，《墨子》论述了作为弱小国家如何积极防御的问题。墨子深知，光讲道理，大国君主是不会放弃战争的，因而主张“深谋备御”，以积极防御制止以大攻小的侵略战争。这些研究防御作战的论述，集中在《备城门》以下 11 篇，形成了一个以城池防守为核心的防御理论体系，概言之，包括以下三个方面内容。

第一，倡导积极准备，力争做到有备无患。“备者，国之重也。食者，国之宝也；兵者，国之爪也；城者，所以自守也。”“故仓无备粟，不可以待凶饥；库无备兵，虽有义不能征无义；城郭不备全，不可以自守；必无备虑，不可以应卒。”只有在战前进行后勤、城防、军备、外交、内政等物质和精神上诸方面的充分准备，才能取得守城防御战斗中的有利条件和主动地位，赢得防御作战胜利。

第二，“守城者以亟伤敌为上”的积极防御指导思想。墨子认为在守城防御中，应守中有攻，积极歼敌。“延日持久以待救之至”，是下策。“亟伤敌”的具体措施是：利用地形、依托城池，正确布置兵力；以国都为中心，形成边城、县邑、国都的多层次纵深防御，层层阻击，消耗敌人；顽强坚守与适时出击结合。

第三，在防御作战具体战法方面，提出了一整套防御作战战术原则。《备城门》等篇，墨子通过禽滑厘的询问，对 12 种攻城方法一一对以有效防御。例如，高临法、水攻法、穴攻法等，是当时颇为先进的攻城术，墨子对以别具匠心的应对措施，并详细解说守城器械的制作方法、使用技巧等。

五、作品选读

【原文】

顺天意者，兼相爱，交相利，必得赏。(《墨子·天志上》)

【译文】

顺从天意，既爱自己也爱别人，与人交往要彼此有利，就一定会得到赏赐。

【案例】

1998 年，有记者采访乐百氏老总何伯权："你最欣赏的人是谁？"何说："娃哈哈的宗庆后。"在过去的十年里，作为中国饮料市场上最重要的竞争对手，乐百氏与娃哈哈促进了中国饮料市场的成熟。

有一则逸事值得回味，一亡命之徒为向企业要挟钱财，在娃哈哈果奶中投毒，导致两位小学生性命垂危，而国内一家报纸在未对事实进行核实的情况下刊出了新闻，一时间有五六家媒体进行了转载。恶性事件发生后，宗庆后正在国外考察，他立即打了两个电话：一个打给宣传部门，希望制止这种不负责任的新闻；另一个则打给老对手何伯权。何当即在第一时间通电乐百氏在全国的营销公司，严令不得传播这一事件。日后有记者问他为什么不利用这个机会出手，何说，乐百氏如果借机动作，使娃哈哈雪上加霜，等于往自己脸上打一记重拳。

全世界所有伟大的商战，都是因为有一些伟大的对手，彼此既竞争又合作。伟大对手会激发一场激情四溢的商业对决，带来产业勃兴和梦想飞翔。

【原文】

仁人之所以为事者，必兴天下之利，除去天下之害，以此为事者也。(《墨子·兼爱中》)

【译文】

仁人处理事情的原则，一定是将兴天下的利益，除天下的祸害作为自己的事业。

【案例】

1995年，比尔·盖茨以129亿美元身家登上全球首富宝座，他在扩张微软帝国赢取更多利益的同时，已开始考虑如何花掉这么一大笔钱，这是每一个世界首富都曾思考过的问题，盖茨选择了钢铁大王卡内基和石油大王洛克菲勒作为榜样——投身慈善。美国的快速繁荣和商业的高度发达造就了一批有实力的富人，他们多是白手起家，因此多认同以财富帮助他人做有意义的事。除去造价近1亿美元的豪宅，盖茨并不追求生活中的奢华享受，他曾因为只光顾7美元的理发店而被人记住。1993年的非洲之行，无数艰难生活中的家庭和儿童令盖茨夫妇触目惊心，他们深感慈善的重要性，并立即采取了行动。

1994年，盖茨通过变卖微软股票筹得近1亿美元，并以他父亲的名字成立了自己的第一个基金会——威廉·盖茨基金会。3年后，较为人熟知的盖茨图书馆基金会则以2亿美元启动，致力于为低收入社区的图书馆提供计算机和互联网服务。盖茨选择了较为熟悉的业务开始自己的慈善人生，并取得了成功。但同时，基金会的成立也令微软成为受益者之一，盖茨为此遭受了非议。这不尽如人意的开始并没有让盖茨却步，他的慈善人生并非为了满足社会舆论对首富的期许，自然也不会轻易被舆论击败。

2000年，盖茨将其所有基金会统一于比尔与梅琳达·盖茨基金会。当他宣布把约580亿美元的全部财富捐献给这个基金会，并得到很多朋友诸如股神巴菲特370亿美元的捐献时，他震撼了整个慈善世界。比尔与梅琳达·盖茨基金会成为世界上最大的透明运作慈善基金，并拥护“日落行动”，即在盖茨夫妇去世后50年内捐尽所有财产，以促使基金会快速有效地达到目标。几年来，从这一基金会捐出的百亿美元被用于全球卫生保健、教育、图书馆公用计算机设备以及弱势儿童和家庭，包括中国的艾滋病防控和农业技术等。

【原文】

若使天下兼相爱，爱人若爱其身，犹有不孝者乎？（《墨子·兼爱上》）

【译文】

假如天下都能相亲相爱，爱别人就和爱自己一样，还会有不孝的人吗？

【原文】

今诸侯独知爱其国，不爱人之国，是以不惮举其国以攻人之国；今家主独知爱其家，而不爱人之家，是以不惮举其家以篡人之家；今人独知爱其身，不爱人之身，是以不惮举其身以贼人之身。是故诸侯不相爱，则必野战；家主不相爱，则必相篡；人与人不相爱，则必相贼；君臣不相爱，则不惠忠；父子不相爱，则不慈孝；兄弟不相爱，则不和调。天下之人皆不相爱，强必执弱，富必侮贫，贵必傲贱，诈必欺愚。凡天下祸篡怨恨，其所以起者，以不相爱生也。是以仁者非之。

【译文】

现在的诸侯只知道爱自己的国家，不爱别人的国家，所以毫无忌惮地发动全国的力量去攻伐别人的国家；现在的家族宗主只知道爱自己的家族，而不爱别人的家族，因而毫无忌惮地发动全家族的力量去掠夺别人的家族；现在的人只知道爱自己，而不爱别人，因而毫无忌惮地运用全身的力量去残害别人。所以诸侯不相爱，就必然发生野战；家族宗主不相爱，就必然相互掠夺；人与人不相爱，就必然相互残害；君与臣不相爱，就必然不相互施惠、效忠；父与子不相爱，就必然不相互慈爱、孝敬；兄与弟不相爱，就必然不相互融洽、协调。天下的人都不相爱，强大的就必然控制弱小的，富足的就必然欺侮贫困的，尊贵的就必然傲视卑贱的，狡猾的就必然欺骗愚笨的。举凡天下祸患、掠夺、埋怨、愤恨产生的原因，都是因不相爱而产生的。所以仁者认为它不对。

【案例】

何玥，2013年感动中国十大人物之一。2012年4月，何玥即将小学毕业，却被查出患有高度恶性小脑胶质瘤，住院进行了第一次手术。9月初，病情突然复发，二次入院，肿瘤已扩散至脑部组织。当听说自己的生命只剩3个月时，她决定将自己的器官捐献给需要的人。11月17日，小何玥脑死亡，父亲根据她的遗愿将她的两个肾和一个肝捐给了3个人。何玥因捐献器官被称为“最美女孩”，她死前的这个愿望被称为“最美遗愿”。

【原文】

入国而不存其士，则亡国矣。见贤而不急，则缓其君矣。非贤无急，非士无与虑国。缓贤忘士而能以其国存者，未曾有也。(《墨子·亲士》)

【译文】

治国而不优待贤士，国家就会灭亡。见到贤士而不急于任用，他们就会怠慢君主。没有比用贤更急迫的了，若没有贤士，就没有人和自己谋划国事。怠慢遗弃贤士而能使国家长治久安的，还不曾有过。

【案例】

坐落于纽约市中心的大通曼哈顿银行是一个培养和选拔职业商业银行员工的摇篮，它一直忠于品质，尊重贤人，认定人是质量的保证。

大通曼哈顿银行重视培训、重视人才的主要表现形式是在对教育费用的重金投入上。因为这是一种投资，可以带来长期稳定的巨大收益。对这一点，几乎所有的美国商业银行都有共识，大通曼哈顿银行在此做得更加突出一些。他们平均每年对教育经费的支付就达5000万美元。而且，如果在银行工作期满半年以后，没有学位的可直接申请入学，由银行提供全部费用。重金的投入加快了人才培养的步伐，也间接地加速了大通曼哈顿银行职员素质的提高。银行职员素质的明显提高，使得大通曼哈顿银行在教育资金的投入上更加增大。大通曼哈顿老总裁曾说过：企业的实力是一定要让人才队伍超前于事业发展，才能更快地适应国际金融市场并得以发展。

【原文】

圣人为政一国，一国可倍也；大之为政天下，天下可倍也。其倍之，非外取地也，因其国家，去其无用之费，足以倍之。圣王为政，其发令兴事，使民用财也，无不加用而为者，是故用财不费，民德不劳，其兴利多矣。其为衣裘何？以为冬以围寒，夏以围暑。凡为衣裳之道，冬加温，夏加清者，芊䱉不加者去之。其为宫室何？以为冬以围风寒，夏以围暑雨，有盗贼加固者，芊䱉不加者去之。其为甲盾五兵何？以为以围寇乱盗贼，若有寇乱盗贼，有甲盾五兵者胜，无者不胜。是故圣人作为甲盾五兵。凡为甲盾五兵，加轻以利，坚而难折者，芊鉏不加者去之。其为舟车何？以为车以行陵陆，舟以行川谷，以通四方之利。凡为舟车之道，加轻以利者，芊鉏不加者去之。凡其为此物也，无不加用而为者，是故用财不费，民德不劳，其兴利多矣。（《墨子·节用上》）

【译文】

圣人在一国施政，一国的财利可以加倍增长；大到施政于天下，天下的财利可以加倍增长。这种财利的加倍，并不是向外掠夺土地，而是根据国家情况而省去无用之费，因而足以加倍。圣王施政，他发布命令、兴办事业、使用民力和财物，没有不是有益于实用才去做的。所以使用财物不浪费，民众能不劳苦，他兴起的利益就多了。他们制造衣裘是为了什么呢？冬天用以御寒，夏天用以防暑。凡是缝制衣服的原则，冬天能增加温暖，夏天能增加凉爽，就增益它；反之，不能增加的，就去掉。他们建造房子是为了什么呢？冬天用以抵御风寒，夏天用以防御炎热和下雨。有盗贼（侵入）能够增加防守之坚固的，就增益它；反之，不能增加的，就去掉。他们制造铠甲、盾牌和戈矛等五种兵器是为了什么呢？用以抵御外寇和盗贼。如果有外寇盗贼，拥有铠甲、盾牌和五兵的就胜利，没有的就失败。所以圣人制造铠甲、盾牌和五兵。凡是制造铠甲、盾牌和五兵，能增加轻便锋利、坚而难折的，就增益它；反之，不能增加的，就去掉。他们制造车、船是为了什么呢？车用来行陆地，船用来行水道，以此沟通四方的利益。凡是制造车、船的原则，能增加轻快便利的，就增益它；反之，不能增加的，就去掉。凡是他们制造这些东西，无一不是有益于实用才去做的。所以用财物不浪费，民众不劳乏，他们兴起的利益就多了。

【案例】

思科公司员工上班查看邮件时，会发现系统自动生成一封信，上面写着该员工上个月的电话费以及目前在公司的排名等，提示大家节约使用通信设备。思科有一些从成立初期就延续下来的节约习惯，如老板的办公室不过6平方米，与普通员工的一样大小；如果出差，从上到下的标准都是经济舱，升舱自已掏钱；打印必须使用双面纸张。思科所有的电脑都用同一个品牌，这样可以集中采购，降低单价，还可以用一个标准配置解决所有安装问题，减少维护成本。

六、本章小结

墨家学派作为先秦的“显学”，曾起过非常重大的作用和影响。墨子的学说为社会的稳定作出了不可忽视的贡献。墨子以平等为基础的“兼爱”，在当时封建社会森严的等级制度下是没有立足之地的。“兼相爱、交相利”的思想是想提倡废除一切阶级或阶层差别。梁启超认为：“简单说，把一切含有‘私有’性质的团体都破除了，成为一个‘共有共享’的团体，就是墨子的兼爱社会。”这种过于先进的理论超越了时代承受力，因而是不可能光大的，但墨家的精神却延绵不绝地流传了下来，深深影响了历朝历代统治者的政策和各家的学术思想。墨子的思想显示了人的主体性，充分反映了墨子以及他所代表的阶层的积极向上、乐观进取的人生态度，这也使得墨家学派促进了中华文明的传承与发扬光大。

墨子的“兼爱”思想由于历史的原因没有被当时的统治者所接纳，当代对墨家思想精髓的挖掘，对于今天市场经济下调和人与人之间关系，稳定社会秩序，构建和谐家庭，促进和谐社会，具有不可小觑的积极意义。墨家的“兼相爱，交相利”追求高尚的道德理想和精神境界值得人们回想，或多或少地对调和社会矛盾，缓解冲突具有积极意义，而“交相利”正体现了我们国家建设和经济生活中的“共同富裕”、“共赢”。孙中山评价墨子：“古时最讲‘爱’字莫过于墨子。”孙中山提出的“民主”、“民权”、“民生”三民主义无不是受到墨子思想的影响。可见要为经济的发展创造出良好的社会和伦理环境，离不开为平民生计考虑的墨家“兼相爱，交相利”的思想的调和。墨子“兼爱”中人人爱我，我爱人人的理想境界，为现代人们的交往树立了典范。而今天人际关系的脆弱，社会信用的缺失也急切需要墨子“兼爱”这种具有平民空想色彩思想的调和。“兼爱”不仅对当代中国的精神文明建设起着一定的推动作用，而且对和谐社会的创建也有积极的促进作用。

墨子“兼爱”思想在今天有实现的可能。中国当前正处于深刻的历史变革时期，随着改革开放日益深入，市场经济不断完善，人们的生活水平、精神物质文化需求不断提高，文化出现多元化发展现象。但与此同时，不可避免地产生了许多不和谐的现象和事物，人与人，区域之间贫富差距扩大导致道德体系岌岌可危，要为社会的发展创造更好的道德及伦理环境，墨子的“兼爱”思想无疑对中国现阶段的创建和谐社会具有相当的借鉴价值。在日益全球化的今天，各国优秀文化的融合不可避免地出现各种冲突，墨子“兼爱”思想在调和各国文化之间互相学习、相互借鉴方面起到不可忽视的作用。墨子“兼爱互利”思想体现的是劳动人民质朴、纯真、善良的品性，在调和世界上的宗教冲突、文化差异、局部战争也有相当的借鉴意义。毕竟都是劳动人民创造的优秀文化，只要“兼爱”，最终会实现多样文化的共存。因为市场经济的平等互利性，墨子的“兼爱互利”有了其可行性，也使得充满爱的“和谐世界”的构建有了实现的可能。可见，墨子的“兼爱”不是由于本身理论的不先进，反倒是由于其理论过于先进而超越了他生活的时代的承受能力而被统治者所排斥。我们这个时代对墨子的“兼爱”是有足够的承受力的，我们的政府也是可以接纳其积极思想的。墨子“兼爱”中的关注平民阶层生计思想与我们今天实行的“以人为本”和谐社会的构建相切合。今天关注的农民工、农村医疗保险、新农村建设、大学生就业等问题正是我们国家对低阶层民众的生计关心，这正体现了墨子“兼爱”思想的要求。墨子的民粹主义和平等博爱主义深入人心，这个时代不仅需要“仁爱”这种本性的爱，也更加需要“兼爱”这种理性的爱为当代中国开太平。

【复习思考题】

1. 试论述“兼相爱”、“交相利”的局限性。
2. 简述“兼爱”、“非攻”的现实意义。
3. 比较“兼爱”与“仁爱”。
4. 墨子“节用”消费思想的现实意义。

第十章　六祖禅宗文化

一、慧能简介

慧能（638—713），亦作惠能，祖籍范阳（今河北涿州）。关于慧能的出生有一个神奇的传说：慧能的父亲因为生了个男孩，很高兴，第二天准备去给乡亲们报喜，谁知一打开门就看见两个和尚站在门外。一个和尚说，恭喜你昨天晚上喜得贵子，我们是专门为了给他取名来的。慧能的父亲觉得奇怪，他们怎么知道我昨晚喜得贵子呢？就问他们起个什么名。和尚说："上慧下能，那就叫慧能吧。"慧能的父亲问"慧能"怎么解？和尚说："慧者，以法慧施众生；能者，能做佛事。"说完，两个和尚不见了。

慧能的父亲叫卢行韬，原是小官吏，后因过失受诬陷而被谪居岭南新州（今广东新兴）。慧能随父流放岭南新州，3 岁时，父亲病逝，他靠卖柴养母为生。一次，慧能打柴回家的路上听到有人读诵《金刚经》到"应无所住而生其心"时，便心有所悟，于是萌发去湖北黄梅双峰山拜谒五祖弘忍的念头。唐咸亨二年（671），慧能离开广东新州北上，到湖北黄梅东山寺，拜禅宗五祖弘忍为师，成为在舂米作坊服杂役的行者。

弘忍大师手下有弟子 500 余人，其中翘楚者当属大弟子神秀。当时神秀是大家公认最有机会继承弘忍衣钵的人。弘忍渐渐的老去，于是他要在弟子中寻找一个继承人，所以他就对徒弟们说，大家都做一首偈子（有禅意的诗），看谁做得好就传衣钵给谁。这时神秀很想继承衣钵，但又怕因为出于继承衣钵的目的而去做这个偈子，于是他想了个办法，半夜起来在院墙上写了一首偈子："身是菩提树，心为明镜台。时时勤拂拭，勿使惹尘埃。"这首偈子的意思是，要时时刻刻地注意自己的心灵和心境，通过不断的修行来抗拒外面的诱惑和种种邪魔。这是一种入世的心态，强调修行的作用。第二天早上大家看到这个偈子都说好，而且都猜到是神秀作的，很佩服。弘忍看到了以后说这是好偈，令人背诵，并依照此偈修禅，避免堕落恶道，随后他暗对神秀说：此偈还没有顿悟。和尚们的谈论被在舂米作坊劳作的慧能听到了，慧能就叫别人带他去看这个偈子。慧能是个文盲，不识字，所以请别人给自己念了一遍，听完后他当时就说这个人还没有领悟到真谛啊。于是他自己做了一个偈子，央求别人写在神秀的偈子的旁边："菩提本无树，明镜亦非台。本来无一物，何处惹尘埃。"从这首偈子可以看出慧能是个有大智慧的人，他这个偈子很契合禅宗的顿悟的理念，是一种出世的态度，主要意思是，世上本来就是空的，看世间万物无不是一个空字，心本来就是空的话，就无所谓抗拒外面的诱惑，任何事物从心而过，不留痕迹。这是禅宗的一种很高的境界，领略到这层境界的人，就是所谓的开悟了。

弘忍看到这个偈子以后，问身边的人是谁写的，旁人说是慧能写的，于是他叫来了慧能，当着他和其他僧人的面说写得乱七八糟，胡言乱语，并亲自擦掉了这个偈子。随后慧能回到舂米作坊舂米，五祖去问他一些话，从话里听出来慧能是真正的开悟了，于是五祖拿竹杖在地上打了三下就走了。慧能理解了五祖的意思，于是他在三更的时候去了弘忍的禅房。在那里弘忍向他讲解了《金刚经》，并传了衣钵给他。慧能得黄梅五祖弘忍传授衣钵，继承东山法门，为禅宗第六祖，世称禅宗六祖。后为逃避争夺继位权的对立派追杀，慧能离寺南归。临分手之际，五祖告诉慧能：遇会则藏，逢怀则止。六祖谨记师父教诲，匆匆南遁，在四会、怀集一带隐姓埋名，过着隐居生活。

如今四会的六祖寺就是为纪念当年慧能曾隐居于此而建的。当年慧能隐居在四会的扶卢山，混迹在猎人队伍中生活达15年之久。期间，他常常向村民传授禅法，与当地村民结下了深厚的情谊。乡人为纪念六祖，在慧能曾经隐居的扶卢山上建了一座六祖庵，供人祭祀供养。据说，扶卢山的得名，也是为了纪念六祖，因为六祖俗姓卢，所谓"扶卢"，即是"匡扶卢氏"之意。

仪凤元年（676），慧能到广州法性寺（今光孝寺）观光法会，因以论风幡的禅语"不是风动，不是幡动，仁者心动"而折服该寺住持印宗法师。

印宗法师请他升座说法，奉其为师，慧能自此在该寺从事传教活动。翌年，慧能到曹溪宝林寺（今广东韶关南华寺），弘扬禅宗长达37年之久，主张“顿悟”，影响华南诸宗派，为其后开辟“南宗”奠定了基础。他以“见性成佛”为宗旨，提倡不立文字，弘扬“顿悟”，以传统文化的精髓结合禅宗教义的秘籍，形成与“北宗”迥然不同的独特风格。当时，六祖慧能的同门师兄神秀，主张“渐悟”，在华北势力颇盛，号称“北宗”。由于慧能的弘法，“南宗”禅学的影响逐渐遍及全国，并取代了“北宗”在禅宗中的主导地位，而各地投奔在慧能门下治学的门徒数以千计。唐玄宗开元二十年（732），在河南滑台（今滑县）的无遮大会上，慧能弟子辩倒了神秀门人崇远、普寂，使得“南宗”成为中国禅宗正统。

神龙元年（705），武则天和唐中宗派遣内侍薛简往曹溪召慧能入京。慧能以久处山林，年迈风疾，辞却不去。薛简恳请说法，将记录带回报命。延和元年（712），慧能回至新州，命门人建报恩塔。慧能回新州时路经端州，因喜梅，客居古端州城西岗，在岗上植梅，并且以锡杖掘井。北宋至道二年（996），一位名叫智远的和尚为纪念慧能，在此处建庵，称为梅庵。现在，梅庵的山门前仍保存有慧能当年所掘的那口井，被称为“六祖井”，又称“六祖甘泉”。庵内的右侧辟出一小块梅园，斜坡上散落着数十株梅树。大雄宝殿内供奉着释迦牟尼、药师和阿弥陀三佛，后面六祖殿内是慧能的金身坐像。梅庵是广东省最古老的木构建筑之一，尤其是大雄宝殿，其梁架、斗拱均保留了宋朝建筑的结构风格，堪称江南珍贵的北宋遗构。大雄宝殿的斗拱为七铺作，位居全国斗拱前列，实属罕见。梅庵为供奉六祖慧能而兴建，在佛教史上有着不可低估的价值，更重要的是，梅庵的建筑在我国古建筑的结构上、建筑艺术上和建筑技术史上，都有着重要的科学研究价值。

唐玄宗先天二年（713），慧能圆寂于新州国恩寺，唐宪宗追谥他为大鉴禅师。慧能圆寂后真身不坏，被运回韶州（今广东韶关）曹溪，其门人裹棕涂漆，保持其生前形象。其肉身像至今还保存在南华寺，供奉在六祖殿中。唐中宗因赠摩纳袈裟一领及绢五百匹以为供养，并命改称宝林寺为中兴寺，由韶州刺史重修，又给予法泉寺额，并以慧能新州故宅为国恩寺。

六祖慧能出生日期是二月初八，而佛祖释迦牟尼出家也是二月初八，两者相隔1100多年，但都是二月初八这一天；后来慧能剃度出家也是在二月初八，这个巧合也成为禅宗文化里的一个佳话。

二、慧能的主要思想

慧能作为中国历史上有重大影响的佛教高僧之一，与代表东方思想的先哲孔子、老子并列为“东方三圣人”。其思想包含着的哲理和智慧，至今仍给人以有益的启迪，并越来越受到广泛的关注。陈寅恪称赞六祖：“特提出直指人心、见性成佛之旨。慧能一扫僧徒繁琐章句之学，摧陷廓清，发聋振聩，固中国佛教史上一大事也!”慧能的弟子集录慧能讲经的要义，编纂成《坛经》一册，是中国最具影响力的一部佛教经典，成为研究中国和世界佛教史、文化史、思想史、哲学史的历史典籍。该书反映出慧能对传统佛教教义作重大改革的思路，是禅宗进一步“中国化”的重要标志，从而对中国哲学与佛教文化的发展产生了深远影响，是中国文化宝库中的一份珍贵的历史文化遗产。六祖慧能的思想，主要集中在《六祖坛经》中。

第一，我们平时聊天的时候经常说“酒肉穿肠过，佛祖心中留”，其实“佛祖心中留”就是六祖慧能很重要的思想，按照他的表述，就是说“即心即佛，人人有佛心，人人有佛性，人人可以成佛”，人人可以成佛是他的主要思想。佛祖释迦牟尼本来也是人，所谓佛就是觉悟的人。经过一千多年的慢慢发展，人们把佛祖释迦牟尼称为神，而六祖慧能则把神拉回到人间；只要你心好，心诚，心清净，那么你就是佛。

第二，既然人人都可以成佛，那怎样才可以成佛？六祖的思想就是顿悟成佛，见性成佛。悟了，众生就是佛，不悟，佛也是平民百姓。所谓顿悟，就是刹那间把本来的面目看清楚，不用慢慢来。顿悟是南宗禅的核心，所以六祖慧能的南宗禅也被称为“顿教”。

第三，怎么才能顿悟？悟要靠自性自度。人家帮你是一个方面，最重要的还是靠自己的力量，就是说我们的主观能动性，好像喝水一样，冷暖只有自己知道。慧能主张佛法是在人间的，不要离开现实生活找佛教，禅无处不在，吃饭学习都是禅，正所谓“佛法在世间，不离世间觉，离世觅菩提，恰如求兔角”。心里平和，行为光明正大，不用去寺庙，不用刻意修禅；而如果心不好，整天打坐也得不到什么东西。

六祖慧能主张不打坐、不读经、打破偶像崇拜，把佛教大众化、平民化，六祖慧能的这种禅法，对中国，尤其是对平民大众，是很有生命力的，所以得到很多平民百姓的拥护。

三、作品选读

【原文】

大师告众曰：“善知识！菩提自性，本来清净，但用此心，直了成佛。善知识！且听慧能行由得法事意。”（《坛经·行由品第一》）

【解析】

“善知识”是佛教的专用名词，指可以帮助我们修行的老师。一般佛教徒出于自谦，常常称他人为善知识。“菩提”是印度语，即觉悟。佛教认为我们每个人都有佛性，都有成佛的依据。“自性”就是佛性本身，它不离开觉性，并且本来就是清净的。如果它不清净，又怎能成为成佛的依据呢？既然每个人都有菩提自性，这个自性又本自清净，所以我们就可以“但用此心，直了成佛”。大师对大众说：“有善根及智慧的各位知识们！菩提自性是本来觉悟清净的，是不生不灭、不垢不净、不增不减。要用这个真心，可以直截了当成佛，不要用你那妄想的心。”大师用他本来的名字，自称“慧能”而说：“诸位听着！现我将告诉你慧能如何得法的经过。”

【案例】

2013年毕业生就业情况不乐观，一线城市中北京、上海就业率不足三成，广东不足五成。又据教育部公布的数据，2013年全国高校毕业生总数达699万人，为新中国成立64年以来最多。由于就业形势严峻，这个夏天被戏称为“史上最难就业季”。

【感悟】

禅门中人为什么能成佛？因为人有佛性，自己了解自己就成佛了。学禅不要向外求，禅并不在外面，自己就自足自有的啊！但人们总是不相信自己，在外面东抓西抓，反而把自己捆住了，不能直下见性证入涅槃。其实自高校扩招以来，毕业生的就业压力就一直没有得到有效缓解。相当一部分学生毕业即失业，每年毕业季，在就业压力面前，大学生们是各种找，各种难。客观因素的改造是需要时间和时机的，毕业就像瓜熟落地，等待就业形势的好转是不现实的，所以，只能改变主观因素，也就是自己。从毫无压力的大学生活，到适者生存的社会竞争，首先要端正态度，锻造能力，有持续的付出和坚持，至于就业或者创业过程中的压力与弯路，就当它是让自己更快成长的养料，定要坚信那个能够实现自我价值的岗位就在不远的地方等着你。

【原文】

复两日，有一童子于碓坊过，唱诵其偈。慧能一闻，便知此偈未见本性。虽未蒙教授，早识大意。遂问童子曰：诵者何偈？童子曰：尔这獦獠不知。大师言：世人生死事大，欲得传付衣法，令门人作偈来看，若悟大意，即付衣法为第六祖。神秀上座于南廊壁上书无相偈。大师令人皆诵，依此偈修，免堕恶道；依此偈修，有大利益。慧能曰：我亦要诵此，结来生缘。上人，我此踏碓八个余月，未曾行到堂前，望上人引至偈前礼拜。童子引至偈前礼拜，慧能曰：慧能不识字，请上人为读。时，有江州别驾，姓张，名日用，便高声读。慧能闻已，遂言：亦有一偈，望别驾为书。别驾言：汝亦作偈？其事希有！慧能向别驾言：欲学无上菩提，不得轻于初学。下下人有上上智，上上人有没意智。若轻人，即有无量无边罪。别驾言：汝但诵偈，吾为汝书，汝若得法，先须度吾，勿忘此言。慧能偈曰："菩提本无树，明镜亦非台，本来无一物，何处惹尘埃。"（《坛经·行由品第一》）

【解析】

又过了两天，有一个童子从碓坊经过，口中诵念着神秀的偈，慧能一听就知道这首偈还没有见到自性。虽然慧能不曾蒙受教导，但是早已识得佛法大意，就问童子说：你诵的是甚么偈呢？童子说：你这獦獠不晓得，五祖大师说，人生最重要的事是生死；大师要传付衣钵佛法，所以命门人作偈来看，如果悟得大意，就传付衣法，让他作第六代祖师。神秀上座在南边走廊的墙壁上写了这首无相偈，大师教众人都诵念，说依这首偈去修持，可得大利益。慧能说：上人！慧能在这里舂米已经八个多月了，不曾走到法堂前，请上人也能引导慧能到偈颂前去礼拜。童子引慧能到偈颂前礼拜，慧能说：慧能不认识字，请上人替慧能读通一遍。这时有位江州别驾，姓张名日用，便高声朗诵。慧能听了以后，对张别驾说：慧能也有一首偈，希望别驾代为书写。张别驾说：你也会作偈，这倒是稀奇！慧能对张别驾说：要学无上正觉，不可轻视初学。下下等的人也会有上上等的智能；上上等的人也会有没心智的时候。如果随便轻视人，就会有无量无边的罪过。张别驾说：你就把偈语念诵出来吧！我为你写上，将来如果你得法，务必先来度我，请不要忘了我的话。慧能的偈颂是这样说的："菩提本来没有树，明镜本亦不是台，自性原无一物相，何处惹着尘埃来?"

在这段文中，我们可以看到六祖的大智大慧，他能见机而作，又不失分寸，恰到好处，对法了然于胸，驾轻就熟。他请张别驾书偈时，还说出了"下下人有上上智，上上人有没意智"这种机智语来。六祖旗帜鲜明地提出"一切法空"的思想："菩提本无树，明镜亦非台。"意思是：佛性本来清净，心也是不能执着的，也是空无自性的；在内心里面觉得有个实在的佛性，在外面又觉得有个实有的尘埃，而且尘埃还要把这个佛性污染，于是就要去拂拭……故此凡人难以达到了空的境界。"何处惹尘埃"，对内不再认为有什么佛性，对外也不再认为有什么尘埃，一切法空、一切法无自性，对任何对象，世间的、出世间的、凡间的、圣人的都是没有任何区别的。要做到这点是极难的，普通人知道的道理越多，分别心越重，什么事情一来，都想用思维去把握、理解、解释，用各种各样的道理去说服自己，用各种价值去捆绑自己，结果自己走不出烦恼，无法解脱。

【案例】

一天，老禅师和他的弟子去云游参访。走到河边，看到一个妇人在哭哭啼啼，因为秋天河水又冷又急又深，这位妇人想过河却过不去。老禅师就叫他的弟子把这个妇人背过河去，徒弟心想师父平常教我不近女色，严守戒律，于是他不愿意背。老禅师只好自己背着妇人过河，过了河，放下妇人，就走了。走了十几里地了，小徒弟一直撅着嘴跟在后头，师父就问："你为什么闷闷不乐呢?"他说："你平时教我不近女色，严守戒律，你今天为什么把这个女人背过河了?"他师父说："是啊！我是背她过河了，但我早已经把她放下了，而你却把她抱在怀里走了十几里路。"

【感悟】

宁静是美，安定最乐。手中有的未必有，手中无的未必无。超脱一点，洒脱一点，你会发现，很多事情都不是那么复杂的。我们应以一个无常的心去对待世间的事物，心要像明镜、像清潭一样，事物来来去去，但是不要留下痕迹，不要去执着。慧能认为人的自性已具足一切，因此觉悟和解脱之道，绝对不能向外在世界追求，要靠自己的力量去寻求人生的快乐境界。虽然它夸大了生物性的人的自性力量，但它从人的自身探求生命的价值，要求人要学会认识自身的本性，确立自信，开发自我，实现自我。人要自信，自信自己不比佛祖、圣贤低下，自信自己能够成就菩提；人要学会自立，自己去创造属于自己的理想人生。树立自信、自立的人格是实现自我人生的关键，人生在世，外在力量的帮助是有限的，人只有依靠自己，相信自己才能更好地面对和处理人生的问题。

【原文】

祖问曰：汝何方人，欲求何物？慧能对曰：弟子是岭南新州百姓，远来礼师，惟求作佛，不求余物。祖言：汝是岭南人，又是獦獠，若为堪作佛？慧能曰：人虽有南北，佛性本无南北，獦獠身与和尚不同，佛性有何差别？（《坛经·行由品第一》）

【解析】

五祖问：你是哪里人？到我这里来想求些什么？惠能答：弟子是岭南新州的平民百姓，远道而来礼拜大师，只求作佛，不求其他。这是两位祖师初见面时第一番问对。远来礼师，只求作佛，这是六祖慧能参拜五祖时的开场白。就是这短短的两句对话，我们就能够看到六祖慧能皈依佛门的理想之高远。

五祖说：你是岭南人，又是獦獠，如何能作佛？岭南是中国的边疆，文化落后。五祖此言看来平常，其实乃是对六祖慧能大师的口试，也就是入学考试。而六祖慧能大师的答案，佛性无分南北，佛性也不分文明人与野蛮人。

【感悟】

反省我们自己，拜师、求学，欲求何物？知识？金钱？如果学习的目的不正确，而为名利五欲，这是修三恶道，而不是菩萨道。所以我们一定要认识清楚，辨别明了，做事无贵贱，做人德为先，才不至求觉反迷，求升反堕。

【原文】

见性是功，平等是德。念念无滞，常见本性，真实妙用，名为功德。内心谦下是功，外形于礼是德。自性建立万法是功，心体离念是德。不离自性是功，应用无染是德。……善知识！念念无间是功，心行平直是德。自修性是功，自修身是德。善知识！功德须自性内见，不是布施供养之所求也，是以福德与功德有别。（《坛经·决疑品第三》）

【解析】

这一段是慧能为韦刺史讲解功德的内涵。梁武帝造寺、度僧、布施、设斋，何以无功德？功德源于自性，不是欲有所求。一旦存心起念，有所待、有所住，离功德就有距离了。

【案例】

孙中山先生的家乡中山市不断涌现出感人事迹，在社会上激起了巨大的正能量。“保安哥”勇斗六歹徒；公交司机车不停站送乘客医院急救，所有乘客无怨言；6岁女童6楼坠落，“过路哥”及众人出手相接；豪车冲入河中，酒店工作人员纷纷下水救司机……这里呈现的，已不是偶发的个例，而是一个勇敢、善良、无畏、崇高的群体，感动了我们，照亮了人心，温暖了社会，更凝聚起一个时代最强大的正能量。

2011年9月20日，中山市在全国首创为期5年的全民修身行动，市委出台了《关于开展全民修身行动的意见》等文件，谋划了公民意识培育行动、城市精神光大行动、优良品德倡导行动等十项配套行动，让修身转化为人人身体力行、个个可见可感的实际行动。社会的发展需要“正能量”占据人们的精神高地，构建社会主义核心价值观理论体系需要“正能量”集结，全面建成小康社会需要“正能量”的迸发，追逐中国梦更需要“正能量”破浪前行。我们呼唤正能量的到来，首先要回归自我内心的和谐与强大。

今日中国，正在“中国梦”的感召下洋溢着奋发前行的激情。面向未来，中国梦的最终实现，需要注入强大的正能量，引导和凝聚社会共识，更需要民族精神的重整重塑和每个人素质的提升。我们有足够的理由相信，由“修身齐家”至“天下大同”，在我们每个人的修身立德中凝聚推动社会进步的正能量，中国梦并不遥远。

【感悟】

只要经过持之以恒的陶冶修炼，人人皆可成为道德高尚之人，成为知耻向荣之人；只要每一个人都养成良好的道德习惯，去恶向善，就会形成良好的道德习俗与社会氛围。《坛经》强调人们对于人生理想境界的追求，更加强调追求人生理想境界过程中的对道德情操的培养，它为这种道德情操的培养提出了种种方法。它要求人们遵循佛教的“诸恶莫作，众善奉行”的原则，去除狂妄心、不善心、妒忌心、恶毒心，用慈悲和平直之心对待他人，这些道德情操的培养对于个体道德的提高和社会人际关系的协调有着重要的意义。当每个人的体温成为时代温暖感知的一部分，当每个人向上的社会认知、道德理念、行为规则有了共同的精神坐标，才能逐渐汇聚成推进社会前行的正能量。

【原文】

汝今名法达，勤诵未休歇；
空诵但循声，明心号菩萨。
汝今有缘故，吾今为汝说；
但信佛无言，莲华从口发。(《坛经·机缘品第七》)

【解析】

这首偈子的大意是：你名字叫法达，你很用功，真不错，不懒惰，一天到晚念经。但你只是空诵而未得到利益，天天只是依文诵念，不明了经中的道理。若你能诵《法华经》而明白其义理，能明心见性，这才叫做菩萨。你和我非常有缘，你从洪州这么远而来，这也不容易，所以我现在对你讲一讲。你要生出一种信心，信佛什么也没说，你若有信心念经，那么妙法莲华会从你的口生出来。故念经不是空诵循声，而是要真正明白妙法的道理才可以。

佛临入涅槃时，有弟子问：世尊，您说这么多经典，怎么办呢？佛说：我一个字也没有说。佛是不是撒谎？不是！经是佛说的，为何佛又说一个字也没有说呢？六祖大师认为：但信佛无言，你若有这信心，莲华就从口生出来。因佛所说的经典、道理，都是在众生心里头的。你也会说，他也会说，人人本具足这种智慧。佛所说的经典，是为众生而说，是由众生心里流露出来的，不要执著于经法。

【案例】

“人类创造了一个叫‘公司’的怪物，给人类的物质科技带来巨大进步……目前，全球80%以上的GDP由公司提供，70%以上的就业由公司创造，全世界100个经济体51家是公司。”北京东部一间四合院里，陈峰董事长面对中国网财经中心记者侃侃而谈。“但是，公司也给人类带来巨大的伤害，金融危机使这一情况越来越明显，人类在问，我们究竟需要什么样的公司?”陈峰对上述问题自有答案，“海航实践的是一种新的商业文明，体现中国文化的商道精神，积天下之大利，用商业行为造福于天下，为社会、为他人、也为自己，三者利益的统一，这就是新的海航商业文明的体现，从一开始就把社会责任感作为企业的宗旨。”在这位企业家看来，中国的商道精神是以德养身、以诚养心、以义制利，这同时也是人类需要的商道精神。一个负责任的企业不仅要索取，同时也需要贡献。“我们在未来有一个理想，希望创造一个世界级卓越企业，创造一个造福人类幸福和世界和平的企业。”陈峰指出，一个企业要能够不断创新，才能不断发展。虽然处于名利场，仍以修德为安身立命之本；经商以诚待天下人；当义利产生矛盾时，取义而舍利。这才是真正的商道精神。

【感悟】

人生真谛不在于经典本身。当你为官了不能只顾名利，当你经商了不要只重金钱，当我们学习时不要执著知识……回顾祖国每次经过大地震后，那些熟悉的陌生的、有组织或自发的支援来自四方，源源不断。解放军官兵、武警消防战士、白衣天使以及庞大的志愿者队伍……默默地奉献着自己的光和热。灾难面前，中国人有钱的帮个钱场，没钱的帮个人场，那一腔热忱温暖着每个人的心头。这世界本不缺爱，我们要善于发现表达爱的舞台和机会。平日里，人们都戴着面具，不知道别人心里有什么小九九。大灾大难面前，人们可以豪情地表达自己的爱意，奉献自己的爱心。不用问他们姓甚名谁，没必要知道他们来自何方，灾区的志愿者们，就如那漫山的无名小花，用爱点亮一片片生机。我们要学会修德，立命安身，适时取义舍利，忘记口中的经，记住心中的经。

四、本章小结

禅宗认为“心外无法、心外无佛”，每个人的心性都是佛心，成佛关键在于自己悟明白本性。如果自心迷，那就是愚钝、就是平凡；如果自心悟，那就是智慧、就是圣人、就是佛。由于自性“觉体圆明”，体性不二，是一个不可分割的整体，因而用智慧观照成佛，得即全体，所以利根之人对于这一纯全之理的体悟，只能顿了。所谓顿悟，即指突然理解、体认、领悟佛理，而无须长期的修习。这种顿悟是通过直觉的主观体验，产生内心的神秘启示，达到精神状态的突变。后世禅师们常用“如桶底子脱”的比喻来形容顿悟。桶底一脱，桶中之物，顿时一览无遗。同样，一个人顿悟，就可当下直了本性，这种境界，不可言传，只能意会。

慧能从一个目不识丁的樵夫成为一代佛教宗师，不能不令人惊叹，他开创的与中国传统文化兼容的佛教禅宗，把从印度传入的佛教中国化、平民化、现世化，令人信服；他在新兴诞生和圆寂，在黄梅投师，在怀集、四会藏身修禅，在法性寺受戒，在曹溪传法，这一路的行迹，又令人敬仰。

【复习思考题】

1. 谈谈禅宗六祖慧能身上有什么品质值得我们学习？你受到什么启发？
2. 禅宗六祖慧能把佛教大众化、平民化对中国文化的发展有什么影响？

第十一章　中西文化使者——利玛窦

一、利玛窦简介

利玛窦（1552—1610），意大利耶稣会传教士、学者，明朝万历年间来到中国居住。其原名中文直译为玛提欧·利奇，利玛窦是他的中文名字，号西泰，又号清泰、西江。王应麟所撰《利子碑记》上说："万历庚辰有泰西儒士利玛窦，号西泰，友辈数人，航海九万里，观光中国。"

利玛窦是天主教在中国传教的最早开拓者之一，也是第一位阅读中国文学并对中国典籍进行钻研的西方学者。他除了传播天主教教义外，还广交中国官员和社会名流，传播西方天文、数学、地理等科学技术知识，他的著述不仅对中西交流作出了重要贡献，对日本和朝鲜半岛认识西方文明也产生了重要影响。

二、利玛窦在肇庆

（一）进入肇庆背景

利玛窦出生前的几十年间，欧洲社会发生重大的变革，改革之光驱除了中世纪的黑暗。科学技术在各个领域取得了新的突破，古希腊文艺复兴，新大陆的发现拓展了人们的视野，开辟了新航海通道，将东西方的距离蓦地拉近了。1498 年，葡萄牙人达伽马的航船绕过狂涛裂岸的非洲南端，备受怒浪与瘟疫的折磨，初时他们将此地叫做"痛苦之角"，后来为了吉祥之兆，便改称"好望角"，从此开辟了通向东方世界的航线。西方人带着他们认为值得炫耀的东西来到了遥远的东方国度。

范礼安（1538—1606）于1573年被罗马耶稣总会任命为远东传教团视察员。明万历十年（1582）范礼安来到中国，积淀深厚的中华文化对他是一种震撼。他开始意识到不能像以前的传教士一样，认为西方文化远远高于中国文化。要进入这个封闭的大帝国，应尊重中华文明，学好中国语言，这样才能与中国人沟通。为此，他从印度先后调来三名意大利籍青年，即罗明坚、巴范济和利玛窦，让他们在澳门专心学习中国语言文字。利玛窦在1582年8月7日奉范礼安之召抵达澳门，这是他正式入华之始。

1582年12月罗明坚与巴范济前往肇庆，临行前罗明坚托利玛窦代管圣万迪诺新信徒学校。利玛窦在管理该校事务的同时，刻苦学习汉语，积极了解中国的政治、历史、法律、风俗等，为进入中国内地做准备。利玛窦的汉语水平提高得很快，他高兴地写信给耶稣会总会长汇报："对于中国话，我已稍有成就。"

1582年，利玛窦调入了澳门教区，给罗明坚当助手。同年，罗明坚、巴范济通过讨好和"贿赂"两广总督陈瑞，在这一年成功得到了特别许可，在肇庆城外的天宁寺呆了四五个月。在澳门的利玛窦也得了恩准，踌躇满志正准备从澳门来肇庆。没成想，张居正去世，陈瑞突然被免了职。陈瑞担心引外国人入两广总督驻地罪上加罪，就慌忙把罗明坚、巴范济赶出了肇庆，给了一纸公文，打发他们去广州住。船到广州，江岸守卫坚决不许他们登陆，两人无奈又回到澳门。

戏剧性的是，新上任的两广总督郭应聘发现了前任的公文，令海道副使和香山知县查明，于是利玛窦跟着罗明坚再次到广州去跟海道交涉。在广州街头，他们却看到了两广总督的告示，命令禁止汉人与外国神甫接触，不许在广东建教堂和私宅。两人的心情再次落入谷底，垂头丧气地又折回澳门。谁也没料到，回到澳门一星期后，罗明坚却突然收到了两广总督的来信，批准他们再到肇庆，利玛窦心情再次高涨起来。当时的外国人不能在中国内地做长时间的停留和随意地走动，除非是得到两广总督的特别许可，这等于是一张绿色通道的通行证。

1583年9月10日，利玛窦和罗明坚乘一叶扁舟，驶抵肇庆。1584年，利玛窦获准与罗明坚神父入居广东肇庆。他们对中国官员自称来自"天竺"，致使中国人以为他们是佛教徒。利玛窦解释来中国的原因："我们是从遥远的西方而来的教士，因为仰慕中国，希望可以留下，至死在这里侍奉天主。”他不敢直接回答传教的目的，否则他可能会被驱逐。

在拜访肇庆知府王泮获得一块土地的许可后，利玛窦他们在这一块土地上建立了当时的第一座天主教堂，就是“圣童贞院”，又名“仙花寺”。史料记载：“房子本身很小，但很中看，中国人一看就感到惬意。”这座两层的房子是用青砖白灰筑成的，看上去并不太像座西洋建筑。下层有 5 间房，中间的当客厅，客厅两边各有两间房间，楼上则给神父住。

(二) 利玛窦传教

进入了中国的利玛窦对中国文明非常称赞：除了还没有沐浴“我们神圣的天主教信仰”之外，“中国的伟大乃是举世无双的”，“中国不仅是一个王国，中国其实就是一个世界”。他感叹：“柏拉图在《共和国》中作为理论叙述的理想，在中国已被付诸实践。”而且他还发现中国人非常博学，“医学、自然科学、数学、天文学都十分精通”。但是他也发现，“在中国人之间科学不大成为研究对象”。

为了传教，他们从西方带来了许多用品，如圣母像、地图、星盘和三棱镜等，其中还有欧几里得《几何原本》。利玛窦带来的各种西方的新事物，吸引了众多好奇的中国人，特别是他带来的地图，令中国人眼界大开。在 1584 年 8 月在肇庆建立“仙花寺”后，利玛窦他们开始传教工作。起初传教十分低调，神父们行事小心谨慎，主要精力都在学习汉语和中国的礼节习俗，以博得中国人尤其是官员们的信任。他们身穿佛教僧侣的服饰，认为这样能够博得人们的好感，而且他们也觉得这与天主教神父的装束相差不大，这也使中国人更加相信他们是远道而来的僧人。他们在教堂里挂上了圣母玛利亚的画像，许多士人官吏，甚至僧人都来跪拜，他们感到非常兴奋。但是从中国人的角度来讲，这更多是出于礼节性的，而没有宗教意义。也有记述说，他们担心中国人看到玛利亚的画像会误认为他们的神是女性的，而改挂了基督像。利玛窦利用解释各种西方事物的机会，同时介绍了他们的天主教信仰。他们翻译了《十诫》、《主的祈祷》和《圣母赞歌》以及《教理问答书》。很快就有中国人对天主教产生兴趣，于是利玛窦开始派发罗明坚撰写的《天主实义》，以中文解释天主教的教义，许多中国人都对这部书产生了很大的兴趣。但是，无论是“仙花寺”的创立，还是

《天主实义》的刊行，中国人始终是把它当做佛教流派而已，中国人对于天主教还没有多少实质的认识。

（三）“沟通中西文化第一人”

1584年利玛窦制作并印行《山海舆地图》，中国人首次接触到了近代地理学知识。利玛窦在仙花寺外还悬挂了中国内陆第一台机械自鸣钟，并细心地用中国人习惯的子、丑、寅、卯等十二个时辰来表示时间。利玛窦与罗明坚甚至一起编写了一部《葡汉辞典》，这是用罗马字注音汉语的第一次尝试，后来的汉语拼音最初的雏形也是从这部字典开始的。据杨福绵、张西平等学者考证，《葡汉辞典》“手稿长23厘米，宽16.5厘米，《葡汉辞典》中的罗马字注汉字音，是汉语最早的拉丁字母拼音方案，也是后世一切汉语拼音方案的鼻祖。”

整部《葡汉辞典》书稿有198页，其中包括辞典和与其前后装订在一起的材料。其中33页至156页为正文，其余为各种附录、注释。根据传教士德理贤（1890—1963）考证，葡萄牙文的词条是利玛窦或罗明坚所写，汉语词的罗马拼音为利玛窦所写，汉字则是中国学者所写。整部手稿共有葡萄牙词条6000多条，而相应的汉语词条只有5461条。可能有些葡萄牙文的词条因为一时还找不到恰当的汉语翻译，所以暂时空缺下来，一直至后来都没有及时补上。

学者尹斌庸曾撰文指出：这《葡汉辞典》“汉语的罗马字母拼音是按照16世纪意大利文或葡萄牙文的拼写习惯来拼写的。拼法相当混乱，比如声母就用了333个不同的形式（根据后来定型的方案，声母只有21个）。有两个主要的片面方面，说明这个手稿的拼写法是很不完善的：一、声母的送气音和不送气音不加区别，都一律写成不送气音……二、只有声母和韵母，而没有声调的表示方法。这并不是意味着利玛窦等人不知道汉语是有声调的语言，而是他们初到中国，一时还弄不清楚当时的汉语官话有几个声调和它的调值是什么。”这套拼音系统“属于初创，在声母和韵母的拼写法上，尚未完全定型，甚至有些模棱混淆的地方”。

但学者杨福绵在经过多年的研究后认为：“《葡汉辞典》中的罗马字注汉字音，是汉语最早的拉丁字母拼音方案。是利氏及《西儒耳目资》拼音系统的前身，也是后世一切汉语拼音的鼻祖。”这部辞典的一个主要特点是使用了许多明朝末年社会流传的语汇，“该辞典所收录的音韵学及词汇学方面的资料，是研究明朝晚期官方语言及文人使用官话的宝贵的语言学方面的材料。”这部辞典创制了第一个拉丁字母的拼音方案，实际上是最早的汉语拼音方案，也是最早把汉语与西方语言对照的辞典之一，为研究明朝后期的语言提供了第一手的材料。

有学者赞扬道：“利玛窦对汉语词汇的发展作出了巨大的贡献。他推动了汉语复音化的进程，促进了附加式构词方式的发展，给许多汉语旧词灌注了新义。”

《葡汉辞典》无疑是一部重要的历史文献，是汉学研究领域的一个重要里程碑，对中国与西方的交流起到了极大的作用。可以说，自从《葡汉辞典》在中国肇庆问世，就等于有了一把开启中西文化交流大门的钥匙。

《葡汉辞典》的原手稿大都是用中国墨汁书写在中国造的纸张上的，只有个别的字用欧洲墨水来写。在同一张纸上，两种墨水的区别非常明显：用欧洲墨水书写的字现已褪为淡棕色，字迹模糊，渗化纸张；而用肇庆端砚磨的墨水所写的字，在经受了长期的考验后，至今不但没有褪色，也不渗化纸张，反而清晰如初。

利玛窦在肇庆的6年，对中国具有重大的历史意义，除带来了欧洲文艺复兴的成果外，他本人更是系统全面地学习了中国传统文化，开启了中西文化交流的历史篇章。利玛窦传入的现代数学、世界地图、西洋乐等西方文明，使中国人的世界观从以自我为中心的观念开始认知到世界是一个圆球，更为明末走向衰落的中国数学领域找到新的活力。享誉全球的杰出华裔数学家、菲尔兹奖获得者丘成桐先生说：“400多年前，被誉为‘沟通中西文化第一人’的利玛窦把现代数学引进了中国，而他就是在肇庆开始传播《欧几里得几何》等现代数学著作。因此，从某种意义上说，中国现代数学起源于肇庆。”

利玛窦来中国传播基督的福音，同时带来了西方的文化，也带来了先进的科技知识和奇物异器。他曾用意大利文记载叙述了1582—1609年在中国的所见所闻。1614年，比利时传教士金尼阁将利玛窦的手稿从东方带回罗马，译成拉丁文，并补充了利玛窦本人的事迹及他死后安葬的情况，书名为《利玛窦中国札记》，又名为《天主教传入中国史》。此书于1615年在德国出版，随即引起轰动，很快就出现了意大利文、法文、德文、西班牙文版。

利玛窦向中国人介绍西方在文艺复兴时期所取得的科学文化成果，涉及面很广，有天文历法、数学、几何、力学、地理学、音乐、逻辑学、记忆术及伦理学等，又向西方世界介绍了中国的文化起源与发展。利玛窦首先在东西方文化之间架起了一座友好的桥梁，为东西方进行世界性的对话作出了努力，为全人类的相互接触与合作作出了贡献。

利玛窦于 1610 年 5 月 11 日病逝于北京，在一些大臣的斡旋下，万历皇帝赐予利玛窦一块墓地，这位在中国生活了 27 年之久的意大利传教士，永久地留在了中国。

利玛窦的家乡马切拉塔市为出了这位中西文化交流的名人而骄傲，城市里面有以他名字命名的大街，市政厅挂有他戴着中国儒生帽子的画像，市图书馆里有他的浮雕头像。

三、作品选读

【原文】

据最近担任代表的神父（巴范济和罗明坚）叙述说，当他们第二次来到肇庆并被免职的总督遣返省城时，新任总督的几个仆人也在场；神父们出一笔钱，请他们无论哪一个人设法让神父们回来。其中有个最低级别的士兵，是宫廷卫士，他听说有报酬，马上就以译员的名义向总督递上一份申请，请求在城里为传教士安排一所住宅和一块兴建房屋与教堂的地皮。看来似乎很奇怪，那个挑剔外国教士并通令严斥他们的译员的总督，竟接受了一名普通士兵的申请，并转饬该地方长官浙江人王泮，马上把它付诸实施。正是这名当宫廷卫士的士兵，被派作使者来递交欢迎书。（〔意〕利玛窦、〔法〕金尼阁：《利玛窦中国札记》，何高济等译，158 页，北京，中华书局，1983）

对于这些利玛窦都甚感困惑的叙说，如果不是言不由衷、别有隐情的话，那只有一种解释，即由于中国官场的腐败及上下官吏的贪婪，给西方传教士以可乘之机。难怪巴范济不无嘲讽地说："归根到底，在中国送礼、花钱就好办事。"据此，他在离开澳门动身去日本之前，写信给总会长说："重振旗鼓还是容易的，既然我们已经有了经验，尤其是假如我们破费点银

子，给制台或其他官员送礼。”（〔法〕裴化行：《利玛窦评传》，管震湖译，87页，北京，商务印书馆，1993）

【评述】

果然不出所料，这种往腐败官僚机器运转的“齿轮里注润滑油”的行径，居然给山穷水尽的传教事业带来了生机。从以上可以看出，在中国的明朝时期，朝廷腐败，送礼之风较盛行，正是由于这一风气的存在，才让利玛窦他们有了进入肇庆的机会。

【原文】

为了使一个新宗教出现在中国人中间不致引起怀疑，神父们开始在群众中出现时，并不公开谈论宗教的事，在表示敬意和问候并殷勤地接待来访者之余，他们就把时间用于研习中国语言、书法和人们的风俗习惯。然而，他们努力用一种更直接的方法来教导这个异族的民族，那就是以身作则，以他们圣洁的生活为榜样。他们用这种法子试图赢得人们的好感，并且逐步地不用装模作样而使他们的思想能接受不是用语言所能使他们相信的东西。……因此，无言表率的做法，以行代言，对传播新传来的基督教的名声更为灵验。（〔意〕利玛窦、〔法〕金尼阁：《利玛窦中国札记》，何高济等译，167～169页，北京，中华书局，1983）利玛窦却在一天中最繁忙的时刻或冒着酷暑，到辅理教士们的工场去学钟表、机械、或印刷手艺。他就这样不知不觉为即将在中国进行的艰巨工作做好准备。〔法〕裴化行：《利玛窦评传》，管震湖译，50页，北京，商务印书馆，1993）

【评述】

以小型、有弹性、带钢卷绕式的发条驱动部件的钟表，是欧洲16世纪七八十年代开展的制造技术革新运动的产物，利玛窦对这种最新钟表制造技术的热心以及他向工场熟练的钟表匠学习的虚心，既反映了他思想上对新事物的通达和敏感，而这种实用技术的掌握又为他后来利用钟表向中国士大夫乃至皇室交往，并最后定居北京提供了方便的条件。

四、本章小结

2013年5月11日，是利玛窦逝世403年纪念日，我们对这位400多年前为中西文化交流作出了许多开创性贡献的先贤深表怀念。利玛窦在中国生活、传教28年，在肇庆生活6年，这期间，他学习汉语，研读并翻译中国典籍，广交士绅，长期浸润于中国文化，俨然成为一位地道的中国文人，他为东西方进行世界性的对话作出了努力，为全人类作出了贡献。有学者称他为中国基督教之父、西方汉学的创始人、沟通中西文化第一人，其身后为中国人留下了宝贵的西方文化与自然科学知识。目前，利玛窦研究机构在肇庆学院挂牌落成，还成立了利玛窦与中西文化交流学术论坛，已成功举办两届“利玛窦与中西文化交流学术研讨会”，得到了国内外学者的一致好评。对于加强中西文化交流与合作，推动肇庆地方历史文化的挖掘与研究，促进肇庆学院西江历史文化学科建设，都将发挥重要作用。

【复习思考题】

1. 寻访当年利玛窦在肇庆的足迹，拍成图片，做成PPT，跟大家分享。

2. 寻访天主教堂和基督教堂的踪迹，跟大家分享。

3. 总结利玛窦在肇庆的几个第一。

4. 总结利玛窦在肇庆传教的特点。

第十二章　孔学大师——陈焕章

一、陈焕章简介

陈焕章（1880—1933），字重远，广东高要人，清末民初思想家、社会活动家，被誉为“孔学大师”。

陈焕章 8 岁正式进入学堂读书，在此打下坚实的文学基础。11 岁时到高要县城肇庆考童试获得通过，再应府试，又捷。12 岁时参加广东学正到肇庆主持的院试，考中了秀才。

1893 年，陈焕章赴广州入“万木草堂”学习，师从康有为，与梁启超为同学。1903 年，考中举人。1904 年，考上清末最后一次科举考试的“恩科联捷进士”，并在保和殿复试，朝考钦点“内阁中书”，陈焕章进入新设的进士馆。

1905 年，陈焕章赴美国库克学院深造，专攻英语。1907 年，进美国哥伦比亚大学攻读政治经济学。1910 年，发表博士学位论文，用英文撰写《孔门理财学》，引起轰动。1911 年，获得哥伦比亚大学政治经济学哲学博士学位。

1912 年，在上海成立孔教会，出版《孔教论》一书。1913 年，创办《孔教会杂志》，并于山东曲阜召开孔教会全国大会，设坛讲经。1917 年，于北京创办《经世报》，反对康有为参与帝制复辟。1918 年，为“迦匿奇世界和平基金会”传写《孔教经世法》，提倡和平。1919 年，创建北京孔教大学。1923 年，任北京孔教大学校长。

1927 年，参加瑞士日内瓦世界宗教和平大会，并被选为世界宗教和平大会副会长。1930 年，任香港孔教学院院长。1933 年 10 月 24 日，因病于香港孔教学院辞世。

二、一生大力弘扬传统文化

陈焕章作为弘扬孔学承上启下的一代宗师，对孔学孜孜不倦、不遗余力、博学思辨、笃于力行。一生以倡导孔学、孔教和创办孔教学院，弘扬孔学为己任，在国外政治、学术、教育、新闻、出版、宗教、社会团体大力弘扬传统文化，留下丰富的文化遗产，在国内外具有深远影响。

如今孔子学院遍布全球，而最初在世界各地奔走，把孔子思想宣扬出去的就是香港孔教学院的创始人陈焕章。在“万木草堂”学习时，陈焕章就立下“尊孔崇儒，树尼山教义，振民族精神”的志向。

戊戌变法失败后，19 岁的陈焕章回到家乡。他在砚洲岛设立“昌教会”，在陈氏宗祠设孔子牌位祭祀，让一族的男女老少都加入到会中，在自己的家族中弘扬孔学。

陈焕章自美国回国之际，适逢军阀混战。1912 年，他从香港来到上海，与同人在上海海宁路首创孔教会，此后海内外成立的分会和支会共有 130 多处。1919 年，在“巴黎和会”争论山东问题时，民国政府专门请陈焕章提供材料，证明山东自古为中国之地。陈焕章列举曲阜圣地为根据，孔教会每年于此召开纪念大会为佐证。发言专使顾维钧以陈焕章提供的数据引申阐述，有理有力，受到美国总统的赞赏。

1927 年，陈焕章参加世界宗教和平大会期间，游历了日本、法国、英国、比利时、荷兰、德国、意大利、加拿大、美国等国的大都市，宣扬孔教。陈焕章开创了孔教推行欧美的先河，他以英语演说孔子思想，宣扬仁爱、和平之义，被推选为世界宗教和平大会副会长。1930 年，陈焕章在香港上环坚道创立孔教学院，每周专题讲学中听者数百人。而今的孔教学院影响已经是世界性的了。

三、《孔门理财学》在经济思想史上的地位与现实意义

陈焕章著有《孔门理财学》、《孔教论》、《孔教经世法》等书。其中《孔门理财学》是孔学研究的杰出成果，将欧美经济学精义引入孔学，受到欧美经济学界高度评价。

中国以有限土地养活世界 1/4 的人口，采用精耕细作的方式，为美国

人树立了榜样。农业制度也值得美国人研究，包括常平仓制度。18世纪法国政府派员了解常平仓制度，作为法国政府农业政策的借鉴，因为当时欧洲急需解决农产品存储问题。特别是20世纪30年代，美国爆发农业危机，农业产品过剩，农民将牛奶、粮食倒进大海，再以后农民无资本运转，造成美国田园荒芜。当时美国的农业部长华莱士提出美国新政农业立法，建立了美国常平仓制度，就是借鉴陈焕章对中国古代常平仓制度的总结，原型就是王安石的青苗法、市易法。华莱士直言不讳地说，美国新政农业立法，是精读了陈焕章的《孔门理财学》以后受到的启发。《孔门理财学》为解决美国农业经济萧条作出了贡献，为世界解决长期农业问题提供了宝贵经验。《孔门理财学》是中国人在西方出版的最早的一部经济学名著，向世界传播了中国的传统经济思想。

《孔门理财学》的中庸之道，体现了个人与社会、企业与国家的统一、和谐的一致性。在当代市场经济中，发挥国家宏观调控作用，克服经济危机，对当前中国转变生产方式，建设资源节约型、环境友好型的和谐社会有着重要启示。陈焕章熔铸古今中外的研究成果、治学方法、精神理念，对弘扬和传承中国传统文化极富启迪意义。

四、作品选读

【原文】

第三十章　政府对粮食的调控

一、均平粮价

食物的供应为所有时代的人类生活所必需，中国数千年来又一直是一个农业国，所以粮食问题是她经济史上最重要的问题之一。关于粮食的理论和法律众多，我们仅选择其中最为重要的。从整体上说，均平粮价的政策是第一重要的，因为它影响到全社会的利益。

均平粮食价格的政策十分古老。按照《周礼》，谷物的主管（司稼）巡视田地，按庄稼的情况决定粮食敛散的数目。他均平人民的食物，补充需求上的不足，调整它们的供应。管子和范蠡也推行了这一政策。不过李克（即李悝——译者注）是第一个给予它特殊重视并设立完整法规的人。因此，我们先研究他的法规。

（一）李克的法规

李克担任魏相时说，如果谷价太高，会伤害消费者；如果太低，会伤害农民。如果消费者被伤害了，他们会移民他国；如果农民被伤害了，国家会贫穷。价格过高和过低的恶果是一样的。因此，好的政治家让人民免除伤害，给农民更多的激励。在他描述了农民的糟糕状况之后，他提出了均平粮食价格的如下法规：

要均平粮食价格，必须认真地巡查庄稼。好的收成有三个等级。一般的年份，一百亩地产粮一百五十石。上等的丰收之年，可增产四倍，即百亩收粮六百石。五口之家维生一年需要两百石，剩余四百石。官府应收购三百石，留一百石给农民。中等的丰收年，增产三倍，即百亩收粮四百五十石。一个家庭应有余粮三百石。政府应收购二百石，留一百石给农民。下等的丰收年，增产两倍，百亩收粮三百石。一个家庭应有余粮一百石。政府应购五十石，余下一半留给农民。政府收购的目的是按人们的需求限制供给，当价格正常时应中止收购。这一政策将防止谷价跌至正常价格以下，伤害农民。

荒年也有三等：大灾荒、中灾荒和小灾荒。小荒年一百亩地只能产出一般年份的三分之二，即一百石。政府应按正常价格将小丰年收购的粮食卖出。中荒年一百亩地只能产出一般年份的一半，即七十石。政府应将中等丰收年收购的粮食卖出。大荒年一百亩地只能产出一般年份的五分之一，即三十石。政府应将上等丰收年收购的粮食卖出。这样，即使在荒年旱涝发生，谷物的价格也不会涨，人民不会被迫逃荒。这是因为政府用丰收年的剩余补凶年的不足。或者说，政府控制丰收年的过度供给，以满足凶年的需求。

李克的政策既对社会整体有益，也对农业阶层有益。他的主要思想仅是为了人民的福利，不是为了国家财政，因此，他是站在人民一边的真正的儒生，在实际谋划中代表了纯粹经济学的教义。他的谋划在魏国施行后，不仅使人民富裕，也使国家强大了。

（二）孟子的论述

在孟子的著作中我们也可以看到调整谷物供求的同一原则。孟子对梁惠王说：

“狗彘食人食而不知检，途有饿莩而不知发，人死则曰‘非我也，岁也’，是何异于刺人而杀之曰‘非我也，兵也。’”

（三）常平仓制度

李克和孟子主张的均平谷物理论被采纳而形成了常平仓制度。汉宣帝时期连年丰收，谷价贱到一石五钱，农民大大吃亏。孔子纪元498年耿寿昌建议在京师附近买谷代替从关东运谷。按照汉代的旧制度，政府每年从关东向位于西北陕西省的京师运谷四百万斛。由于运输靠水路，用漕卒六万人。耿寿昌的计划被皇帝批准并付诸实施，政府节省了一半多运输费用，农民得到更多利益。耿寿昌于是建议边郡都设置粮仓。谷价低时按高于市场价的平价收购，以利农民；当谷价高时，按低于市场价的平价售出，以利消费者。这样的谷仓叫“常平仓”。由于结果有利于民，皇帝授予耿其昌关内侯侯爵位。这一制度从常平仓建立的孔子纪元498年到今天，一直延续了下来。虽然随着不同时代政治环境的变化，它有时施行，有时停摆，但在名义上几乎自始至终都存在着。虽然这一制度后来有所更改，但耿其昌的基本原则一直保持了下来。因此，我们不再讨论各个朝代的不同规定了。

（四）得失评判

A. 积极效果

均平粮价是一个十分有益而且可行的方案，它利民而不损害国家。当价格过低时，尽管政府购买比市价高，这对政府来说不意味着浪费。当价格过高，尽管政府卖出比市价低，也不意味着政府损失。既使政府亏本，社会收益也大大高于公共财政的损失。相反，事实上政府能从这一制度中获利。在古代，管子用类似制度使齐国富裕。在唐朝，该制度所获之利满足了公共财政的需要。宋代，它对边境常备军的粮食供应至关重要。不过，这里我们不谈对公共财政的影响，而是只谈对人民的有益与否，因为那是这一制度设计的初衷。

按照自由主义理论，该制度看来是违反自然的，弊大于利，但实际情况根本不是这样。首先，农民眼光短浅，不能照顾好自己的利益。丘浚说，农民没有远虑。当庄稼好时，他们用谷物换钱，再用钱换取消费品，很快所有粮食都没有了。当凶年来时，他们就无法维持生计。

第二，农民无法单独保护自己的利益，即使他们不短视。从李克和晁错的论述中，可以看到古代农民的状况十分糟糕，他们不得不以任何价格出卖粮食。收割一结束，每个农民都不能不同时出卖谷物。因为有大量的谷物供应，价格自然比平常低。再加上商人的人为压低，农民无法逃避伤害。而且，农民几乎总是以高利从商人那里借钱，实际上他们的粮食在收割前就已经售出了。一句话，农民的生活是受商人控制的。

第三，谷物是人的生活必需品，它的价格对整个社会有巨大的影响。如果商人们通过囤积居奇控制其价格，消费者会大大吃亏。对中国历史上灾荒期的研究表明，谷物的高价往往会扰乱国家的太平，至少在某些地方，有时甚至会引发大的革命。即使在今天，人们对高谷价仍会十分惊慌。因此，除了常平仓制度，中国人目前有许多法令禁止谷物出口到外国，禁止谷物运出地方，禁止商人囤积居奇等等。实际上，粮价是中国经济状况的指标。

第四，最后也是最重要的一点。因为农业受制于大自然，收成不遵循供求规律。荒年可能与大量需求同时存在，丰年也可能连年出现。如果我们接受自由放任的政策，在前一种情况下，人们将饿死；在后一种情况下，农民除了谷物将一无所得，因此最低的价格不足以交换其他商品。如果他们以最低价格出售粮食，商人将从农民的损失中获利；如果消费者以最高的价格购买谷物，商人将从整个社会的损失中获利。中国尤其这样，因为人口众多，而且大米是主食。鸦片战争以前，中国很少对外贸易，不能从进口得到多少粮食。即使在今天，外贸也不能在这方面帮助中国，因为西方国家不给她提供大米。由于人们不能单纯靠天吃饭，他们必须人为调整粮价。

因为这四个原因，粮价的均平制度给中国带来了无尽的好处。由于运输的困难和进口的缺失，这一制度在古代比现代更为重要，不过现在它仍十分重要。以广东省为例，这里水上运输十分方便，从越南、泰国和邻省的大米进口量很大。当收成不好时，政府的政策是提供资金，加上人民的预购金，到处购买大米，再以低价出售，以便与米商竞争，并使价格降低。商人人为的供给限制和不合理的涨价是不允许的。主要原因是人们如此依赖大米，需求量十分大，看来改变人们的口味和习惯，以降低大米的消费是必要的。

B. 疏漏之处

尽管常平仓制度好，它仍有缺点。第一个反对这一制度的人是刘般。当汉明帝曾想建立常平仓时，刘般说它有利民之名，而无其实，因为富人利用这一制度，而人民得不到好处。

孔子纪元1637年，司马光十分清楚地描述了他那个时代这一制度的缺点。一些地方官员没有公共资金购买谷物，另一些人怕麻烦，不想购买。有时，官员不知道实际价格，受到属下和商人的合伙欺骗。当农民急于卖谷时，属下故意给低价，以使农民将粮食不卖给政府而卖给商人。商人买到足够多以后，就开始提高价格。因此，农民只得到低价格，而政府总是付出高价格，利润单独流入了商人的腰包。在另一些情况下，即使官员想按时买谷，他们要由乡申报到县，也由县申报到州里的上级，再从州申报到京师。得到回报时几个月过去了，价格已经翻倍。因此，数年之后，政府购买时的本来价格仍比市场价格高。这样的粮食不能卖出，只能变成废物。不过他说这一缺点来自于人的管理，而不是来自制度本身。确实如此。

司马光的批评仅指购买，我们将就出售方面作出评判。朱熹说，由于常平仓只建立在城市，它只有益于懒惰的市郊居民。对于在山区的勤劳农民，即使他们饿死，谷物也到不了他们那里。而且，法律过于复杂，结果是即使官员看到了饥民，也不敢发放谷物。通常他们将谷物锁起来，然后转交给继任者，数十年不动。在紧急情况下必须发放时，谷物已经变成尘土不能食用了。不过所有这些缺点不是原初法律本身造成的，而是人的管理不善的结果。

今天，虽然常平仓不仅在形式上，而且在事实也不存在，但它已经不那么重要了。通常，仓中保存着旧谷，官员既不购新也不卖旧。因此，这一法律的基本原则已经失败了，谷仓与市场价格变得毫无关系。其主要原因是官员难以在履行政治职能的同时履行商业职能。（陈焕章：《孔子理财学》，翟玉忠译，347～352页，北京，中央编译出版社，2009）

【解析】

陈焕章详述了中国古籍中记载的历代有关粮食“平价”的做法。他指出，我国古代对粮食生产十分重视，统治阶级历来重视粮食平价制度建设，这些事迹在《周礼》、《管子》等古籍中，在思想家范蠡和李悝的粮食论述中早就有完整而详细的记述。他指出在中国建立常平仓制度的史实，说粮食平价的原则经李悝和孟子鼓吹，在汉朝以“常平仓”的制度形式固定下来，这就是耿其昌提出的常平仓制度。

陈焕章对古代常平仓制度演变的论述尤为详细，指出我国历史上，在汉宣帝时期，大臣耿其昌依据李悝曾经实施的政策和孟子的思想，提出建立并实施常平仓制度，自此这一制度在中国历史上实行了2000多年，其间虽然有中断，但是作为一项经常制度基本保持下来，在个别朝代常平仓制度的名称有所变化，实质内容却保留下来。

陈焕章指出了平价制度的优点，他说，如果从自由放任的立场出发，常平仓制度似乎不符合经济发展的规律，这个观点不对。因为，第一，农民的眼光总是有一定的限制，不能深谋远虑；第二，即使农民的眼光能够看得更远，也不能保护自己的利益，因为在中国封建社会，农村生活总是受商人控制；第三，由于粮食是生存所必需的，粮食价格对社会稳定的影响也最大，如果由商人控制了粮食价格，对国家和人民都不利。陈焕章更指出，由于粮食产量受制于气候，并不遵守供求规律，因此，国家采取相应政策稳定粮食价格是必需的。

陈焕章还分析了常平仓的思想起源，阐述了常平仓的理论原则，指出常平仓在中国历史上发挥了不可忽视的作用。他还指出了常平仓在实施过程中遇到的一些问题，这些问题并不是常平仓制度本身造成的，而是人为的，只要执行得当总是能够避免的。

【案例】

《孔门理财学》在西方公开出版已有100多年，译成中文在国内公开发行则是2009年的事情。100多年世界上发生了许多变化，然而经过时间的淘洗，陈著所阐述的基本思想，无论对当时西方，还是对当时中国社会，仍然有着积极意义。关于自由市场经济与政府的责任关系，陈焕章在阐述孔子的经济思想的时候，提出孔子的经济思想是中庸之道，认为孔子主张个人自由，又强调政府的责任与作用。就中国而言，三年“救市”也出现“国进民退”和“房价、物价”上涨的通胀现象，因此，进入“十二五”开局年，政府把控制房价和物价作为重要目标；在面临我国经济上升为全球第二经济体，外汇储备全球第一，而中国又是世界贫富悬殊最大的国家之一的形势下，把解决民生问题、社会公平正义问题、公平分配问题、加快普及城乡全民社会保障等重大问题提到了日程上，无不体现了中庸之道的宏观调控政策的智慧。特别是在陈焕章的故乡广东，贫富悬殊巨大，阻碍了广东的经济文化的持续发展。广东省把解决民生问题、贫富悬殊问题、扶贫问题、社会保障问题等作为转变经济增长方式和建设幸福广东的重大战略任务，这体现了中庸之道在社会经济文化与民生协调方面的作用。

【感悟】

陈焕章的经济学著作《孔门理财学》是第一部总结中国古代经济思想的著作，也是中国人第一次以西方语言向世界全面展示中国古代思想的巨大魅力，在当代产生过很大影响，使西方认识到中国儒家经济思想的意义。"20世纪西方经济学开始摆脱伦理学走向独立，《孔门理财学》让我们意识到，当代西方经济学摆脱伦理学可能会导致的灾难性结果。在物欲横流、环境灾难频发的时代，《孔门理财学》让我们重新考虑经济学与伦理学相和谐的重要意义。"

陈焕章对发展地方教育是不遗余力的，他创办的颍川两等小学堂，学堂科目有国文、数学、历史、地理、体育、音乐等。颍川两等小学堂的学生除了本族子弟外，也有水坑、莲塘、四会等地的学生，鼎盛时期学生人数多达160人。在陈焕章的主持下，颍川两等小学堂办了5期，历10年，为肇庆乃至广东培养了一批人才。陈焕章创办学堂的先例，为砚洲各村树立了样板，各村纷纷创办学堂，使重教兴学在肇庆蔚然成风。现在肇庆创建广东教育强市的行动中，完全可以借鉴陈焕章的教育思想，将肇庆的教育事业做大做强。

五、本章小结

作为弘扬孔学承上启下的一代宗师，陈焕章一生以倡导孔学、孔教和创办孔教学院弘扬孔学为己任，在国外政治、学术、教育、新闻、出版、宗教、社会团体大力弘扬传统文化，留下丰富的文化遗产，在国内外具有深远影响。他用西方现代学术方法阐释孔子思想，为实现孔子学说的现代转型而努力，以使孔子之道适应现代生活。在民国初年那种新旧理念交织，崇新思变成为主流的岁月里，提倡尊孔之举，对于保存和发扬国魂、国性和国粹，进而重建国民道德，有着特殊而宝贵的思想价值和现实意义。其代表作《孔门理财学》按照西方经济学原理，讨论了儒家学派的经济学说及其在消费、生产、公共财产方面的思想。《孔门理财学》的中庸之道，体现了个人与社会、企业与国家的统一、和谐的一致性。对当前中国转变生产方式，建设资源节约型、环境友好型的和谐社会有着重要启示。他的熔铸古今中外的研究成果、治学方法、精神理念，对弘扬和传承中国传统文化极富启迪意义。

【复习思考题】

1. 简述陈焕章的生平事迹。

2. 陈焕章为孔学作出了哪些贡献？

3. 《孔门理财学》对于挽救20世纪30年代美国的农业经济危机作出了哪些贡献？

4. 简述《孔门理财学》在经济思想史上的地位与现实意义。

第十三章　清官化身——包拯

包拯是北宋名臣，民间称之为包公。他以刚正廉明、扶正祛邪、爱民如子、断案如神而流芳百世，被老百姓称为“包青天”。世人皆知包拯曾在开封为官，但对包拯成名于肇庆知之者甚少，包拯是在广东端州府（今肇庆）任知府时开始被人称为“包青天”的。

肇庆，古称端州，自秦起至今已有2200多年历史，是国家级历史文化名城。古端州是宋徽宗赵佶的封地，“肇庆”之名为其登基后亲笔所赐，意为“开始带来吉庆”。

包拯曾于宋仁宗年间（1040—1042）主政端州约3年，期间惩治贪官污吏，打击土豪劣绅，保护采石砚工，减轻百姓负担；筑城池、修水利、挖水井、治瘴疠、建书院、兴教育……包拯在端州留下的千古德政，史书有记载，星岩有石刻，城中有遗迹，民间有传奇。正因包拯主政端州期间政绩突出，才升迁国都开封，官拜“龙图阁直学士”。

包拯在开封为官1年零3个月名扬天下，而在此之前，主政端州3年的众多史实传说却因失之挖掘、整理、传扬而不为人知，甚至渐渐被湮没于历史陈迹之中，甚为遗憾。2003年10月，中共中央政治局常委、广东省省委书记张德江同志在肇庆考察时指出：北宋名臣包拯主政端州3年而知之者甚少，肇庆要充分挖掘这些历史文化的宝贵财富，打造旅游大市和文化名城！在此精神指引下，肇庆正在努力建设文化名城，促进文化与经济的融合，充分挖掘和利用当地文化资源优势，打造文化名城。

一、包拯简介

包拯（999—1062），字希仁，北宋庐州合肥（今属安徽）人。其父包令仪曾中进士，授朝散大夫。包拯29岁中甲科进士，授大理评审，知建昌县，因父母在，不愿远行，辞官归奉双亲，父母辞世后才步入仕途。有官不做而尽孝道，在当时是十分难得之事。包拯出仕首任扬州天长县知县。康定元年（1040），包拯升任端州（今肇庆）知府，在任约3年。庆历二年（1042）年底，包拯离开端州。包拯42岁开始任监察官，后历任京城开封府排岸司，京东、陕西、河北转运使，龙图阁直学士（他由此有包龙图之称），因小事被贬为兵部外郎知池州，不久即又升为刑部郎中知江宁府，右谏议大夫权御史中丞兼理检史，枢密直学士权三司使，最后任枢密副使，相当于副宰相，是最高军政要职之一。包拯从政31年，于64岁辞世，谥号“孝肃”。这个谥号是很贴切的：包拯出仕前守孝10年，难能可贵，谥“孝”名正言顺；谥“肃”是赞表其长期从事整肃纲纪、严明执法之官职和功绩，享有“包青天”之声誉，可谓实至名归。

二、包公文化及其主要内涵

（一）包公文化

1973年，合肥包公墓出土的《包公墓铭志》说包拯：“其声烈表爆天下人之耳目，虽外夷亦服其重名。朝廷大夫达于远方学者，皆不以其官称，呼之为公。”可见“包公”之称由来已久。经过千余年的积累与沉淀，到今天，我们称之为的“包公”，实际上是具有四个层面内涵的人物形象，即中国宋代的真实人物包拯，封建时代的历史人物包青天、文艺作品的艺术典型包公、中国传统文化载体包公。文化是一个民族的根，一个民族的魂。人是文化建设的主力，也是文化建设内容的核心，包拯就是这样的一位人物，经过千余年的发展，包公文化已经形成丰富的内涵，成为中华优秀传统文化的一部分，值得我们学习继承并将其发扬光大。

（二）包公文化的主要内涵

1. 清官楷模、廉政典范

包拯上任端州知府伊始，在端州郡斋的墙壁上题诗一首以明其志，诗曰：“清心为治本，直道是身谋。秀干终成栋，精钢不作钩。仓充鼠雀喜，草尽兔狐愁。史册有遗训，毋贻来者羞。”此诗是包拯传世的唯一一首诗，也是他一生仕途的座右铭。在此诗中，包拯立志要做国家栋梁，做清正廉明的官。事实证明，他在仕途上官越当越大，但却一直保持清正廉明的作风，至今仍为广大人民称道和怀念。在知端州任内，最能说明包公不愧为清官楷模、廉政典范的一件事，是包拯于端州离任时，两袖清风离，不持一砚归。端砚作为文房四宝之一，四大名砚之首，是端州名贵特产，而且每一年都要向朝廷进贡。在包拯以前的端州知府及各级官吏，往往借进贡的名义，多征收数十倍，送给权贵以作巴结进身之用。由于当时技术落后，砚工采石制砚往往要冒生命危险，而在各级官吏重压下，砚工更是伤亡甚多，苦不堪言。包拯得知此事后，命令工匠按进贡数额制作，不多制一个端砚，各级官吏不得以任何借口增加贡砚数额以中饱私囊。这样既保护了砚工，又进行了廉政建设。当他任满离开端州时，他更是以身作则，一块端砚也没带走。时至今日，在肇庆民间还广为流传“包公掷砚成洲”的传说。

2. 忠孝双全、爱民如子

包拯到端州上任时候，已经42岁，离他考中进士已经13个年头。包拯不是那种“汲汲于富贵者”，因父母年迈，他一直照顾到父母去世，期间十年没做官，在当时，亦是非常罕见。景祐四年（1037），39岁的包拯才正式出仕，担任扬州天长县知县。3年后任满才开始主政广南东路端州府（今广东肇庆）。

为官一任，造福一方。包拯在知端州任上勤政爱民，执法如山。在任内，他巧办案，惩治贪官；移城西，防治水患；开七井，防治瘴疠；办书院，兴文办学；建米仓，贮备粮食，为民众办了不少好事。

（1）移城西，防治水患

包拯到任后，看到端州人民饱受西江水患，城区经常被淹。经考察，包拯认为端州境内地势西南高而东北低，前人选筑城于东面只考虑东面有羚羊峡，可抗击东南人之入侵之敌，却对百姓农商百业考虑不周，有失偏颇。遂与文武及士绅商议，将新城建于西边，以防水患。包拯的府衙原址就位于肇庆端州区城中路丽谯楼（又叫“红楼”）到披云楼附近（即肇庆市人民医院旧址内）。

（2）开七井，防治瘴疠

史载，包公在端州时，“西江瘴疠多”。因百姓长期饮用不洁江水，经常得瘟疫及其他各种病。包拯为保证人民生命健康，在端州各处打了七口状如七星的水井给人民使用，几百年后仍未枯涸，被后人称为“包公井”。

（3）办书院，兴文办学

史载，包拯知端州期间，广开教化，教育民众，兴办星岩书院（据传旧址在今肇庆市端州区宝月台附近），造福端州。

（4）建米仓，贮备粮食

为防止遇水患民众流离失所，农田被淹以至饥荒，包拯在城中建立米仓——丰济仓，现今肇庆城区仍有名叫“米仓巷”的小巷，传为包拯当年建米仓处。

由于史料记载不详，其具体政绩已不能详尽。但以上政绩，足以证明包公是一名爱民如子，为民办实事的好官。

3. 刚正不阿、执法如山

包拯刚正不阿，执法如山。有个贵人欠平民钱物不还，平民投诉，此贵人也仗势不睬。包拯把他传到公堂，令坐被告席与平民当堂对质，搞得贵人丑态百出，颜面扫地，立刻偿还了债务，让百姓感到法律面前人人平等。

三、包公与肇庆风物

（一）观砚亭

在肇庆市的鼎湖山，有亭翼然立于山之东端峰巅上，曰“观砚亭”。其亭上盖黄绿相间的琉璃瓦、飞檐翘角，掩映于青松林中，北宋著名清官包拯雕像，巍然立于亭中央。关于亭名的由来，还有一段故事。相传北宋康定元年，包公在天长县奉旨南下广东，被提升为端郡知州。因政声卓著，受朝廷器重。至庆历三年（1043），朝廷下旨诏包公回京，晋升监察御史。于是，包公乘船，辞别端州进京。岂料途经羚羊峡口，天空骤然乌云密布，狂风四起，波浪滔滔。船在江上颠簸、摇晃不能前行，被迫下锚，暂避风浪。此时，包公在船里思潮起伏，坐立不安。心想，归途受阻，事有蹊跷。

便召集衙役随从查问，得知在辞别端州时，有位老砚匠素感包公对百姓恩泽殊深，将亲自雕造的砚台（端砚）用黄布包着匆忙赶到江边码头，想要送给包公，以示钦敬。谁知老砚匠赶到码头时，包公已上船。砚匠正无奈之际，看见包兴等随从运行李下船，心中大喜，连忙上前，将砚台交托包兴代为呈送。包公问知原由，即命呈上砚台，打开黄布细看，见那砚台造工精湛，雕刻玲珑，不愧为上品。包公赞叹一番后，便手捧砚台，迈步船头，仰首叹道："端州百姓对吾一片心意，包拯就此敬谢，惟此砚台请恕吾不能私受，就此物归原地吧！"说罢，将砚台掷于江中，并面向端城，躬身三揖作谢。说也神奇，砚台沉下江去，片刻风息浪平，云开日朗，包公即命船夫起锚扬帆。后来，沉砚处浮起了两座沙洲，依角相邻伏卧江心。于是，后人把沙洲命名为墨砚洲，也叫黄布沙。砚洲，乃由来于此也。包公为官，勤政爱民，先民之忧而忧，后民之乐而乐，兴利除弊，减征墨砚，改善砚民生活，亲自创立星岩书院，兴办教育，培养人才，倡导掘井取水，解决居民食水困难，包公为端州百姓作出了不可磨灭的贡献。包公掷砚江中更深得民心，古今传颂。故事虽非史实，但充分体现出包公严于律己、公正清廉的崇高品德，反映了端州百姓对包公这样的清官的崇敬之心和怀念之情。

（二）包公楼

砚洲包公楼位于肇庆市羚羊峡下边西江河中心的砚洲岛之东，距离肇庆市中心约十多千米。自古相传，当年（即北宋庆历三年）包公在端州为官，奉诏回京时，坐船途经羚羊峡口，被狂风巨浪困阻，包公急中生智，把一方端砚抛下水中，当时就风平浪静，后来那方端砚竟然化成了沙洲，被人们称作"墨砚洲"。故后来民间流传"包公掷砚成洲"的典故。

砚洲包公楼是砚洲村民及社会人士缅怀包公为官清廉，造福黎民百姓，为励后人而建。砚洲包公楼建于清朝道光十四年（1834），是洲人合力募捐所筑，原称"包公祠"，楼层3叠，四合院式建筑，四周环以墙，后植以木。同治七年（1868），因三楼溃危，修葺改为两层，易名为"包公楼"。至今已具160多年的历史，成为砚洲的名胜古迹。上百年以来，香火无间，游人鼎盛，各方举子、名人雅士，慕名登洲观光，缅怀先贤，挥毫讴歌，题下不少诗词墨宝。然而，岁月沧桑，时迁物易，年长月久，近数十年来，疏于修葺，残破不全，终因风霜侵蚀，于1984年被台风摧毁。

新建的包公楼于1990年告竣，1995年砚洲管理区投入300多万元进行了扩建。步入包公楼，第一进为孝肃牌坊，前面为放生池。第二进为大门口，横额有“包公楼”3个苍劲有力的大字。穿过牌坊，内有包公楼主楼建筑及浩然亭、南北厢廊、天井、聚宝塔、五义桥等，楹联、匾额、钟鼓、神台、香案、宫灯等陈设俱全。在首层殿堂正中，端坐包公圣像，铁面包公威严表情让人肃然起敬。在茫茫的田野中，包公楼楼宇巍峨，蔚为壮观。

（三）包公祠

肇庆包公祠坐落于城西厂排街（原包拯所设端州驿站处），占地11500平方米，以牌坊、山门、大殿、东西配殿、钟楼、鼓楼为主体建筑，配以亭、阁、廊、井、池，组成仿宋建筑群，布局严谨，古朴大方，庄严肃穆，巍峨壮观。正殿塑包公金身坐像，东西配殿绘包公政绩及民间传奇壁画，并塑宋代名将岳飞、文天祥像，是古端州名郡一处重要名胜。

（四）包公井

包拯在肇庆任端州知郡事3年，为官清廉，大办实事，造福端州。当时居民因长年饮用不洁净的水，瘟疫、疾病时有发生，包拯发动群众在城区开挖水井七口，居民感激包公，将这七口水井称为包公井。

肇庆的水井到了清末民初已数不胜数，基本上所有街巷都有饮用水井。由于包公井年代久远，七口井在何处，却鲜为人知。据元末明初郡人董源《义井记》云：相传郡城包公所凿之井有七：其一在府治内；其二在府治西岳庙旁；其三在县学前街南，俗称义井；其四在分司巷口；其五在广济仓右；其六在北门之左；其七在主帅堂前。

包公井现仅存两口，端州城西的龙顶岗西麓三联巷的一口是其中之一。为了保护这口井，当地群众在井周围砌起了砖墙，上了铁门，加锁保护，里面有10平方米大小。直到20世纪80年代初，井里的水依然可以饮用，清甜可口。该井呈圆桶形，以弧形花岗岩石砌井壁，井深6.20米，内径1.40米，井口0.75米。井栏为石灰岩造，高0.35米，栏口布满道道深绳痕，最深的几道足有6厘米深，记载着近千年的历史沧桑和后代百姓“吃水不忘挖井人”的深深感激之情。据悉，这口包公井水量最大，保存最完整，水质也最为甘洌，俗称大井头古井，前不久被列为广东省第四批文物保护单位。

现存的另一口包公井位于城区米仓巷内，井口有1米多宽，上面用两块石板盖着，井水无人饮用。

（五）丽谯楼

丽谯楼原名御书楼，又称永明宫、红楼，位于端州区城中路肇庆市第一人民医院旧址西侧。这里是肇庆府衙旧址入口处，始建于1118年。宋徽宗赵佶曾为端王，端州是他的封地，继皇位后，升端州为府，御书“肇庆府”。为供奉御书，府衙前曾筑高台建楼，名御书楼。明天顺六年（1462），郡守黄瑜重建，改称为丽谯楼。桂王朱由榔抗清时在此登基，改作永明宫。

1925年冬，该楼曾为叶挺独立团直属队的驻地。到20世纪50年代，该楼已经残破不堪，改建为钢筋混凝土仿木结构，但楼下的高台基仍沿用明代的遗构。因该楼红色，俗称红楼。丽谯楼曾陈列铜壶滴漏、乾宁铜钟、大藤鼓等报时器，以报时刻。楼后的府衙是古端州治所，宋名臣包拯曾于此任职3年，政绩卓著，以不持一砚归的清廉之风闻名于世。现在丽谯楼的台基拱道门上还有匾额“古端名郡”和对联“星岩朗曜光山海，砚渚清风播古今”。

（六）七星岩摩崖石刻包公题字

包拯在42岁时做了端州的知郡事，那一年是公元1040年。他到任后，根治瘟疫，挖井取水，创办学校，其为官公正廉明，不畏权贵，善理案件，短短3年政绩显著。包公的上级广南东路提点刑狱周湛、同提点刑狱钱聿前来端州视察，见这里百业兴旺，民风淳朴，向老百姓作调查，众人对包公勤政为民与清正廉明啧啧称赞，有口皆碑。周湛、钱聿大悦，与包公同游七星岩，包公于此时挥毫题字，在肇庆留下珍罕的墨宝。周湛回去后向皇帝上奏折，赞扬包拯政绩彪炳，是栋梁之材。宋仁宗于1042年下旨调包拯到开封府，包拯后来官拜枢密副使，最终成了名动天下的“包青天”。

石刻题字原文为：“提点刑狱周湛，同提点刑狱钱聿，知郡事包拯同至。庆历二年三月初九日题。”这幅石刻不大，刻在石室洞内一处比成人稍高的洞顶崖壁上，须抬头仔细观察，否则还难以发现。在古代，一般游人题字，须请刻工将字刻到岩石上，并要付给银两。如果刻大幅又显眼的，显然要不少银两。包公以清廉著称，因此，这幅石刻也颇合包公的清廉本色。

包公在端州为官 3 年，在肇庆留下的真迹仅此一幅。1995 年，为了褒扬包公美德，让游人更加方便观赏和拍照留念，星湖文物管理所特地将这幅石刻按原文放大，并摹刻到石室洞外显眼处。

（七）端砚与包公

笔墨纸砚是文房四宝，对古代文人来说，拥有一方好砚可以说是一个理想。端砚居中国四大名砚之首，石质坚实细滑，温润如玉。用端砚研墨不滞，发墨快，不损毫，在严寒的冬日，砚池都不会结冰。端砚就产在端州，也就是今天的广东肇庆。北宋仁宗康定元年，历史上著名的包拯出任端州知州。

在包拯出任端州知州前，“端州岁贡砚十”，这本来是向朝廷进贡的数目，并不大。可以往在端州任职的知州，总要在上贡朝廷的端砚数目之外，再多加几倍，作为贿赂京官的本钱。

当时采砚石，都是在冬月水涸的时候，砚工们拉着绳索从洞口进入岩洞里。然后由一人匍匐进入深约 30 丈的洞底，先查清石壁脉络，再用铁钎一下下地凿石，最后将砚石传递出来。包拯一上任就去开采现场进行了考察，体会到了砚工们的艰辛。包拯考察回衙后，即命具体经办贡砚的书吏张考文来见他。没想到，会办事的张考文却“心领神会”地奉上一优质砚台，说：“今年上面要的贡砚我已准备好了，大人交往需用的，我也心中有数，这块砚请大人先收下……”包拯这下明白了，所谓层层加码看来真不是言过其实。包拯当即将砚台摔在地上，随即让人写了一张不得任意扩大贡砚数目的布告张贴出去，并对压榨砚工的贪官劣绅严加惩处。

相传，包拯离开端州，一块端砚也没有带走，连自己在衙门里用的端砚都上交了。可当他坐的船开到西江羚羊峡时，突然风浪大作，船不能够行驶。包拯想，这是不是为官不廉所致？于是，命仆人检查，发现船舱里有百姓送的一块端砚。包公把端砚抛到江心后，风浪立刻停止了。

包公“掷砚成洲”是一个传说，但宋史所记包拯离任“不持一砚归”却是真的史实。还有一个与之相关联的传说发人深思。后有端州知州杜懿，这位杜知州贪赃枉法，较之包拯的前任有过之而无不及。他上任后，即着手搜刮端砚，搞得砚工苦不堪言，端州老百姓背地里给他起了个外号叫“杜万石”。他搜刮端砚之疯狂，真可以用现在电影的名字来比喻———“疯狂的石头”。杜懿甚至派人到包拯掷砚处打捞端砚。令人啼笑皆非的是，杜懿上任之初曾表示要做一个包拯那样的清官。

四、包拯作品选读

【原文】

清心为治本，直道是身谋。
秀干终成栋，精钢不作钩。
仓充鼠雀喜，草尽兔狐愁。
史册有遗训，毋贻来者羞。(《书端州郡斋壁》)

【译文】

端正思想是吏治的根本，刚直的品性是修身的原则。优质的大树终成栋梁之才，柔韧的好钢也不愿枉道而行。仓廪丰实，那些鼠雀兔狐之辈可高兴了；如果没什么好处，那些贪官污吏就发愁。在这方面，历史上留下了许多的教训，不要作出使后人蒙羞的事情吧！

【评析】

流传下来的包拯诗仅此一首，可谓吉光片羽，却成为包拯一生为官做人的光辉写照。

这首诗是写在端州（今广东肇庆）郡守府第（俗称宋城红楼）的墙壁上的。包拯曾在端州任知州（即太守），“郡斋”就是“郡守的府第”。可以说，此诗就是宋诗“以文为诗”的一个例子了，包拯就官德问题直接发表了自己的议论，但他还是注意了写诗的要求，通过一些比喻使自己的思想形象化，文字、格律上也都下了工夫。

当然，从艺术上来看，这首诗的立意还显得比较一般化，手法上也没有什么创新的地方，但不管怎么说，它在思想内容方面还是使我们肃然起敬的。很明显，这是一首有感而发、表明心志的作品。

在包拯那个年代，广东一带被视为大大落后于中原地区的野蛮地带。

来两广做官的大都被认为不是“肥缺”、“美差”，而是倒霉运滞。

当时，朝廷惩罚高官的方式之一便是把他们贬到岭南来。苏东坡由中央先贬到湖北黄州，再贬到广东惠州，最后又更往南贬到海南儋县。可见历史上的广东并不是一个被看好的地方。虽然包拯来端州与贬谪无关，但他同样要面对世俗偏见的舆论压力，他必然会有所回应，上述这首诗即为一种义正词严的心志表白。

包拯的诗表白了什么呢？诗中第三联形象地刻画了他鄙弃偷吃公粮的鼠雀。这一联要作互文理解，仓多存粮，鼠雀高兴；仓少存粮，鼠雀就不高兴。野无杂草，兔狐发愁；野有杂草，兔狐就不发愁。又，上联是主体，下联是衬托，意为：偷吃公粮的鼠雀才会因仓多存粮就高兴，仓少存粮就不高兴，如同常吃杂草的兔狐野无杂草就发愁，野有杂草就不发愁。

包拯在诗歌中所表明的，从原则上说就是追求“清私心”、“讲直道”，充当“秀干”和“精钢”；从实际上说就是坚决不做偷吃公粮的鼠雀，也就是不做用公共财富、民脂民膏养肥自己的贪官污吏。因此，包拯此诗隐含的潜台词是：他出仕为官志存高远，根本不会有对任职地点作肥瘦美恶的计较。

【原文】

臣闻廉者，民之表也；贪者，民之贼也。今天下郡县至广，官吏至众，而赃污擿发，无日无之。洎具案来上，或横贷以全其生，或推恩以除其衅。虽有重律，仅同空文。贪猥之徒，殊无忌惮。昔两汉以赃私致罪者，皆禁锢子孙，矧自犯之乎？太宗朝尝有臣僚数人犯罪，并配少府监隶役。及该赦宥，谓近臣曰：“此辈既犯赃滥，只可放令遂便，不可复以官爵。”其责贪残，慎名器如此，皆先朝令典，固可遵行。欲乞今后应臣僚犯赃抵罪，不从轻贷，并依条施行，纵遇大赦，更不录用。或所犯若轻者，只得受副使上佐。如此，则廉吏知所劝，贪夫知所惧矣。(《乞不用赃吏疏》)

【译文】

臣听说：廉吏，是民众的表率；而贪官，则是民众的盗贼。当今天下郡县广布，官吏众多，每天都有官员贪赃枉法的事被揭发出来。等到案件上报官府，自然有人有本事掩盖事实的真相以获得宽刑免罪，因此而保住了性命。另有些人则因获得皇上的恩典而得以减免罪刑。即使律令禁严，也只是一纸空文而已，对贪鄙的官员，不会有丝毫的畏惧。从前两汉时代，那些因贪污而犯罪的官吏，子子孙孙都是严禁做官的，何况是罪官本人？太宗皇帝在位的时候，曾有几个官员犯了罪，后来一起被发配到少府监做仆役。挨到服刑期满时，太宗皇帝对左右的大臣们说："这些人已犯过贪污罪，只能罢免他们的官职，听其自便，不能再恢复他们的官位。"惩办贪官酷吏、慎重授予官职，就是这样。前朝的典章律令本来应该遵行。在此我请求以后凡是贪赃枉法的官吏被判刑服罪，一律不再从轻发落，应该依据法律条文行事。即使遇上大赦，他们的罪刑被减免，也不录用他们为官。那些犯罪较轻的，最多也只可授予他们副使、上佐之类的无实际执掌的官。这样一来，既劝奖了廉吏，也警示了贪官。

【评析】

包拯所生活的宋朝，中央集权，官繁吏冗，贪官污吏，层出不穷。为此他上疏宋仁宗，请求严惩贪官，一旦为官者犯赃，不仅从严惩办，而且不能让他们恢复官位。在这道上疏里，他首先阐明，廉吏是民众的表率，而贪官则是民众的敌人。其次是指出贪官得以生存的土壤和环境。因为官吏太多，赃污擿发，几乎没有哪天不发现。而这些贪官污吏都极力掩盖真相，以获得宽刑免罪，或者得到朝廷恩典减免罪刑，使得法律成为一纸空文。所以这些贪鄙的官员没有畏惧，导致贪腐不绝。然后，包拯借前朝重典说明治贪要用重刑，对贪赃犯法者，不能恢复他们的官位。他恳求皇上，今后发现贪官，一定要严惩不贷，就是遇到大赦，也不能重新录用他们。这样才能既劝奖了廉吏，又警示了贪官。

包拯所说的这些话，我们今天听起来仍然感到很有警示和借鉴意义。首先，要形成强大的社会舆论，形成人人遵循的道德准则。无论官、民都认识到"廉者，民之表也；贪者，民之贼也"。虽然老百姓都痛恨贪官污吏，为官者也在口头上信誓旦旦要廉洁奉公。但实际上，在有些人的心目中，尤其是当官的人，从内心里就认为做官就是谋利，也有不少人信奉"无官不贪"的信条，认为别人大贪，自己小贪，不足为过。"水至清则无鱼"被有些官员视为金科玉律。普通百姓虽然对别的贪官深恶痛绝，但如有自己家人、亲友贪赃，则不以为然，甚至为之狡辩。也有不少人视两袖清风为无能，看别人捞钱有方，有房有车，觉得人家有本事。试想，这样的社会风气不改变，如何能杜绝贪污腐败？

人情、关系大于法的现象仍然存在。现有的法律对贪赃枉法的处理有些仍比较宽松，执法标准也有待进一步完善。

所以，包青天说“犯赃抵罪，不从轻贷，并依条施行，纵遇大赦，更不录用”。这种从严、从重惩处和永不录用、不可复以官爵，也就是不能有所谓复出、异地做官，确实是十分重要的！

五、相关案例阅读

【案例一】“公私”要分明

岗位：财务岗位负责人

所针对风险：利用职务上的便利，挪用公款

情景人物：孙某——某乡财务出纳

情景：

某乡财务出纳孙某，在一次同学聚会中，见昔日的同桌赵某一身的名牌装束，便露出羡慕的眼神：“最近在哪儿发财?”赵某手拿名包骄傲地说：“全中国的股民送的呗！现在股市大涨，再笨的人也能赚大钱，只要你有钱，我保证你一天就能翻一番。”听了赵某的话，孙某开始心动了，特别是赵某的最后那句话深深印在孙某的脑海里。虽然家里没有什么闲钱，但单位账上……何不乘会计外出的时候，从单位账上划出10万元投入股市，过几天再悄悄地还回来，月底对账时，10万元钱一进一出，单位也没什么损失，自己却赚到了钱，何乐而不为呢！常言道：股市有风险，入市需谨慎。孙某挪用的钱掉进股市这个旋涡后再也还不回来了，等待孙某的是法律的制裁。

【点评】

孙某利用其身为出纳的职务便利，挪用10万元公款进行营利活动，使10万元公款处于高风险中，最终造成公款的巨大损失。这一行为已违反了《中国共产党纪律处分条例》等相关规定。

【案例二】“单算经济账，职务犯罪也极不划算”

忏悔人：肖某

原任职务：××省××市规划局副局长

涉嫌罪名：受贿罪

案件进展：2011年12月1日，肖某被检察机关提起公诉

案情简介：检察机关指控，2008年8月至2011年3月，肖某利用职务便利，在项目规划方案审批、项目规划方案修改调整、楼房容积率核定等方面为他人谋取利益，先后收受房地产开发商贿赂共计20万元。

一、收受开发商礼金走上了犯罪道路

我大学毕业后到××市规划局下属单位规划勘测院工作，先后任副院长、院长。2007年任规划局党组成员、总工程师，2008年起任副局长。我曾获得“全国城市勘测先进个人”荣誉称号。

客观地讲，我对工作还是兢兢业业的，也能够在工作中坚持原则。在搞好业务工作的同时，没有忘记自己品德的修养。在任规划勘测院院长期间，我能够严格遵守财务制度，从不插手收费问题，也从未为谋一己私利而减免收费。对财务开支，也能严格按有关规定办，大的开支都是开会议定，每季度公布一次财务状况，随时接受审计等部门的检查。在历年的财务审计中，都未有涉及个人的问题及乱开支现象。

当上规划局副局长后，我从一名纯技术人员转变成一个兼管技术的行政管理人员。岗位职责变了，但自己还没有能够真正进入角色，也对目前社会上的复杂情况了解不多，理解不深，缺乏抵抗力，逐渐放松了警惕。

当开发商开始主动找我，并跟我称兄道弟时，刚开始我还能自觉地抵制这些现象，把他们送给我的钱不是退回去就是上交到单位。但慢慢时间久了，我渐渐麻木了，认为社会风气就是这样，于是放松了对自己的要求，开始收受开发商送的礼金，逐步走上了犯罪的道路。

二、心有贪欲是犯罪主要原因

我在上大学时就入了党，是受党教育培养多年的干部，为什么在短短两三年之内就蜕化变质，被开发商拉下水呢？在接受审查期间，我日夜反思这个问题，思来想去，感觉主要是自己本身出了问题。

第一，自己学习不够。我平时对业务学习是很重视的，也长期坚持了，

但对政治学习缺乏兴趣，对有关法律法规的学习也流于形式，从“二五”普法到“五五”普法，书都领了，但我并没有认真学。虽然也参加了几次反腐倡廉教育，但基本上没什么印象，没有深入大脑，没有起到作用。不认真学习，不深刻反思，的确害死人呀！

第二，社会风气的不良影响也不容忽视。虽然党和国家在反腐倡廉教育及处罚方面力度越来越大，但客观地讲，社会风气并没有因此而得以彻底净化，为办点事请客送礼仍是普遍现象，而这种现象不是暴风骤雨式的，而是和风细雨、润物细无声式的，开始是吃个饭，再送点东西，然后是送金钱，没有一定的定力，不受感染的确是较难的。我开始到规划局上班时，还能够洁身自好，但时间长了就放松了警惕。

第三，规划行业的确是所谓的“高危行业”。我蜕化变质，主要是受开发商的影响。实事求是地讲，大多数开发商还是遵纪守法的，按照行业规则办事，请规划管理人员吃个饭，甚至送点东西，并不是要求违规提高容积率，或是违反原则调整规划，而只是要求审批快一点，在各个环节按法规及有关规定顺利一点而已，避免一个小项目一拖就是大半年甚至一年多。但的确也有极少数开发商为达到自己利益最大化的目的而不择手段，拉拢腐蚀规划管理人员。我就是被腐蚀的规划管理干部中的一员，属于典型的立场不坚定。

第四，没有很好地做好角色转型。我原来一直是从事业务工作的，没有从事过管理工作，到规划局任分管业务的副局长后，手中有了审批的初审权，有了建议权，自己虽然不觉得怎么样，也不见得就有什么权力（真正的审批权都在局长和市领导手中），但有很多人还是很看重我的建议权。我从以前跟别人说好话揽业务到现在开发商有求于我，没有想到角色的转换需要更加谨慎、更加小心，在心理上、头脑中没有筑牢反腐倡廉的防线，所以在金钱面前栽了跟头。

以上虽有一些客观原因，但我反思良久，认为主要还是自己的贪欲在作怪。我自认为自己并不是一个贪婪之徒，但贪念还是存在的，这就是我犯罪的根源所在。

三、算一算经济账，就知道职务犯罪极不划算

我走到今天这一步，是很后悔的。一个从农村出来的人，考上大学，当上副处级领导干部，是非常不容易的。这期间我受国家和组织多年的培

养，在专业方面早已是高级工程师，按说不存在经济困难的问题。我辜负了组织多年的培养，对不起多年来帮助、关心、赏识我的领导，对不起与我一起工作多年的同事，因为我，他们也受到不良的负面影响。我也对不起家庭，妻子、女儿原来以我为荣，而现在因为我而抬不起头来，对她们今后生活的不良影响将是长远的。

社会影响、自由等都抛开不说，单是算一算经济账，职务犯罪也是极不划算的：作为一个副处级领导干部，我每个月有3000多元的工资，加上奖金、福利之类的，每年有5万多元的合法收入。而且吃的、喝的、坐的基本上都是国家的，不仅有专车和司机，而且职务消费一年也有十几万元，这样算下来，国家每年为我至少要付出20多万元。我工作十几年退休后还有退休金，简单算一算就是几百万元，实在不是我受贿的一点钱可以比的。就是说，仅算算经济账也是很不值得的。

虽然我现在肠子都悔青了，但也于事无补。在长期深刻反思之后，我认识到自己所犯错误的严重性，并且已严重违法。我现在想做的，就是老老实实改造自己的世界观，从内心深处检讨自己，争取得到宽大处理，以后到社会上凭自己的技术好好干事，踏踏实实清清白白做人，以回报社会、回报组织和家人。

【点评】

古语有云：正心，修身，齐家，治国，平天下。廉洁修身，乃齐家之始，治国之源，平天下之基。徜徉古今，卷卷浩史中，总有股股贪婪之浊流让我们历历在目；渺渺青史里，也总有阵阵廉洁之清泉让我们刻骨铭心。清朝的和珅，因其大贪赃而臭名昭著，世人皆骂之；而凛然正气的清官化身——包拯，其“不持一砚归”的清廉，虽历经岁月的洗礼，却依旧清澈，闪烁着永恒的光辉。

六、感悟：包公文化是属于中国的，也是属于世界的

包公清廉峭直、铁面无私的大名早在他生前便走出国境，家喻户晓，宋史记载他“虽外夷亦服其重名”。他辞世不久，道教便把他请上神坛，主持东岳庙的速报司，叫善恶报应立马兑现。

菲律宾菲华慈航友谊社社长、花生大王庄垂朗先生曾独资建设一座

“包相府”，供奉包公。1997年，庄老先生率部属数十人来合肥寻求包公的根，亲自到肥东县拜谒“包氏宗祠”，这位年届八十须眉飘白的长者在包公像前持香长跪，在场的人无不为之动容。

马来西亚的华人为了争取《包青天》在马来西亚播放，积极要求政府修改有关不合时宜的规定。在海滨名城山打根的古老包公庙里有彩塑包公像，烧香的不只是华人，也有当地的大马人，包公已经融入当地社会，实现本土化。

元曲包公戏《包待制智勘灰栏记》很早就传到欧洲，德国剧作家布莱希特把它改编为《高加索灰栏记》，流传欧洲。

日本各大学图书馆都藏有包公的图书，供人们阅读和研究。日本江户时代的通俗文学作品《大冈政谈》，书里的主人公大冈越前激励青年人奋发向上，影响很大，其实这个大冈越前就是模拟清官包公的形象而创作的。近代龙谷大学教授木田知生、东京庆应大学教授冈晴夫、山口国立大学教授阿部泰记等多位专家学者致力研究包公，成果丰硕，为包公文化在日本的传播作出了积极贡献。美国、欧洲有华人街的地方就有包公的影响存在。20世纪70年代，南加州州立大学中国文学教授乔治·海顿以研究元明杂剧论文获文学博士学位，他第一次把包公戏《陈州放粮》、《乌盆记》、《后庭花》翻译成英文《包公案》，由美国哈佛大学出版。夏威夷大学教授马幼垣，也致力于包公文学的研究，发表了《“龙图公案”考》、《三现身故事与“清风闸”》、《史实与构想的邂逅——包公与文彦博》、《天涯海角访包公》等一系列文章，开美国研究包公文化的新风。

在经济全球化的今天，贪污腐败成为人类公害，包公刚正廉明的精神为世界人民所景仰。旅游业为包公文化注入了新的活力，包公文化也为旅游业提供了特色产品。包公是儒家思想的传播者、发扬者和实践者，可以充实孔子学院的内涵，为中华民族增光，为岭南人民造福。

七、本章小结

包公文化已成为中国传统文化的一个典范或楷模，其人、其事、其史、其地，都可谓之文物，都是宝贵的文化遗产，都是可供研究开发的文化资源；包公活动范围广，相关的事迹或遗迹多，研究开发的空间和余地很大。

元朝人王撰在《包孝肃公祠记》中记录：

肇庆郡治东，日龙图包公祠，其来尚矣。公在宋康定初，由殿中丞出守于端。以清心直道为治本，地方千里，不识贼盗，吏无叫嚣，水蛋山瑶，熟化奔走。恩威并著，岁乃太和。归之日，一砚不持。独恨方志不能传公行事，而海隅之民，户诵人咏至于今，称之君子，谓：有功于民，则祀之。孝肃公之食其土，宜矣……

在两百多年后的元代，端州人民对包拯的事迹还“户诵人咏”，可见影响深远。在肇庆这片土地上，其中必有许多被湮没的包公典故。从另一角度说明，包公文化的确是肇庆宋文化中最有代表性的文化。

【复习思考题】

1. 肇庆端州是包拯的成名地，包拯治理端州主要功绩表现在哪些方面？

2. 简述包拯与包公文化的区别与联系。

3. 认真阅读包拯诗作《书端州郡斋壁》，谈谈阅读后的感受。

4. 趁假期有空的时候走访肇庆当地与包公文化有关联的风物，并就此写一篇感受文章。

第十四章　肇庆端砚文化

如果去"中国砚都"肇庆，当地人一定会跟你提起他们的骄傲——端砚。端砚产于广东省肇庆市东郊羚羊峡斧柯山和北岭山一带，肇庆古称端州，端砚因此得名，又称端溪砚，为我国四大名砚之首（自唐以来，我国出现了端砚、歙砚、洮砚、红丝砚四大名砚，后来，澄泥砚代替了红丝砚）。

端砚开采至今已有1300多年历史。千百年来，由端砚衍生的端砚文化，以其独有的艺术神韵著称于世，成为我国传统文化中的瑰宝。端砚自唐代被列为贡品以来，前后有60多位皇帝与之结缘，经历代达官贵人、文人雅士和劳动人民的使用、咏叹，赋予了丰富多彩的文化内涵，充分体现了端砚文化的魅力。

至今，端砚不仅书画使用功能不减，收藏价值、艺术价值、文化价值和经济价值更是日益显现，对于传播中华历史文化与现代艺术有重要作用。肇庆因蕴藏丰富的名贵砚石资源和盛产端砚而闻名于世。端砚已成为肇庆最富地方特色、最有文化品位、最具历史价值的文化"名片"。下面让我们一起走进这张"名片"的世界，看一看这张精美的"名片"上都铭刻了些什么。

一、肇庆的端砚文化介绍

（一）紫石太古留，一砚可传家——端砚史简介

端砚石属沉积岩，它的原始母岩形成于4亿年前泥盆纪中期，当时肇庆一带以西是海洋，大量沉积物聚集在这一地带，古陆风化剥蚀下来的大

量泥沙被河水带到滨海岸停下来，按比重和粒级的大小依次堆积成层，从端砚石的原始物质聚集到变成可以制作端砚的端砚石矿，经历了物质聚集阶段、深埋成岩阶段、褶皱隆起变质阶段、生成岩（矿）阶段4个阶段。不同阶段赋予了端砚石独特的颜色、花纹及特点。

端砚分为紫端、绿端、白端三种，其中紫端石为富含铝、钾、铁的硅酸盐类岩石；绿端石和白端石为富含钙、镁的碳酸盐类岩石。紫端石和绿端石形成于同一个泥盆纪；白端石形成于比紫端石晚7000万年的石炭纪。端砚石硬度适中，不吸水，石质细腻、滋润，致使端砚下墨快、易雕刻，石品花纹丰富多彩，研出的墨汁具有油润发亮、层次丰富、虫蚁不蛀等特点。

1. 端砚起于唐，盛于宋

据史料记载，在1300多年前的唐代，勤劳的肇庆人民就开始生产端砚，唐代中晚期，端砚已被列为贡品。唐代端砚多以实用为主，供研墨之用，砚形较为单调，以箕形为多，也有八棱形、长方形、方形等形制。中唐之后，端砚开始从纯文房用具演变为实用与欣赏相结合的实用工艺品。

端砚发展到了宋代，由于文化的发展，端砚的实用价值和欣赏价值并重，文人墨客除用于研墨，还用于鉴赏、馈赠、收藏和研究。砚形也从简单的箕形、方形到品类繁多、式样新颖的斧样、瓜样、卵样、兔样、琴样等。宋代端砚构图简练，刻工浑重、古朴、雅致、玲珑浮凸，宋人叶樾《端溪砚谱》明确记载端砚式样已达49种。

明代，由于社会鉴赏砚台和收藏砚台之风甚盛，端砚在设计、造型、雕刻方面均有所突破，主要是讲究“天然去雕饰”，往往利用天然的石形、丰富的石色、珍贵的石品花纹等稍作人工点缀就创作出天人合一的艺术珍品。在端砚上镌刻砚铭成为当时风气，一方艺术价值高的端砚，往往是雕刻、绘画、诗词、书法等艺术的综合品。清初，端砚也和其他工艺美术品一样，达到空前的繁荣，特别是制砚工艺十分雅致，刻工纤巧，加上附以名人题词、砚铭等作为装饰，使端砚身价更高。端砚已从实用价值演变为文玩之物，成为欣赏品和珍藏品。

端砚发展到清代中后期，便从全盛逐步走向衰落，端溪砚石的开采也逐渐减少，一些名坑因砚石枯竭或塌方而停止开采。因此，当时刻砚艺人只得以工取胜，端砚的实用价值趋于淡化。

近年来，端砚犹如枯木逢春，这朵我国工艺美术领域里的奇葩，在新时代迅速地蓬勃发展，形成一个崭新的高潮。一方面，由于其艺术性、文物性与收藏功能日益凸显，对砚雕工艺与艺术提出了更高层次的要求；另一方面是对砚文化遗产的全面整理和研究的不断深入。

2. 端砚丰厚的文化内涵

端砚是我国劳动人民智慧的结晶，我国历代知识分子赋予了端砚丰富的文化内涵，端砚与历史名人结下不解之缘，历代文人雅士都把端砚视为珍宝。唐代大书法家褚遂良得到唐太宗赐予的端溪石渠砚，引以为荣；名相狄仁杰把武则天赐的“日月合璧，五星联珠”端砚视为稀世之宝，并在砚台上镌刻铭文寄托忠君爱国和坚贞的精神；宋代名臣包拯在端州任职3年，铁面无私，公正廉明，离任时“不持一砚归”，成为端州人民至今传颂的佳话；抗金名将岳飞，在端砚上亲笔铭文：“持坚守白，不磷不缁”八个行草大字，以此表明抗金卫国，还我河山的意志和绝不与投降派同流合污的决心。

端砚自问世以来，不少人专门从事端砚研究。历代帝王（唐武则天、宋徽宗、宋高宗、清乾隆帝等），名人（柳公权、李贺、褚遂良、刘禹锡、李白、杜甫、米芾、欧阳修、苏轼、岳飞、文天祥、赵孟頫、唐寅、祝允明、纪昀、吴兰修、张之洞等）写下了不朽的著作和赞美端砚的诗词歌赋、砚铭与题跋。

古代文人学士对端砚的产生、发展、变化以及石质石品、制作、使用与收藏均有详尽的记述和评论。到底是什么原因，让端砚承载如此丰富的文化内涵呢？中国文人传统，书写文化薪火相传，文房四宝是其中最主要的工具，也是最重要的见证物。然而，笔不能耐久，纸易酥脆，墨陈则无胶性，唯有砚台性质坚固，可以传万世而不朽，故成为中国书道乃至人文传统最坚固的守望者。

（二）端溪水畔有名坑——端砚石的开采文化

端砚石出处有几十个坑种之多，以珍贵程度出名的有三大名坑：老坑、坑仔岩、麻子坑。

1. 老坑

老坑，位于羚羊峡东端南岸靠近西江处，是盛产端砚石的名坑，其所出端砚石无论在石品石质上均当之无愧列于众石榜首。因它开坑采石年代久远，历史较长，故称老坑；因洞内长年累月为泉水浸渍，又称水岩；清康熙后因老坑出的端砚石材质称王，又是贡砚原料，曾称皇岩。

该坑洞是石工于唐武德元年（618）按天然石口开凿而成，坑洞内原有多个洞穴，今存大西洞与水归洞。大西洞全长（斜距）125 米，水归洞全长（斜距）100 多米。老坑砚石集端溪各名坑砚石优点于一身，质地称冠，被视为“砚中至宝”，其石品花纹为鱼脑冻、蕉叶白、石眼、青花、玫瑰紫、天青、火捺、冰纹、翡翠、金银线、五彩钉（五彩钉是老坑唯一独有石品）及石皮等，为端溪各名坑之冠，是端砚贡品的主要用材。

老坑端砚在唐代时就被列为贡品。老坑洞自开采以来曾多次塌方，清末停止开采，1959 年，端砚恢复生产，到“文化大革命”停顿，此期间开采量很小。1972 年又重新开采，1997 年后政府实行保护性禁采。到 1999 年，鉴于过去 20 余年开采砚石的数量已相当可观，政府于 1999 年首先封闭老坑，随后于 2000 年对坑仔岩、麻子坑等所有砚坑实行封坑。

开采老坑砚石一直为手工作业，即比较原始的、传统的手工开采方法。老坑始发掘于唐初，顺石脉蜿蜒直探入西江水道之底。因为矿坑洞口水势低，无论雨旱，洞中必漫水过腰，排水成为老坑开采者的主要作业之一。据介绍，古时采石者必裸身入洞，一方面可能是为了防止珍贵矿石外流；另一方面也很可能是为了方便在狭小而潮湿的空间里身体的回旋。

苏东坡特意了解过端砚的开采过程。从他的记录中，可以读出制作端砚最初一道工序已经如此繁杂艰难：“千夫挽绠，百夫运斤，篝火下缒，以出斯珍。”因为老坑砚石的受力特点不抗震，不抗击，所以凡震动较大，冲击或撞击力较重的用具都不能拿来对付老坑砚石，因此不能使用机械设备，更不能用炸药爆破，否则会使名贵的老坑砚石成一堆碎石、废石。

2. 坑仔岩

坑仔岩又名康子岩（本地口音“坑”与普通话“康”音相近，故又称康子岩），也有人称岩仔坑。它位于老坑以南半山之上，距老坑洞约二百余米。原洞口因清末最后一镒开采塌方，加上长期没有开坑采石，石块与石屑淤塞其中，经地质部门测定，淤塞从原洞口断层斜伸延至老坑附近，故原坑洞工作面不能再从旧洞口进出，必须重新在隔山沟打洞挖坑道才能进去开采。

坑仔岩开坑采石历史较长。据有关史料记载，自宋代治平年间开坑采石以来，历代均有开采。相传咸丰九年（1859）采砚石时洞内曾大塌方，造成伤亡。在坑仔岩旧洞口旁不远处还立一石碑镌“坑土地之神”以志，故有人称坑仔岩为土地坑。从原石碑看，“坑”字之上还有一个字的位置，因为年久日深，字迹剥落，“坑”字之上很可能是个“砚”字，全碑文应是“砚坑土地之神”。据采石工分析，前人采石事故很多，常有伤亡，坑仔岩尤甚，故立土地神碑以镇邪，或寄托安全感。附近的岩壁上镌刻着无数的碑记和诗文，内容丰富，文词简朴，形式多样，字体端庄，说明当时有不少文人雅士曾亲临坑仔岩游览和考察，如“一耸奇峰自烂柯，数沟渺水透长波；神仙每玩同相往，我辈常游到此多。”“访游到此见斧柯，文峰对面是青波；端麻水坑人欲采，士农工商可爱多。”也有出自石工之手，虽然说不上好作品，却拙中有巧，直率而亲切。

坑仔岩在停滞不采近百年后，1978 年底重新开坑采石，为了避开断层，新开凿高度和宽度为 1.8 米，长 90 多米的坑道，连接原坑仔岩采石工作面，采出一批批优质的坑仔岩砚石。坑仔岩砚石质优良，纹理细腻、坚实且滋润。但坑仔岩砚石不像老坑或麻子坑那样层次分明。石色青紫稍带赤，颜色花纹均匀，但不如老坑或麻子坑砚石色彩斑斓。石品花纹中有蕉叶白、鱼脑冻、青花、火捺以及各种石眼，尤以石眼多著称。其石眼色翠绿（间有黄色），有的作七八重晕，黑睛活现，形似鸟兽之眼，乃是端溪各坑中的高级砚材。

3. 麻子坑

麻子坑有水坑和旱坑之分，两洞口相隔不过 5 米，水坑在下，终年浸水，洞内泉水从岩壁不断渗出；旱坑在上，亦为“泉生石中”，不过积水时间比水坑稍短。麻子坑位于老坑之南约 4 公里处，洞口在山岩上，距山脚之端溪水约 600 米。该处山坡陡峭，怪石嶙峋，山道崎岖险峻，攀登不易，上下困难。

相传麻子坑得名于一位脸上生有麻子的采石砚工，该砚工在清代乾隆年间发现此坑，并冒险开采，为纪念这位开拓者，人们将他发现的砚坑取名麻子坑。

麻子坑砚石质地高洁，优质的麻子坑石可与老坑石媲美。一般来说它仅次于老坑，而与坑仔岩同级，如遇佳石则又胜于坑仔岩。麻子坑如果不认真细看，容易与老坑混同，砚石中有鱼脑冻、蕉叶白、青花、火捺、猪肝冻、金钱火捺、天青、天青冻以及石眼等石品花纹，石眼尤佳，多碧绿，有瞳子，间有鸲鹆眼、鹦哥眼等佳石，眼中有晕，且作数层，可制成高档砚材。

（三）端州石工巧如神——传统端砚制作文化

1. 制作端砚的传统工艺

自唐朝以来，肇庆人开始开采矿石用于端砚制作，其工艺一直流传至今。其工艺过程主要包括采石—维料—设计—雕刻—磨光—配盒等。

采石：纯手工开采，随石脉入洞深处。

维料：将矿石分级，要求维料工能够“看穿石”，预测表面看不清的石品花纹，并初步定型，制作砚璞。

设计：“因石构图，因材施艺”，注重汇集文学、历史、绘画、书法、金石于一体的综合工艺。

雕刻：追求线条清晰、玲珑浮凸。刀艺分为深刀、浅刀、细刻、线刻、通雕等。

磨光：实际上，砚石磨光的工序一般放在配盒之后。用油石加细河砂磨粗，磨去刀口、刀路，然后用滑石反复磨滑，直至手感光滑。随后“浸墨润石”，再用一两天的时间褪墨。

配盒：端砚雕刻完毕，必须配上名贵的木盒。砚盒起着防尘和保护砚石的作用，同时，砚盒本身也是一件艺术品、装饰品。砚盒的用料很讲究，名贵的甚至用紫檀、酸枝、楠木等硬木。砚盒的造型一般按砚石形状而定，自端砚问世以来，其盒底部都有“四脚”，杂形和天然砚盒的“脚”称“豹脚”，长方形砚盒的“四脚”则要与盒形的四角线条相吻合，成为直角形的“脚”。砚盒之脚除了起装饰作用外，更重要是从实用去考虑，使移动端砚或洗涤时方便。砚与盒必须吻合，同时要考虑到木盒的干湿度，可能会整体收缩，砚盒本身要稍比砚石四周宽些，以便于砚石取出洗涤。总之，配上盒子能使端砚显得更加古朴凝重，更加名贵。

2. 中国端砚文化村——白石村中的端砚文化

提到端砚的制作工艺，就不能不提肇庆市黄岗镇一个九成家庭以制砚为生的村——白石村。这个村落本来主要制作的是磨刀石和墓碑。砚文化从中原传入之后，人们发现端州产的石头是做砚台的上好材质，这个村落的发展轨迹由此被彻底改变，砚台的加工制作渐渐成为村民主要的生活方式，他们的繁衍生息见证着端砚制作文化的悠远历史。

从唐武德年间一直到中华人民共和国成立之初，人们把砚石从端溪之侧运出，集中在白石村设计、雕刻、磨光、配盒。传统端砚制作的一切环节都只能依靠双手完成。因为环节众多，工艺复杂，在加工的过程中艺人还需要不断思索和修改设计，所以制作一方精品砚所耗工时非常大。不知道从什么时候起，这里的村民开始用“猫墙角”指代制砚的行为。

踏入这个村落，随意进入几家敞开的门庭，必能看到手拿砚台雏形的中青年男女，或打磨或雕刻，手势娴熟，神情专注——和他们的祖先一样，“猫墙角”是这个村落中上万名端砚从业人员主要的生活内容。李贺有诗：“端州石工巧如神，踏天磨刀割紫云。”村落中为制作端砚忙碌着的男女正是这句诗活的注解。一块端砚的制成少则七八天，多则一年半载，可见端砚的名贵还在于它的手工。此外，白石村因经济发展迅速，大多古屋已拆除重建，只遗下少量几处古迹，形成“既古亦今”的特色。

（1）中国端砚展览馆——古今名砚集中展示之所

中国端砚展览馆现已成为“中国端砚文化村”白石村的标志性建筑，仿宋风格，楼高 4 层，面积约 1 万平方米，于 2004 年 12 月建成。

中国端砚展览馆是为配合“2004 肇庆・中国端砚文化节”而建设的，当时，馆内陈设有古今名砚 200 多方，均属难得的珍品。二楼则通过图片、文字、实物等详细展示了端砚的历史、现状与发展，让人对端砚有较为深入和全面的了解。三楼展览有包括关山月、黎雄才等大师的名家书画。此外还有来自全国各地的“文房四宝”展区。

（2）古村故事——白石村得名传说

白石村毗邻西江，过去西江每年都要发洪水，因此，村里筑起了一道堤围用来抵御洪水。有一年，西江上游豪雨连日，洪水暴涨，用土构筑的堤围岌岌可危，正在紧急关头，有村民突然发现堤围边经雨水连日冲刷露出来的三块巨大的白色石头，连忙抬去将快要倒塌的堤围堵住。冥冥中如有神助，三块白石真的稳住了即将倒塌的堤围，使村民的生命财产得以安全。为纪念三块白石，村民将村子改名为白石村。如今，三块白石就像三位保护神，历经千百年风吹雨打，依然守护着白石村，见证着白石村的兴衰荣辱。

肇庆端砚展览馆

十多年前，有位离家60多年的老人从台湾回来寻亲，岂料故乡翻天覆地的变化令他一时失了方向。后来，无意中看到基围的三块白石才敢肯定真正回到了故乡。原来老人十几岁就离开故乡到台湾，几十年来无时无刻不惦记着故乡的亲人，无数次，梦中出现三块白石。白发苍苍的老人抱着石头轻声叫着“母亲，我回来了”。

肇庆白石村

(3) 村中文化特色——四月初八拜先祖

白石村有一个独特的节日，每年农历四月初八都会举行盛大的祭祀活动，以此纪念石业先祖和历史上对白石村作出贡献的人。

以前，白石村人制砚都是各自行事，很少交流。后来，大家觉得联合起来力量大，办事也容易，因此成立了一个叫“端砚行”的组织，协调全村的端砚生产。每年农历四月初八，白石村男女老少都会齐集五登祖师爷牌位前进行祝祷礼仪，感谢祖师爷的荫护及祈求一年的好景。端砚行有专门的进行祝祷礼仪的地方，约30多平方米，那里供奉着五登先师牌位和张之洞石碑。那一日，理节人员便会请来本行年长的父老在祖师爷牌位前做一个小时的祝祷礼仪。同时，理事也会在这天把端砚行一年的开支公布，让众父老、行友查看。是日，凡年满60岁的行友都参加会议，或核对数目是否清楚，或选举新的理节人员等。其后，大家兴高采烈开餐，席间开怀畅饮，交流砚艺，品评优劣，颇似过节。

端砚行还可以接纳别村的人入行，只要从事端砚制作就可加入。随着时代的发展，四月初八的祝祷礼仪渐渐地消失了，现在，村里已有人打算恢复这样的庆典。

(4) 张之洞碑——见证白石村制砚历史

来到白石村，还有一处地方绝不可错过，那就是张之洞碑。沿着蜿蜒的村道一直走，来到一家堂明端砚厂，穿过两道铁门，“张之洞为开采砚石以备贡品事碑”赫然出现眼前。此碑刻于清光绪十五年（1889），碑高130厘米，宽83厘米，端砚石质，楷书，直行阴雕，共1172字。石碑字迹斑驳，碑前有两棵枝繁叶茂的松柏。

“文化大革命”时期，石碑几被毁掉，村民想尽一切办法冒着生命危险把它藏起来才逃过一劫。据悉，这是目前仅存的有关端砚生产的碑记，有着重要的历史意义，现已被列为肇庆市重点保护文物。

清光绪十二年（1886），端州出现了各方霸占砚石矿而又开采无序的情况，再加上民间谣传开坑采砚有伤风水，一时间民众缠讼不休，白石村人因此深受困扰。光绪十五年，时任两广总督兼广东巡抚的张之洞路经端州，白石村人“拦街递品”，当面向张之洞呈上诉状。随后，张之洞亲自带领随从巡视羚羊峡，对端砚砚坑进行实地调查，当场裁定当地不许白石村人采石为“不当封禁”，并且核定由黄岗石匠梁念忠等人进行开采砚石以备贡品，同时还严令当地官员不得私分或者私受砚石等。张之洞的裁决，让白石村人受惠不浅，村人将判词雕刻成碑，虔诚供奉。

白石村内张之洞碑

二、端砚的鉴赏

如何进行端砚的鉴赏？如何才能更好地判断一方端砚的价值？相信这是不少人初次接触端砚后心中的疑惑。鉴就是对石质的优劣、作品的真伪进行科学有效地鉴别和区分；赏就是对端砚作品的艺术特点，包括天然石品花纹以及雕刻技艺等进行全面分析和欣赏。说通俗点，鉴赏就是欣赏者领略自己喜欢、感兴趣的端砚作品的全过程，而实际上它就是一个审美的过程，是一种高雅的心理活动。以下就对端砚的鉴赏作简要的介绍。

（一）材质

1. 石质

优良的石质是体现端砚价值的根本所在，也是辨别端砚的依据。《广东新语》说："端溪石石质细嫩。""体重而轻，质刚而柔。"这是因为它长期浸渍于水中，石层中杂质被水分解，使砚石得到净化而变得更加纯净体轻，既下墨快，又发墨好，贮水不涸。端砚的石质，其特点是石性温润，细腻娇嫩，坚实致密，呵气即泽，手按若小儿肌肤。从外观上看，哪怕是端砚中最低档的古塔岩石，其石质的细润度也远远高于其他砚种，更不用说端砚中最璀璨的明珠水岩老坑石了。古人赞美老坑“其腻若脂，其润比玉”，“冰盈为肌间紫碧”。清古砚学家陈介亭赞颂老坑有八德：历寒不冰，贮水不耗，研墨无泡，发墨无声，停墨浮艳，护毫加秀，起墨不滞，经久不泛。确实令人心荡神驰，爱不释手，无愧为砚中至宝。

端砚是古人磨墨的工具，故古人鉴赏端砚，首先看它是否发墨（所谓“发墨”，一是指研墨的速度快，还指研磨出的墨汁质量好），而发墨的关键，在砚石的石质。其次就是用手摸和用手敲，用手抚摸砚堂，慢慢抚摸到砚池，如果是佳石，手感细腻滋润，有抚摸婴儿肌肤的感觉。鉴别砚时，用手指敲打砚，听其声，发出金属声的，表明石质坚硬、密度高；木声表明石质温和，密度低；若发出的声音似瓦声，则表明石质粗糙。古人将端砚的特点概括为“温润如玉，扣之无声，缩墨不腐”，这表明“无声”的端砚为上品。“无声”的砚，并不是指敲打时听不到声音，而是发出的声音温和、细微。值得注意的是，砚石发出的声音也取决于砚的厚度。

2. 石色

端砚砚石的主色调为紫色，自唐代以来端石就有“紫云”、“紫玉”、“紫英”等美誉。

肖洽龙在《端砚的石色》中介绍说：从端石的石色看，名坑洞都有所不同，老坑石外观者灰微带紫蓝；坑仔岩石色青紫带蓝，色彩丰富；宋坑石色紫如猪肝，或紫偏青黄；古塔砚石色紫带赤，有些部位带紫红或玫瑰红；宣德岩以猪肝色为基调，略带紫蓝、苍灰；朝天岩石呈紫蓝色，带有青苔斑点。端石各坑洞石色有所不同，是由各名坑砚石矿物成分的差异决定的，而由于构成各坑洞砚石矿物的主要成分比较接近，又决定了它们有一个共同的特点，即都是以紫色为基本色调（白端石除外），因此，又将其微妙的色差分为紫蓝、紫赤、紫黑、紫褐、青紫、正紫等。

（二）石品

端砚之所以珍贵，不仅在于其石质细腻娇嫩，温润纯洁，致密坚实，而且石品花纹丰富多彩，奇幻无穷，它能带给人们一种美的艺术享受，感受到一种精神上的快乐。因此，人们在使用、欣赏以及收藏端砚的同时，首先要对端石的石品花纹有一个初步的了解，如端石到底有哪些石品花纹？这些石品花纹是如何形成的，在创作中制砚师们又怎样巧妙地运用这些石品花纹呢？只有学会和理解了砚石中的奥秘，在欣赏它的时候才能感觉到端砚的真正美感和珍贵。

我们习惯将石中的一些由天然石纹、石色所组成的各种颜色、各种形状的斑块称之为石品，端砚砚石石品的种类之多、形状色泽之丰富是其他砚种所不能相比的。端石中最常见的优质石品花纹有鱼脑冻、蕉叶白、火捺、金银线、冰纹、水纹冻、天青、天青冻、翡翠（斑）、金星点等，但在端砚中也自然存在着瑕疵（俗称石病），如五彩钉、凤涎、油涎光、铁捺、古涎、虫蛀、黄龙纹、朱砂斑、败锦、彩带、松木纹、鳝血边等。

以上这些石品花纹象征着端石质地优良，稀有罕见。因此，历代制砚者在设计雕刻过程中，都会根据砚石中的石品花纹、大小、形状及其石泽，分别用自然界某些相似物象的名称命名，目的是让人更容易识别，更能接受，同时把这些宝贵的石品巧妙运用到作品的创作中来，让欣赏者更能认识到端砚的珍贵。为此，当我们在欣赏端砚之前，有必要先对石品有一定了解。

（三）工艺

无论是欣赏还是鉴别一件端砚作品，精湛的雕刻工艺都会给人留下美好的记忆，但衡量端砚作品的美与否不能用雕刻的简与繁、精与粗来判断。由于每个人的审美观点不同，对作品的看法会存在很大的差异，作品的好与否、美与丑都是由欣赏者的审美素质和审美意识来决定的。比如说雕刻工艺，在设计过程中有时会受到砚石的材质、大小厚薄的影响。在技法运用上，由于砚雕技法有深雕、浅雕及线刻等多种多样，在运用上也比较考验创作者的文化素养及艺术功底。当我们欣赏端砚作品时，首先要研究作品的造型、立意、题材、纹饰布局等是否符合人们的审美要求，再仔细观察创作者的设计意图及动机，窥探和读懂创作者的创作情感意境和内心世界，如此才能对作品有更深的了解，才能感悟到作品的真正美感。

（四）砚铭

据相关资料表明，砚铭始于秦汉，兴于宋元，盛于明清。秦汉时期的砚铭大多以记载纪年、物主、身份、名称为主，而唐宋以来，砚铭则更受到文人雅士的注重，带有浓厚的文人气息，将一些诗词图画、佳文妙句或纪事、馈赠、溢美之词镌刻于上，成为了文学、书法、绘画、砚雕等相关艺术结合的产物，所以“有铭必有典”，在选购古端砚时尤其要注意区分砚铭的真伪。

简单地说，砚铭就是雕刻在砚台上用来叙述事情的由来或用以自警或言志寄情的一种文体，它是反映创作者或收藏者欣赏时所表达的一种极其丰富的真情实感，它是文学、书法、诗词歌赋和砚雕艺术的完美结合，向来受到历代帝王将相及文人墨客的重视和青睐。砚铭的内容也十分广泛而有深意。从制砚者的角度说，在砚体上刻上砚铭，充分体现创作砚的意图，表现出砚台的优点，抒发创作者的内心情感世界；从欣赏者的角度说，作品的每一个层次或每一刀，通过创作者的刻刀和文字就能清楚地显露出来。

（五）纹饰

纹饰，笼统地讲，就是在砚体上雕刻具有装饰功能的图案的一种表现形式。纹饰是端砚艺术的重要组成部分，是衡量端砚艺术价值和经济价值的重要依据，反映了一个时代的社会文化的艺术特征。传统砚的纹饰，通常将一些图案雕刻在砚边、砚面、砚侧或者砚背等部位，它是砚体装饰的重要手段。端砚砚雕纹饰可分为古代传统砚雕纹饰和现代砚雕纹饰两大部分。

所谓好砚，它应具有实用、欣赏和收藏三种价值，并具有很大的升值空间。从艺术角度说，好砚具有优良的材质、精湛的工艺、优美的石品、精练的铭文和古朴典雅的纹饰等。

三、端砚的价值及经济效应

（一）端砚的实用价值

端砚获得人们的青睐，首先是基于它的实用性。作为砚台，它非常适合于研墨，古人称之为“发墨”。按照常理推想，砚台研墨的速度快，其石质应该坚硬而粗糙，但是这种情形古人称之为“锉墨”，这样研磨出来的墨汁中含有很多较粗的墨粒，书写效果很差。而过于坚硬的石材在打磨光滑后则又研磨不下墨，古人称之为“拒墨”或“滑墨”。端砚则不然，用它研墨，“数磨即成浓瀋”，“若油发艳”，说的就是端砚不但研墨速度快，而且墨汁细腻色浓，还像油一样焕发光泽。除了优良的实用性外，从赏玩的角度，端砚在视觉和触觉上也很有特征。在视觉上，细心观察端详端砚，会感觉到有如氤氲之气的柔和光泽从砚石内部透出；在触觉上，端砚抚摸起来有细腻、温润之感，古人常用如同抚摸婴儿嫩肤来比喻。

（二）端砚的收藏价值

端砚起于唐，中唐之后，端砚开始从纯文房用具演变为实用与欣赏相结合的实用工艺品。到了宋代，由于文化的发展，端砚的实用价值和欣赏价值并重，文人墨客除用于研墨，还用于鉴赏、馈赠、收藏和研究，从欧阳修的《砚谱》、米芾的《砚史》、苏轼的《东坡志林》等关于端砚的著述和赞美的砚铭、诗文中可见一斑。明代，由于社会鉴赏砚台和收藏砚台之风甚盛，端砚在设计、造型、雕刻方面均有所突破，主要是讲究“天然去雕饰”，往往利用天然的石形、丰富的石色、珍贵的石品花纹等稍作人工点缀就创作出天人合一的艺术珍品。清初，端砚也和其他工艺美术品一样，达到空前的繁荣，特别是制砚工艺十分雅致，刻工纤巧，加上附以名人题词、砚铭等作为装饰，使端砚身价更高。端砚已从实用价值演变为文玩之物，成为欣赏品和珍藏品。20世纪80年代，日本及东南亚地区收藏者对端砚艺术价值的认可，使其收藏价值和投资价值进一步得到认可。

（三）端砚的艺术文化价值

一方精美的砚台除了文具的实用功能外，历代能工巧匠、文人雅士可谓费尽心思，既精选易发墨而不伤毫及带有美丽石纹的优质石料为之，更是精美雕琢和题诗款字，从而使古砚融实用性与艺术性为一体。

“砚贵有铭，身价倍增”。砚铭之所以为历代文人藏家所看重，是因为砚铭有着重要的文学价值、史料价值与审美价值。一幅好砚铭就像一幅精美的书画，让人激动不已，感慨万千。

(四) 端砚带动的经济效应

以天下第一砚坑老坑举例：它始采于唐代，到20世纪50年代，1300年间总共开出高80厘米，宽80厘米的70余米坑道，说明这样的开采量基本满足了1300年间的社会需求。1959年，端砚恢复生产，到“文化大革命”停顿，此期间开采量很小。1972年，端砚恢复生产，老坑于同年复采。1976年在老坑旧坑南30米处新开坑口，采用了一些现代化生产手段。新巷道高1.80米，宽1米多。从那时起到1999年封坑，短短27年，老坑延伸了200米，工作面大大增加。这27年间所采砚料，是过去1300年采量总和的数倍，说明当今社会对老坑砚材的需求量是历史上空前的。

打开眼界看端砚产销。估计20世纪80年代后期端砚年产30万方（件），产值数百万美元，2007年出口值约5万美元。这期间有一个重要转折：从1959年端砚恢复生产到90年代中后期，端砚90%的消费者是日本顾客，后来又加上了韩国和中国台湾地区顾客。但到90年代后期情况改变，进入21世纪，主要消费群体已变为中国顾客了。

古代凡属政治稳定之时，端砚生产总是由官府监制。从20世纪80年代起，端砚制作散入寻常百姓家，规模急剧扩大。目前，肇庆有注册端砚厂家100多个，厂家规模为50来人的只有一家，超过20人的几家而已，多数为10人以下的小厂，另有端砚作坊300多家。所谓作坊，基本上以家庭为生产单位，主要为厂家生产订货，从业者大都是早先的农民。初步统计，肇庆的端砚生产和销售人员大约有3000人，加上开采、运输和各种辅助行业，总共形成了上万人的就业岗位。这等规模，历史上从来未有过。目前肇庆大约年产砚台10万方左右，产量虽比不上20世纪80年代，但产业规范化程度提高了，重要的是国内市场已培育起来，昭示着这一传统文化瑰宝的良好经济前程。

四、端砚与名人的故事

(一) 米芾、苏轼与端砚

北宋著名书法家米芾（南宫），字元章，号襄阳漫士、海岳外史，其书法与苏东坡、黄庭坚、蔡襄齐名。米芾不仅在书法的实践和理论方面造诣很深，而且对砚石也很有研究，著有《砚史》一书，详细分析了端砚和歙砚的特点，发表了许多精辟的见解，同时，还向读者介绍了历代砚石的制作样式。这本书一直流传至今，今天读来仍很有参考价值。

明人笔记中记载有米芾与苏东坡的一段逸事：据说米芾有方端砚，苏东坡借来欣赏，到手之后，苏东坡就立遗嘱，要后人把这方砚拿来殉葬。米芾急了，立即写信给苏东坡将端砚索回，听说米芾写给苏东坡的信函真迹仍在人世。米、苏两人爱砚如痴，从上述逸事中可见一斑。

（二）文天祥与端砚

著名民族英雄文天祥所用的砚石也是端州所产，他将这方端砚命名为“玉带生”，《西清砚谱》里有此砚图片。“玉带生”砚是一方造型独特的端砚，其砚呈紫色，中间有纹如玉带。据史籍记载，文天祥对这方端砚十分珍爱，在砚上刻上“玉带生”砚名，还亲赋《玉带生铭》镌于砚背：“紫之衣兮绵绵，玉之带兮潾潾，中之藏兮潚潚，外之泽兮暄暄。呜呼！磨尔心之坚兮，寿吾文之传兮。”砚铭对端砚的外表、质地、用途等极尽赞美之词。

文天祥用过的这方“玉带生”端砚，后世人自然视之如宝。他殉国后，这方端砚被南宋诗人谢翱收藏。谢翱曾率乡兵投入文天祥部合作作战，担任咨议参军职务，因抗元失败，后改名换姓，到处逃亡。他得知文天祥殉难，悲痛异常，作《登西台恸哭记》以彰显文天祥抗元报国的崇高民族气节。

“玉带生”砚后来在世上辗转流传，到了清康熙四十三年（1704），著名文学家朱彝尊在苏州游览，到博闻善画的诗人宋荦（其时，宋正上任苏州巡抚）家做客。朱无意之中从宋的书桌上看见了“玉带生”砚。朱大喜，当即以硬黄纸摹下文天祥所作的《玉带生铭》的铭辞，他自己则作了首《玉带生歌》，并有小序：“玉带生，文信国（天祥）所遗砚也。予见之吴下，既摹其铭而装池之，且为之歌曰：玉带生，吾语汝，汝产自端州，汝来自横浦……”

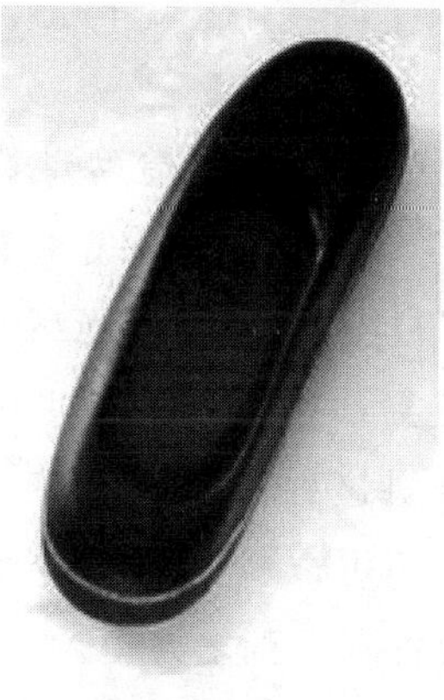

玉带生砚

（三）林则徐与端砚

民族英雄林则徐所用的端砚目前仍流传在世。据我国近代著名诗人柳亚子先生的外甥、上海竹雕名家徐孝穆先生透露，林则徐的端砚现藏李宇趋家中，该砚曾由著名花鸟画家唐云及徐孝穆过目、查证。徐孝穆还为该砚镌刻题记："砚为清代文忠公（则徐）遗物，石为端溪上品。原有铭跋，遭人磨毁，将运出国被阻留而流落羊城，为赵品三同志收藏。辛丑夏赠王世英同志，同年冬世英转赠余于北京。壬寅春李宇趋记于沪上大石斋。"林则徐砚原有的铭跋究竟写些什么，可惜已"遭人磨毁"而难以稽考。

林则徐的鼓型端砚

（四）吴昌硕与端砚

清末著名书画家吴昌硕用过的端砚造型奇特，它被雕琢成纵剖面竹节形，色呈玫瑰紫，石质滋润，造型生动，线条柔和，砚背刻着吴昌硕的铭文："竹不实，凤亦饥，闭门且写感事诗。光绪辛丑老缶铭。"

据说竹子会开花，也结实，状如麦粒，叫竹米，哪里竹子开花，哪里的竹子便要很快死去，而凤凰这种传说中的神鸟，只吃竹实。在《骨董琐记》卷一的"竹实"条下，还可以找到更为详细的说明："竹实为鸾凤所食。花如枣，实如麦，号为竹米，荒之兆也。又唐人诗：'老屋茅生菌，饥年之兆也。'陆鲁望诗：'青覆未成弧凤饿'，青覆即竹实也。"上面引证的材料，可以帮助我们理解吴昌硕所刻砚铭的大意：竹子没有开花结实，凤凰得饥饿，有什么办法呢？我还不如关起门来，研墨写感事诗，记录下这可诅咒的年代吧！

吴昌硕以砚寄情，借铭言志，表达了忧国伤时的沉郁情怀。光绪辛丑，即 1901 年，在此前一年，八国联军侵掠北京，当时清政府极端腐败、昏庸、反动。砚铭的字里行间，流露出书画家对当前黑暗现实的不满。可贵的是，吴昌硕将具有丰富社会意义的素材，运用精练的语言，浓缩成 13 个字，而铭文的内容又紧扣竹节形砚，反映了吴昌硕非凡的才华！通篇铭文的书写，不拘一体，即使在一个字中，有的也写成篆楷笔意相间，颇见天趣。

老坑竹节端砚

从吴昌硕的端砚可看出，我国制砚历千余年，到了明清两代，成就尤高。原因之一，即在于能够吸引书画家、诗人、学者和当时的名工巧匠一起参与研制端砚，或绘画，或赋诗，或作铭，或题识，这样琢制而成的砚，除了实用外，又增添了许多文学艺术情趣，成为精美的艺术品。清人笪重光论述绘画作品时曾说过："寓目不忘，必为名迹，转瞬若失，尽属庸裁。"吴昌硕这方竹节端砚正属于"寓目不忘"这一类精品。

五、本章小结

2004年9月，全国人大常委会副委员长司马义·艾买提在人民大会堂授予肇庆市"中国砚都"的牌匾，端砚的故乡肇庆成为中国砚都终于实至名归。时任中共肇庆市委常委、宣传部长顾作义在接过牌匾时说，端砚铭刻了肇庆人的聪明才智，蕴涵着肇庆山水的灵气神韵。他表示，要加倍把"中国砚都"保护好、建设好，再创国家级历史文化名城的辉煌。

2010年，在广东省委宣传部组织的历时8个月的"岭南文化十大名片"评选活动中，肇庆的端砚得到广大人民的认可，最终以877981票居"岭南文化十大名片"票数之首，顺利成为"岭南文化十大名片"之一。

端砚文化是肇庆一个独具特色的文化品牌，也是广东省一张亮丽的文化名片。当我们接过这张祖宗传下的金质名片时，请务必将此名片描绘得更为精致，让其散发出更亮丽的光芒。

【复习思考题】

1. 简述端砚发展历史。
2. 中国四大名砚有哪些？四大名砚中以哪种砚为首？
3. 简述端砚的特点以及制作工艺特色。
4. 作为端砚产地——肇庆的大学生，应如何继承端砚文化？

附：端砚欣赏

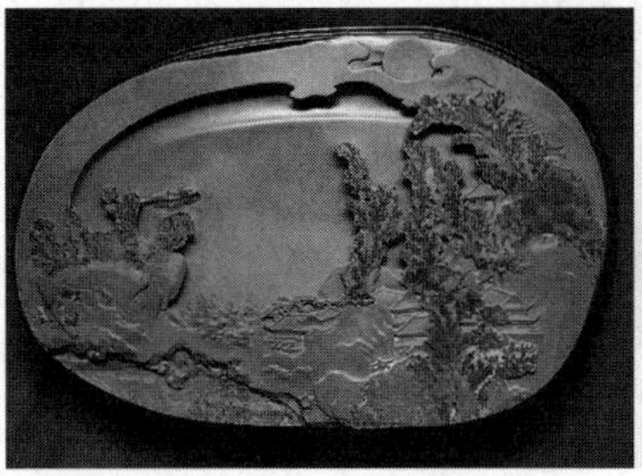

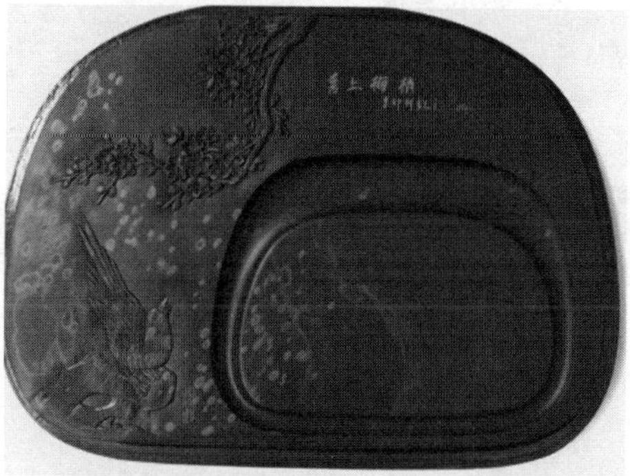

端溪名砚

第十五章　肇庆七星岩摩崖石刻

国家历史文化名城2005年年会暨第12次学术研讨会上，原肇庆市市委书记林雄说："在科学发展观的指引下，肇庆在加快现代化建设的进程中，同步推进文化名市建设，通过文化建设保护名城、传承历史、弘扬文明，突出肇庆古城的个性特征，精心打造宋文化、包公文化、龙母文化、禅宗文化、端砚文化、岭南土著文化和山水生态文化等品牌，让肇庆这座千年古城既展示现代文明的崭新风貌，又突出历史城市的高雅品位，使肇庆丰富的历史文化与现代文明成果以及优美的自然山水风光交相辉映、相得益彰，向着建设繁荣活力、文明法治、和谐安康肇庆的目标阔步前进。"

肇庆是首批国家级历史文化名城，是一座具有两千多年历史的文化名城，是远古岭南土著文化的发祥地之一。全市有重点文物保护单位98处。"千年诗廊"——七星岩摩崖石刻文化含量极深，历史悠久，是肇庆最具特色的文化王牌。

摩崖石刻是指人们在天然的石壁上摩刻的所有内容，包括各类文字石刻、石刻造像或者岩画。它起源于远古时代的一种记事方式，是古代的一种石刻艺术，盛行于北朝时期，直至隋唐以及宋元以后连绵不断。摩崖石刻有着丰富的历史内涵和史料价值。

一、肇庆七星岩摩崖石刻概况

"千年诗廊"是国家和人类的瑰宝，"千年诗廊"包括镌刻在洞壁、岩壁和碑石上的诗文和题字。

（一）七星岩摩崖石刻的历史发展

七星岩历史悠久，根据肇庆市人民政府网的资料得知，早在晋代已有文字记载。七星岩摩崖石刻的历史则可以追溯到公元727年，年代上溯唐宋，下至明清、民国及至当代。

唐朝开元十五年（727），著名书法家李邕在七星岩石室洞口留下了著名的《端州石室记》。

明嘉靖年间（1558年前后），两广参政吴桂芳、岭南副使李材和副使李开芳先后在阆风岩、玉屏岩等修道筑台，广辟洞阁。嗣后，岭西副使王泮为星岩20景题名，并赋诗歌咏，同时，开始对摩崖石刻严加保护。明万历己亥年（1599），由总督两广军门戴凤岐题、李开芳书的“泽梁无禁，岩石勿伐”就镌刻在石室岩洞口东侧显眼处。

1931年，七星岩公园筹委会成立，统管七星岩的保护和建设。1932年，七星岩公园筹委会改组，并制定了保护章程。1938年，广东省第三区督察专员兼高要县县长李磊夫捐资建造李邕《端州石室记》护碑亭。1946年，高要县成立七星岩鼎湖山名胜建设委员会，并宣布高要县议会“永远禁止采伐七星岩山石”的决定。

中华人民共和国成立后，1955年夏，广东省副省长古大存主持召开七星岩管理委员会第一次会议。1955年11月30日，成立星湖工程指挥部，负责对七星岩进行整治建设。嗣后，星湖管理处又将朱德、叶剑英、陈毅、郭沫若、沈钧儒、周扬、粟裕、王力等党和国家领导人的诗词歌赋镌刻在崖壁之上。

1957年3月20日，广东省人民委员会颁布李北海等石刻（即七星岩摩崖石刻）为广东省第一批重点文物保护单位。1962年7月7日，广东省人民委员会重新核定公布七星岩摩崖石刻为广东省第一批重点文物保护单位。1978年7月18日，广东省重新审定公布七星岩摩崖石刻为广东省第一批重点文物保护单位。1983年7月，在肇庆市（现为端州区）文化局协助下，星湖管理处对辖区内的文物进行普查。1985年初，广东省文化厅拨出专款保护七星岩摩崖石刻，星湖管理处随即组织专业队对摩崖石刻进行全面清理、洗刷、拓片、描红。1985年8月27日，广东省人民政府第四次审定公布七星岩摩崖石刻为广东省第一批重点文物保护单位。2001年6月25日，国务院公布七星岩摩崖石刻为国家级重点文物保护单位。

七星岩摩崖石刻历史悠久，沉淀着肇庆这片土地浑厚的历史底蕴、浓厚的文化气息，成为了蜚声中外的文化遗迹之一。

（二）七星岩摩崖石刻的地理位置

七星岩摩崖石刻位于世界闻名旅游城市广东省肇庆市的城北七星岩风景区内。石刻四周碧水环抱，有的藏于山体之内，有的露在岩石之上，有的收于水石之间，犹如存在于碧玉内的水晶线，美丽无比。它是中国少有的庞大摩崖石刻群之一，东边就是岭南四大名山之首的鼎湖山。

（三）七星岩摩崖石刻的数量分布

七星岩的七座石山上镌刻着的石刻题勒 523 则，石刻总数 630 多则。从时间上来划分，七星岩摩崖石刻数明清两朝代的最多，其次是宋朝。在 523 则石刻题勒中，唐朝的石刻 4 则，宋朝的石刻 80 则，元朝的石刻 13 则，明朝的石刻 146 则，清朝的石刻 117 则，民国的石刻 10 则，现代的石刻 109 则，年代不详的石刻 44 则。

就碑刻而言，孔庙集名家碑刻 2000 余块，居全国之冠，西安碑林 1000 余块，次之。然而，以镌刻在天然岩石上之文字而独树一格的七星岩摩崖石刻群，恐怕在数量上、质量上及其密集程度上，都不亚于别的摩崖石刻群，如褒斜道石门及其摩崖石刻，较有名的只有《石门颂》和《石门铭》；药王山石刻，只有 100 多题；福建乌石山摩崖石刻，只有 200 多题；武夷山摩崖石刻比较多，也仅 400 余题。

七星岩摩崖石刻群，自唐朝以下各个朝代的都有，年代较早，数量较多，分布地点集中，刻石年代集中，分布密集，面貌较完整，文体齐全，字体纷繁，中外兼备，而且保存完好，是我国精美的石刻艺术品，也是研究我国唐朝以来各个朝代的政治、经济和文化的重要实物资料，颇受历代金石研究者的重视。这些石刻题勒绝大部分分布在石室岩、玉屏岩和阿坡岩，尤以石室岩最多，汇集了 341 则，占整个七星岩摩崖石刻的 64.4%。

（四）七星岩摩崖石刻的文字种类、书法

七星岩摩崖石刻，就文字种类看，以汉文字为主，也有藏文、西班牙文、满文；就字体看，有篆、隶、楷、行、草等。巨者丈余，小者半寸，不少书法名家的佳作都荟萃在一起，构成了南方独特的书法艺术宝库。唐朝李邕的楷书，宋朝郭祥正的行书，明朝吴桂芳、朱完的篆书，清朝洪颐煊的篆书，黎简、陈恭尹的隶书，耆英的草书等，都是该宝库中赫赫有名

的艺术珍品。

二、肇庆七星岩摩崖石刻的价值

七星岩集丰富多彩的文物古迹和千姿百态的自然风光于一体，而七星岩摩崖石刻则熔诗词歌赋、游记史实、题咏碑文于一炉。摩崖石刻翔实可靠，记述了肇庆的地理环境、山河变迁、历史大事、宗教信仰、庙宇建筑、岩石水土以及朝代更迭，无所不包。“黄金有价，人文无极”，七星岩摩崖石刻，书体齐全，章法各异，刻工精细，艺术精湛。自唐以来各个朝代的石刻都荟萃在一起，连罕见的南明石刻也可见到，这是石刻书法艺术的宫殿，是诗文荟萃的长廊。七星岩摩崖石刻是一本值得重视的好“书”，是我们今天赖以对受到西方工业文明强烈冲击的当代人进行人文教育和爱国主义教育的好教材、活教材。它的重要价值表现在下面几个方面。

（一）七星岩摩崖石刻的艺术价值

自李邕的《端州石室记》后，历代游览七星岩的文人墨客都喜欢写诗题字，或用诗文或用书法来写景抒情。一天天、一月月、一年年，镌刻在洞壁、岩壁和碑石上的诗文和题字越来越多，到今天它们成了具有很高艺术价值的古代艺术品，受历代金石研究者的重视。

1. 七星岩摩崖石刻的书法艺术价值

七星岩摩崖石刻涵盖各种字体和语种。其中正书 239 则、行书 147 则、行草 22 则、草书 56 则、篆书 23 则、隶书 19 则、八分书 26 则、楷体和行楷 15 则，画 2 则，还有藏文和罗马、希腊等外文语系 3 则。值得特别推崇的是李邕的《端州石室记》，距今已近 1300 年了，但依然字迹清晰，书法雄健恣肆，亦劲亦秀。唐朝以来作为我国书法艺术珍品的《臧怀恪碑》、《开元寺碑》、《李思训碑》、《追魂碑》、《岳麓碑》和《端州石室记》等，现在幸存的就只有《岳麓碑》和《端州石室记》了，而后者又是李邕遗下的唯一的正书碑，所以尤显珍贵。杜甫推崇李邕，说他“碑版照四裔”；李冰阳称赞李邕为“书中仙手”；米芾评论李邕的楷书风格“举动倔强，礼节生疏”；翁方纲推《端州石室记》为上选，说李邕的书法“丰容盛鬋，似太真不能为掌上舞”。

郭祥正的行书笔力苍劲，结构严谨；陈献章的行草间架开达，出笔飞逸；俞大猷的正楷结笔浓秀，浑实奔放；鲍镇方的篆书悬针劲健，敛藏合宜；耆英的行草行笔豪放，势若游龙……人们早就把珍藏七星岩摩崖石刻的七座山岩看做一座开放式的、独具魅力的书法艺术宝库。

2. 七星岩摩崖石刻的文学艺术价值

七星岩摩崖石刻是一座开放式的文学宝库，尤以诗词歌赋为主。众多的摩崖石刻中，诗词是七星岩摩崖石刻的主体，是七星岩摩崖石刻的一大特色。诗词歌赋竟达 186 则 254 首，仅石室岩就有 144 则 206 首，其中有四言诗、五言诗、七言诗，有长诗、短诗，也有律诗、绝句和唱和诗。1966 年 2 月，陈毅元帅来看过后，当即赋诗赞曰：“壁上题词句，千年成诗廊。”其中宋朝的 20 则，元朝的 7 则，明朝的 136 则，清朝的 55 则，民国的 3 则，年代不详的 17 则，现代的 16 则。

七星岩摩崖石刻的诗篇，一方面，情操高尚，词句精湛，诗韵浓郁；另一方面，它又超出文学范畴，与当时的政治、经济紧紧地连在一起。明朝著名的“后七子”之一吴国伦，目睹当时朝政腐败，倭患四起，农民在水深火热中抗争时，写下了这样的诗句，镶刻在崖壁之上：“南游欲蹑罗浮颠，满地兵戈絷吾足，且向端州谒故人，乘兴联舆过圆屋。”明朝大将郑芝龙诗云：“偶缘开府抵崧台，奇石清泉洒绿台；群玉山头迎佛相，恍疑身已在蓬莱。”这短短的几句，既从正面反映了水月宫的扩建和摩利支天偕二天女的铸造年代，同时又从侧面说明了郑芝龙平叛倭寇之功德。

3. 七星岩摩崖石刻的崖刻画艺术价值

七星岩摩崖石刻除了大量的诗词歌赋外，还发现有少量的崖刻画。例如，岩洞深处发现的单线观音画像，刀法精湛，画面布局工整，比例恰当，情态自如，简洁和谐，有呼之欲出之感。看似单调机械的画像造型，充满了古朴庄重而又轻松活泼的气氛。崖刻画内容是透露出古代人们思想的一种语言符号，观音具有无量的智慧和神通，大慈大悲，普救人间疾苦，当人们遇到灾难时，只要念其名号，便前往救度。岩洞深处发现的单线观音画像，可见古时端州百姓在乐事庆典、祈天抗洪、战事盛会、宗教祭祀时，都把观音放在很重要的位置，观音神像对古代端州百姓生活影响深远。

（二）七星岩摩崖石刻的历史价值

郑郭义题名“上自端王即位，升潜藩为节镇”一段，记述了“肇庆”一名的来历，这些都是研究“肇庆”地名来龙去脉的必不可少的史料。李邕《端州石室记》“介在江渍”一句外，唐宝历元年王化清《游石室新记》

中提到："（七星岩）东西倚山之阳二十余里，西通于上武林，东抵于羚羊峡。"这些都为山川变异留下重要佐证。刻于石鼓对壁的滕祐题名"滕祐岭使南海游石室七星岩"，明显地记述了"七星岩"一词最早的出现日期："（北宋）崇宁乙酉（1105）仲春十九日"。"七星岩"又于何时得名为"星湖"呢？璇玑台壁卢原的《星岩歌》（和韵）中有云："客槎长见泛星湖，江上何人说渡卢。"这些都是研究七星岩历史的重要资料。

（三）七星岩摩崖石刻的建筑史价值

七星岩摩崖石刻中，记述肇庆西江因洪水而决堤的石刻有3则：第一则是景日昣的题字，记述了康熙辛巳年（1701）西江河决堤，壬午观音像安放在石室洞以镇洪水之事；第二则是杨霈题书"道光甲辰，水痕至此……书以志痛"的显赫大字；第三则是"甲辰年六月初二日崩围基水面浸到此石为记"的无名氏题字。这里要着重提及的是景日昣于清康熙壬午年（1702）的题字。据《宣统高要县志》记载，清康熙辛巳年夏，肇庆山洪暴发，西江决堤四十余丈，郊区农舍被毁两万一千六百余所，农田被淹七千九百余顷，农民饥寒交迫，尸横遍野。当时，肇庆曾一度爆发过抢夺地主粮仓的斗争。封建统治者十分惊恐，于是便四出宣扬，说决堤是由于白灌塘的鹅怪在作祟，妄图用观音菩萨救苦救难的迷信思想来麻醉广大劳动人民，扑灭农民斗争的烈火。这就是景日昣题刻记述的历史事实。

上述三则题刻，文字虽然简短，但对肇庆的建筑史尤显珍贵，它们都为肇庆的城市建设、桥梁建筑和水利设施提供了重要的水文资料。

（四）七星岩摩崖石刻的科学价值

肇庆，据史书记载，汉武帝元鼎六年（前111）正式建制为高要县，是取"位高而扼要"之意，隋文帝开皇九年（589）易名为端州，到北宋政和八年（1118）才定名为肇庆。由此看来，肇庆乃是一座具有两千多年历史的文化古城。这座城市的这些历史及其变迁和兴衰成败，在七星岩摩崖石刻中都有所记载，如唐朝王化清的《游石室新记》，既可以作为李邕《端州石室记》产生年代的旁证，又可以作为研究唐朝地方官制和肇庆地理的历史资料；严居贞的题名，对元朝改宋朝的府为路一事作了有力的说明；宋寿玉的题刻，叙述了元朝建立后，各路、府均设一员蒙古人当掌印官的史实。朝代建制，是史学的一个方面，不得不予以应有的重视。

这些石刻大都镌刻在水洞之中，长期受石灰水的冲刷、侵蚀而能长久保存下来，确非易事。据《中国历史文化名城丛书·肇庆卷》记载，记述西江洪水的石刻有 3 则，其中景日昣的题字记述了 1701 年西江河决堤，次年造观音像安放在石室岩洞以镇洪水。杨霈题书“道光甲辰，水痕至此”和“甲辰年六月初二崩围基水面浸到此石为记”的无名氏题字，更是留下当时洪水浸痕高度标记。还有如山林保护、寺庙兴建、蹬道修筑等，石刻上都有详尽的记载，它们为七星岩的开发提供了重要的科学依据。

三、七星岩摩崖石刻作品选

（一）《端州石室记》

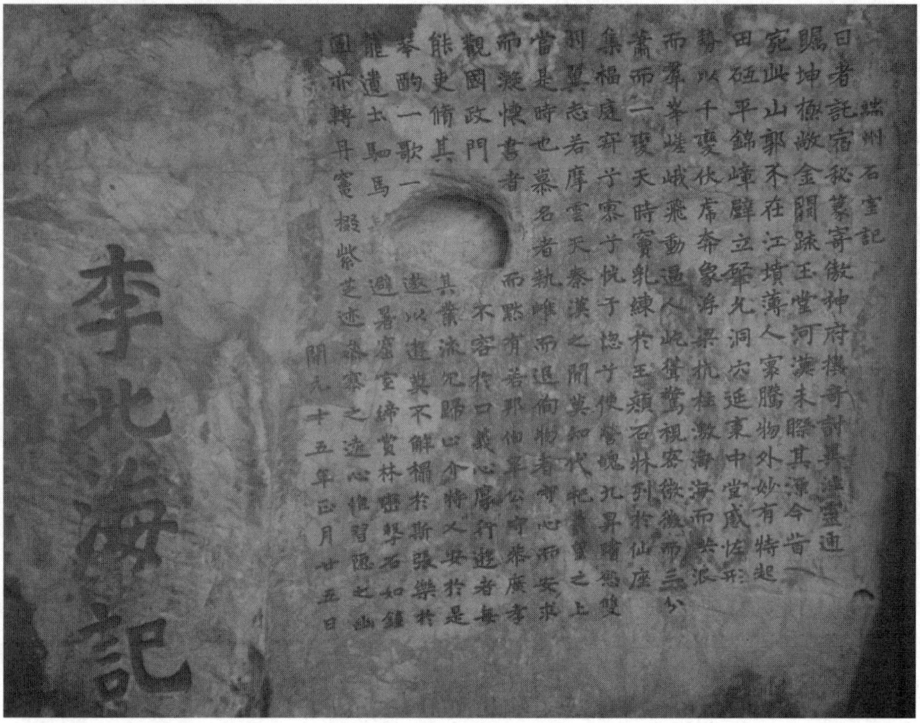

《端州石室记》原石

【原文】

端州石室记

日者托宿秘篆，寄傲神府，撰奇讨异，注灵通感，冥搜海堧，遐瞩坤极。敞金阙，疏玉堂，河汉未睟其源，今昔罕聆其语。

曷若宛此山郭，介在江渍，薄人寰，腾物外，妙有特起，灵表澒洞。绮田砥平，锦嶂壁立。肇衍洞穴，延袤中堂。夔怪形以万殊，研地势以千变。伏虎奔象，浮梁抗柱，激涛海而洪波沸渭，欲杳寱而群峰嵯峨。飞动逼人，屹耸惊视。密微微而三分地道，风萧萧而一变天时。窦乳炼于玉颜，石床列于仙座。隔阂尘境，延集福庭。

寂兮，寥兮，恍兮，惚兮，使营魄九升，嗜欲双遣。形若希羽翼，志若摩云天。秦汉之间，莫知代祀，羲皇之上，自成遐邈。当是时也，慕名者执雌而退，徇物者守心而安，求道者息虑而凝，怀书者陋古而默。

有若邦伯毕公守恭，广孝闻家。至忠观国。政门尤迹，谈者不容于口；义心厚行，游者每藉于名。故能吏修其方，人乐其业。流冗归止，介特乂安。于是命友僚，纵琴酌，一歌一咏，以邀以游。莫不解榻于斯，张乐于斯。腾驾五龙，遣去驷马。岂惟避暑窟室，缔赏林峦，击石如钟，酌泉如醴，固亦转丹灶，掇紫芝，迹参寥之远心，推刁隐之幽致者也乎?

开元十五年正月廿五日　　李邕记

【解析】

唐开元十五年正月名臣李邕所作的《端州石室记》是七星岩的“千年诗廊”里最早的一幅崖刻。唐代开元十五年，在宦海沉浮多年、富有才情的唐代大文学家、大书法家李邕途经端州，被七星岩石室水洞的奇景所吸引。在饱览七星岩秀色后，李邕触景生情，一气书成《端州石室记》，开启了七星岩深厚精蕴的石刻文化端绪。

《端州石室记》石刻整体高1.07米，宽0.79米，正文连同标题、落款共18行386字，落款日期是“开元十五年正月廿五日”。由于石刻中央偏左有一马蹄形印记，所以又称马蹄碑。马蹄形印记始见于宋初，至清朝末年，该石刻可见文字319字，如今清晰可见文字273字，连模糊但尚可辨认的31字在内，实存304字。关于“马蹄碑”有一个传说：户部侍郎李绅因为锋芒毕露，得罪了宰相李逢吉，于长庆四年（824）被贬谪为端州司

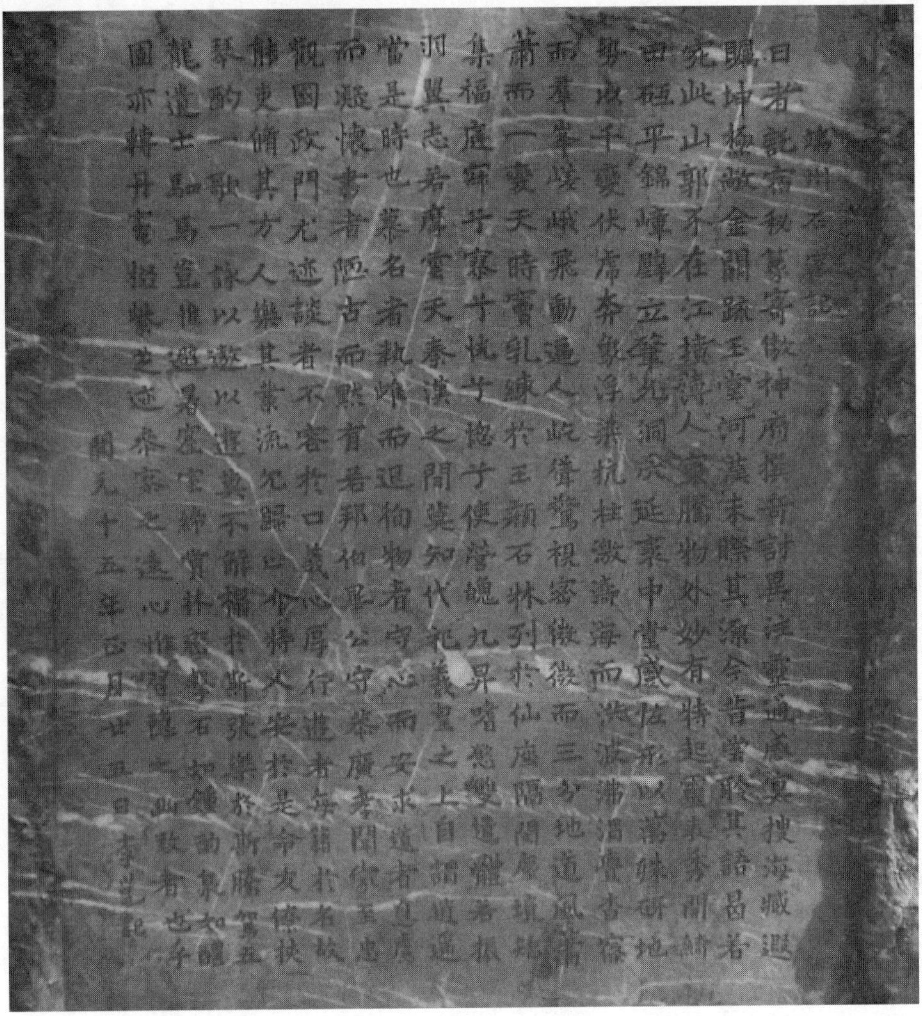

《端州石室记》复制品

马。他来到端州后，得知七星岩石室洞有“书中仙手”李邕的石刻，喜极忘形，便骑马前往观赏。到了星岩，《端州石室记》石刻就在眼前，罩护在五彩祥云中，透射出熠熠的红光，这一奇丽的景象，让李绅叫绝，叫坐骑惊异！李绅一见石刻奇景，欲下马细看，便猛勒羁绳一下，不料羁绳勒得太紧，坐骑一惊，长嘶一声，腾空而起，一只前蹄正好踏在石刻上，留下了一个深深的马蹄痕印。其实马蹄形的损痕，相传是一个秀才为了抬高自己所拓拓片的价钱而故意毁之。

《端州石室记》全文共分四段。第一段，说当时的人们埋头研究佛经，苦寻所谓仙方，以为练形练补，期望灵魂入体。李邕认为这只不过是自欺欺人的无稽之谈，那时候有人在成天烧香求道，到处去找有神仙的地方，目的是有一天自己也能够成道成仙，这是不可能的事，是妄想！第二段，具体描写了洞里面的景观的美好，用物状来形容景观，把石室中的景致比拟为禽兽、波涛、梁柱、石床、仙座，传神逼真，惟妙惟肖。石刻中的“浮梁抗柱”，浮梁是仙桥，像仙境一样；抗柱意思是像顶梁柱一样。其文辞之华丽，立意之高妙，为后来者所难及。第三段，借写景表达他自己怀才不遇的心态，寄托自己的政治理想。最后一段，他分析虚幻的仙境是不存在的，如果有，那七星岩就是仙境。

李邕，即李北海。李白《答王十二寒夜独酌有怀》诗曰：“君不见李北海，英风豪气今何在？君不见裴尚书，土坟三尺蒿棘居。”李邕为人忠正，言辞犀利，为官多年，虽官位不高，素来与当时朝廷的一些忠心之臣交好，与李白、杜甫交情也不浅，但是他的命运和这些忠耿之士一样并非一帆风顺。李邕为世人所追捧的是他的才学和书法。以篆书闻名的李阳冰称他为“书中仙手”，就算“诗仙”李白、“诗圣”杜甫也都做过他的“粉丝”。

李邕写《端州石室记》时，是在他转战两广，赴任澧州的途中，当时他的心情是非常高兴的。唐开元十三年（725），他因得罪权相张说，被人诬告他卖字换来的钱财为受贿所得，被打入死牢，几乎命丧黄泉。得救后，贬为钦州遵化县尉，李邕本以为无东山再起之日，谁知在他上任后不久，邕州（南宁）出现了以俚僚渠帅梁大海为首的反唐武装。稍后，泷州（今广东罗定）刺史陈行范又自行称帝，其部下冯麟在广州称南越王。为了镇压南越政权，唐玄宗派宦官杨思勖前去镇压，李邕则以遵化县尉身份受其指挥。在作战中，李邕屡立战功，再次被起用，升任澧州司马。

《端州石室记》是一幅精美的书法作品，结构严谨、端庄，书法体方而笔圆，笔触清新，力劲而气舒，疏朗峻拔，纵横开阖，结构严谨，风采动人，艺术上为后代留下了宝贵借鉴的地方。据载，李邕一生虽多有著文，但流传下来的并不多。此方用楷书所写的碑刻《端州石室记》为其楷书体的孤版仅存，其价值可想而知。当下，点评古时的碑刻有“三绝碑”之说，即文绝、字绝、雕刻绝，如若评点李邕在七星湖留下的崖刻，谓之“三绝”是不为过的。

【感悟】

李邕一生大起大落，一波三折，但他仍然能绝处逢生，适者生存。在《端州石室记》中，李邕斥责了仙境的虚妄，歌颂了大自然山水的美景，生动细腻地描绘了石室洞里面人间仙境般的奇异景致，并抒发了自己的政治情怀，鼓吹积极有为的政治："岂惟避暑窟室，缔赏林峦，击石如钟，酌泉如醴；固亦转丹灶，掇紫芝，迹参寥之远心，推刁隐之幽致者也乎?"透过石刻有些模糊的笔画，我们不仅可以看到这位富有才情的官宦的一波多折的人生际遇与不屈于现实社会的内心世界，而且能体会到其思想具有唯物主义的进步倾向。

对照李邕多舛的人生仕途，今天的我们又何尝不是一样呢？每个人都会有挫折失败的时候，当我们遇到挫折的时候，想想古时的人们，在他们身上流淌着的不向命运低头的坚强意志，我们有理由相信自己也有能力处理好眼前的困难。

（二）包拯题名石刻

【原文】

提点刑狱周湛，同提点刑狱钱聿，知郡事包拯同至。

庆历二年三月初九日题

【解析】

此石刻刻于宋庆历二年（1042）。石刻高 0.40 米，宽 0.25 米，正书，共 3 行，是包拯在任职端州第二年题的。石刻文字简明扼要，字体清癯，朴实无华，是迄今全国发现的包拯唯一存世的亲笔题名摩崖石刻，也是全国保存得最为完整的包拯手迹，堪称"国宝"。

提点刑狱即提点刑狱公事，简称提刑官，是中国宋代特有的一种官职名称，负责地方刑狱、诉讼。这幅笔锋清劲的石刻，简单得不能再简单，记录了身为知州的包拯陪来肇庆考察的两位上级官员同游七星岩的事。知郡事正是包拯在肇庆任职的官名，相当于今天的肇庆市长。周湛、钱聿两位官员来肇庆考察多日，在他们走后不到几个月的时间，包拯就调往京城，升任龙图阁直学士，世称包龙图。

包拯题名石刻

石刻中提到了周湛、钱聿、包拯三个人的名字，但没有落款。那么这究竟是不是包拯的亲笔手迹呢？有三个理由可证明此石刻为包拯手迹。第一，在宋代，一般上级官员来到下面视察的时候，如果有当地官员陪同，除非是上级官员主动要题字，否则一般来说都是由当地官员来题名刻石的。第二，陪同来的官员，一个是周湛，周湛据历史记载，此人不喜欢张扬，到下面巡查时一般都不题字。另一个是钱聿，他是位武官，也是副手，所以一般也不会题字。第三，如果按照当年官职的正式称号，包公的职务是知端州知郡事，碑刻里面所题的落款是知郡事包拯，这也跟包拯在端州很多场合都是题知郡事相吻合的。

今天当我们看到包拯题名石刻的时候，可以想象得到包公当年游览七星岩时心中想着的都是造福老百姓的事情。他既当“公安局长”，还身兼“行政首长”、“教育局长”、“水利局长”等多种职务。如今，包公已经成了清廉正直官吏的代名词。在戏剧舞台上，开封府的包拯“弹劾外戚、怒斩皇亲”，其执法严明、铁面无私，无人不知、无人不晓。包公留下来的文化遗迹无不在提醒人们：在岭南这块土地上包拯留下了许许多多为官“刚正廉明”的佳话，这也是岭南历史文化的宝贵资源，在广东文化大省的建设中，我们当充分发掘之、发扬光大之。这不仅可增加历史文化内涵，更可成为“反腐倡廉”的精神财富。

【感悟】

当我们踏着肇庆的青山绿水，看着近千年前的包拯用了仅仅30个字淡淡地记录下与来肇庆考察的两位上级官员出游的石刻时，不禁觉得：文如其人，字如其人。他没有留下洋洋洒洒的诗篇，也没有醉心美丽的湖光山色，更没有长篇大论地歌颂上级官员，而是选择简单朴实的方式来记录行程，字里行间折射出包拯谦逊俭朴的高贵品质。他主政端州3年，惩治贪官污吏，打击土豪劣绅；保护砚工权益，减轻百姓负担；筑城池、修水利、挖水井、治瘴疠、建书院、兴教育……充分反映了他“清心”、“直道”的性格特征、从政抱负和精神风貌。

包公形象是一种精神文化成果，是中国传统文化意识的载体，对社会文化思想方面的法制观念、清廉意识、传统价值观念等方面具有相当大的影响力。

第一，包公惩治贪官污吏和不法权贵，打击各种犯罪行为，体现了遵法守法，违法必究，严格和公正执法的法律观念。第二，包公体现了中国古代社会中代表社会正义的政治理想，是清廉意识在人物形象上的反映，综合体现了包公的人格力量、道德力量和智慧力量。包公形象深深扎根在中国百姓心目中，成为拥戴和歌颂的崇拜对象，促进了人民大众的清廉意识。

包公的清廉正直是传统文化所崇尚的价值观念，包公的道德品质是后人学习的典范。社会经济的发展，带来了许多积极变化，但也出现了贪污腐败、拜金主义、享乐主义等消极的东西，某些腐朽、落后的思想观念借经济转轨和社会结构转型沉渣泛起，所以，今天我们更需要弘扬传统价值观念。

在封建社会里，像包拯这样“清心”、“直道”、“正义”、“无畏”，难能可贵；像他这样清正廉洁、正直的官吏，为数极少。包公清廉的操守和正直的品格，无论在哪个时代，都是社会正面的价值取向，永远都是值得我们学习的。

（三）朱德游七星岩题诗

【原文】

游七星岩

朱德

七星降人间，仙姿实可攀。
久居高要地，仍是发冲冠。
开心才见胆，破腹任人钻。
腹中天地阔，常有渡人船。

一九五九年二月十七日

【解析】

1959年2月17日至19日，时任中共中央副主席、全国人大常委会委员长朱德偕夫人康克清（时任全国政协副主席），在时任广州市市长朱光的陪同下来肇庆（旧称江门专区）视察三天。当年朱德已73岁，非常关心西江地区经济发展情况。在肇庆视察期间，先后深入高要、新兴等地了解农村改革和农业、渔业生产及经济发展情况，到专区展览馆观看工农业产品展览，在地委接见了专区的党政军负责同志，勉励各级领导要牢记党的宗旨，发扬艰苦奋斗的精神，带领群众积极发展生产，改善人民的生活，随后游览了七星岩、鼎湖山风景区，并和大家合影留念。朱德游览七星岩、鼎湖山风景区后，称赞七星岩湖光山色相映成趣，古迹众多，堪称“岭南第一奇观”，期望肇庆以后能更好地绿化美化，保护好历史文物，造福子孙

朱德游七星岩题诗

后代，并为七星岩牌坊题词，还题诗《游七星岩》。如今该诗刻在星湖天柱岩南面石壁，石室洞入口左侧上。

诗的前二联，描写了肇庆七星岩七座高低错落的山峰高峻挺拔，七星岩上林木葱茏繁茂，远望像怒发冲冠一样。“久居高要地”，今天的肇庆市，汉时曾设高要县，古代称作高要。新中国成立后，肇庆市一直是高要县、肇庆市人民政府和肇庆地区行政公署的驻地，至 1988 年才设肇庆地区为省辖地级市，又辖高要县，此诗中“高要”即肇庆。后二联，特写天柱岩内部石室岩洞，天地开阔，内藏有河，时常渡船，游人可自由进出。

前二联借景述志，表面赞“七星岩”之景，实述坚定的革命之志；后二联是展现披肝沥胆、光明磊落、心胸开阔、宽厚仁慈之德。该诗充分表达了老一辈无产阶级革命家对星湖、对肇庆的赞美，对祖国、对人民的深情，对革命、对未来的赤诚以及豁达胸怀、高尚情操。前者侧重写景，但景语皆情语，托物抒怀，以景寓志，写得含蓄有致，韵味无穷；后者偏重言情，亦是情中见景，由岩洞生发“开心”、“破腹”的联想，写得情真词切，情中有景，景中有情，情景交融，其妙无穷。

朱德是以共和国第一元帅、人民军队的总司令、叱咤风云的军事家闻名于世的，同时，他又是一位热情而真挚的诗人。朱德的诗词，跳动着强烈的时代音符，从中，我们可以看到他那炽热的爱国主义、革命英雄主义的伟大情怀。朱德有着深厚的传统文化功底，这使他在后来戎马倥偬的岁月里，常常能以诗词来抒情言志，让我们体会到他的心志和抱负，从中受到激励。

由于朱德对1958年“大跃进”中“左”的错误提出批评，在1959年庐山会议后的军委扩大会议上，林彪对朱德进行了恣意的攻击诬蔑，造成极坏的影响。在那种情况下，朱德顾全大局，忍辱负重，继续兢兢业业地工作，坦坦荡荡地做人。在漫长的革命生涯里，他多次身陷逆境，但他忍辱负重，总能以宽广博大的襟怀化凶为吉、化险为夷。毛泽东曾赞扬他“度量大如海，意志坚如钢”；董必武曾以诗颂他“骨头生若铁般硬，胸次真如海洋宽”；陈毅为他写下这样的诗句：“高峰泰岳万山从，大海盛德在能容。”他们都是以大海来赞喻朱德的胸怀。朱德的度量如海，襟怀博大，不仅缘于他宽厚平和的性格，也由于他的人生历练和文化认知。艰难曲折使他懂得革命队伍团结的重要，和谐的重要，顾全大局的重要以及为了大局在一定程度上忍让包容的重要。

联系当时的时代背景，这首工整的律诗正是老一辈无产阶级革命家的宽怀大度、高风亮节的真实写照，给人以无穷的鼓舞和力量。该诗刻由书法名家吴子复以隶书所写，落落大方，质朴平实，更为诗意增色。

【感悟】

在市场经济阴影的笼罩下，人们浮躁情绪的表现日渐突出，因心中不快而发牢骚泄私愤图报复现象频频出现。在这种情况下，学会宽容大度就显得更为重要。宽容，是酿造生活的美酒，是消除隔阂沟通感情的法宝。“开心才见胆，破腹任人钻。腹中天地阔，常有渡人船”。人生活在社会这个大环境中，必然会遇到矛盾和烦恼，如夫妻、邻里、同事、朋友之间的摩擦纠纷和误会等，这些都会使人陷入感情的沼泽中，而出现负面情绪，甚至形成极端的仇视或仇恨，尤其是被人曲解或伤害时，人本能的反应就是报复。报复虽能发泄心中的怒气，减轻心中的负荷而痛快一时，但这种做法会激化矛盾，甚至触犯法律。

宽容，是一种美德。学会宽容，才能收获真诚和友谊。你宽容待人，别人就宽容待你；满足别人的需要，就是满足自己的需要。克服私欲，你的道路更宽广。给别人留点空间，也是给自己留有余地。这个世界不是哪一个人的世界，而是所有人的世界，所以凡事都要留有余地。多一分宽容，就会多一分理解。别人有路可走时，你才不会陷入绝境。

要控制自己的嫌恶之情，什么时候都不要让它轻易流露。讨厌别人会让自己变得卑下，并且让自己没有好心情与其交往。赞美别人会让自己变得高尚，并且让自己有好心情与其交往。不要用放大镜去观察别人的缺点，多看别人的优点和长处，就能愉快相处，对人对己都会受益无穷！

因此，我们在生活或工作中都要避免误入歧途，最明智的选择就是宽容。我们要做到宽宏大度，摒弃前嫌，化干戈为玉帛，从而减少对心理的劣性刺激，以利于身心健康。

学着宽容，我们生活得会更轻松；学会宽容，我们生活得会更美好！

（四）陈毅题《七星岩》

【原文】

七星岩

陈毅

七星拔地起，洞穴腹内装。

沥湖环四面，千顷恣汪洋。

阆风亭欲飞，玉屏如铁墙。

石室叹钻天，景福秘地藏。

壁上题词句，千年成诗廊。
对山擎天柱，任人说玄黄。
彩楼挂其间，飘渺而微茫。
蟾蜍立水边，仙掌在其旁。
朝暮两相依，恰似姐妹行。
禾坡有奇趣，离群守一方。
高踞而南面，气宇最轩昂。
我来游岩遍，怡悦荡心房。
攀岩试腰脚，垂钓话濠梁。
且喜腰脚健，少壮赞我强。
谓我尚不老，可以上战场。

一九六六年二月

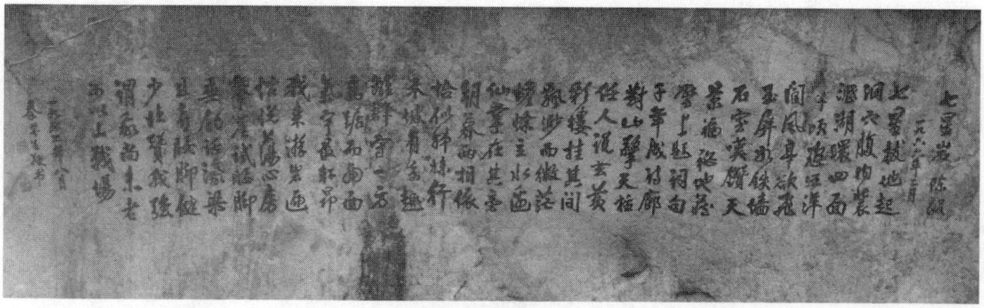

陈毅题《七星岩》

【解析】

本诗可以分为三个部分。诗的开头二联为第一部分，首先勾画出七星岩的概貌，并留下无限空间，为下一部分的铺陈描述做好准备。

从“阆风亭欲飞”到“气宇最轩昂”是全诗的第二部分，也是诗的主体部分。七星岩主要由七座岩岛组成：阆风岩、玉屏岩、石室岩、天柱岩、蟾蜍岩、仙掌岩、阿坡岩，陈毅元帅用浓墨重彩逐一铺陈描摹出多姿多彩的“七颗星”，如数家珍，使人有身临其境之感。

“石室叹钻天，景福秘地藏。壁上题词句，千年成诗廊。”石室岩又称“景福洞”，石室岩的得名，因为它有一个幽深的地下大厅，好似石头制造的房屋一般。石室岩的洞口并不大，高仅2米，阔不过3米左右，而岩洞之内，却是天地广阔。岩洞里面的穹窿大窟，高30余米，面积有数百平方米。石室岩的北洞口是由于高空洞顶崩塌所形成的，巨大的落石堆积在洞口处。北宋时，人们在崩落的巨石上修建了一座平台，名为“璇玑台”。唐宋以来不少文人墨客在这里赋诗题字，并把它刻在巨石和岩洞的四壁上，使得璇玑台四周诗文碑刻琳琅满目，成为一个天然的石刻展览室。“对山擎天柱，任人说玄黄。”天柱岩是七星岩最高岩峰之一，高约113米，自石室洞北口西望，岩峰剑削，恰似独柱擎天。“蟾蜍立水边，仙掌在其旁。朝暮两相依，恰似姐妹行。”蟾蜍岩位于七星岩景区西部，南临中心湖，东临里湖，北靠万松岗，高约70米，石山上面布满石芽、石沟，顶部岩体被溶蚀成许多岩块，呈各种形态。岩顶上有一块巨大的石头，远望其状活像蟾蜍，故名“蟾蜍岩”。仙掌岩是七座岩峰中最西边的一座，也是海拔最低的一座，海拔仅39米，但远观若仙人巨掌擎天，有天将欲倾我独撑的气势。山顶有凌霄宫，供人们烧香和祈祷。蟾蜍岩和仙掌岩两者相依，故陈毅元帅在诗中将其喻为姐妹。“禾坡有奇趣，离群守一方。高踞而南面，气宇最轩昂。”阿坡岩又称禾坡岩，离群独立，高约80余米，雄踞一方，气宇轩昂。

最后四联是《七星岩》诗的结尾部分。诗人由喜山乐水的心旷神怡，一直写到自己虽年迈花甲，但腰尚强，脚犹健，仍然“可以上战场”，抒发出“老骥伏枥，志在千里”的革命情怀，展示出大将军本色。这首《七星岩》层次清楚，构思新颖，想象丰富，情感真挚。诗中有点有面，有详有略。写面时，简洁遒劲，好似一幅疏阔的山水画；写点时，因势象形，惟妙惟肖，又如细密的工笔画。诗人以高超的艺术词句，对七星岩的湖光山色作了细致描写。诗篇结尾处画龙点睛式的评赞，更使得情调欢畅，趣味横生。

【感悟】

《七星岩》借景言志展现了我国老一辈革命家不愿言老的远大志向，为国奉献的崇高品德，肩负新使命的爱国精神。老一辈无产阶级革命家身上的真君子、真性情多么值得我们青年一代学习啊！

爱国是一个公民起码的道德，也是中华民族的优良传统。肩负着实现中华民族伟大复兴的我们，要热爱祖国的大好河山，积极维护祖国的主权独立和领土完整，祖国的领土寸土不能丢，不能被分裂侵占；要热爱祖国的历史和文化，提高民族自尊心和自信心，为创造更加辉煌的民族文化而尽心尽力。今天，我国已步入新的历史时期，少年兴则国兴，少年强则国强。我们要适应时代发展的要求，正确认识祖国的历史和现实，增强爱国的情感和振兴祖国的责任感，树立民族自尊心与自信心。

（五）叶剑英七星岩题诗

【原文】

借得西湖水一圜，更移阳朔七堆山。
堤边添上丝丝柳，画幅长留天地间。

叶剑英　　一九六一年四月十八日

【解析】

叶剑英是广东梅县人，曾多次视察肇庆。他称赞肇庆七星岩有“西湖之水，桂林之山”。1961 年 4 月游览七星岩时，他题写了这首著名的七言绝句。如今此诗成了肇庆七星岩的招牌诗，刻在七星岩石室岩莲花洞外显著的位置上。此诗艺术性极高，出炉不久，照片就刊登在《人民日报》上，一时之间全国争相传抄。

第一，开门见山，直奔主题。叶剑英把西湖的绿水与阳朔的青山融合在一起，用来赞美七星岩的山水秀丽。这两句，既是诗的开头，又是全诗的重要组成部分，仅此两句，就已经将肇庆星湖的神韵勾勒出来了，可以以“凤头”来喻之赞之。

第二，此诗文思顺畅，一气呵成。叶帅这首诗结构紧凑，语气连贯，灵感和思路非常顺畅，全诗没有“七星岩”的字眼，却把七星岩、星湖美景描绘得淋漓尽致，情景交融，美不胜收。叶帅有感而发，又以诗为书，其书法雄健苍劲，而又潇洒隽秀，自然纯真。足见叶帅文采出众，思维开阔。

第三，构思巧妙，连接奇特。第二句“更移阳朔七堆山”的“山”字是诗的韵脚，也是绝句在形式上的停顿之处；然而，从这首诗的内容上来看，第二句“更移阳朔七堆山”说完后，诗的内在思路并没有停顿下来，而是紧接着引出第三句“堤边添上丝丝柳”。这三句说完之后，诗的第一层意思才告结束，才开始诗的第二部分，也就是全诗的收束句“画幅长留天

叶剑英七星岩题诗

地间”。叶帅的这种巧妙构思，在断处粘连，在连处隔断，使这首绝句的内容更加集中凝练，诗意更加缠绵紧凑，似金沙水之连绵不断，如钱塘潮之波涛汹涌，因而起到了出人意表，引人入胜的艺术效果。

第四，锻句炼字，推敲严谨，极见功力。“借得西湖水一圜”句中的

“圜”字，“更移阳朔七堆山”句中的“堆”字，皆极其恰当。特别值得一提的是，诗的第三句“堤边添上丝丝柳”句中的“丝丝”二字，仿佛让人看到堤上的柳丝正在眼前随风轻摆，把星湖堤上的柳条写活了，令人不禁拍案叫绝。

第五，严格符合平仄规律，绝对是一首近体绝句。在“平上去入”四声之中，平声为“平”，上、去、入三声为“仄”。“平”声和谐、宁静、安逸、平稳；“仄声”急迫、短促、喧嚣、骚动。把平声与仄声恰当地结合起来，就能产生出有张有弛，有动有静，起伏连绵，昂扬顿挫的音乐美来。讲究平仄声调，是近体诗的第一要求。叶帅这首诗在声调平仄方面中规中矩，完全符合七言绝句的要求，显示出叶帅深厚的国学功底。

【感悟】

七星岩环水而立，泉清气净，水面如镜，花香鸟语，仿佛人间仙境。或许肇庆没有上海的商业繁华，或许肇庆没有香港的人流热闹，或许肇庆没有北京的历史悠久，但是，肇庆闲适的环境，让人们的生活节奏不致太紧张。我们生活在这片土地上，是她哺育着我们，滋润着我们，我们应该热爱这片土地。正如艾青的《我爱这土地》歌咏的：“假如我是一只鸟/我也应该用嘶哑的喉咙歌唱：/这被暴风雨所打击着的土地/这永远汹涌着我们的悲愤的河流/这无止息地吹刮着的激怒的风/和那来自林间的无比温柔的黎明……/——然后我死了/连羽毛也腐烂在土地里面/为什么我的眼里常含泪水？/因为我对这土地爱得深沉……”

土地，是人类赖以生存的物质基础。多少年来，我们的祖祖辈辈依赖着土地，孕育了一代又一代，造就了今日辉煌。追忆历史的长河，就可知道，过去，多少劳动者为了土地而进行不屈不挠的斗争，又有多少英雄志士为保卫它而英勇献出了生命。尤其在近代，中国共产党人为了使劳苦大众摆脱地主阶级的压迫，能够成为土地的主人，他们义无反顾地进行艰难的斗争。不知有多少革命者长眠在祖国的土地上，把鲜血洒在祖国的连绵沃土中。他们的鲜血，凝聚了民族的精华，滋养了祖国的希望。

大地是我们的母亲，我们应该像孝敬自己的母亲那样，孝敬我们的大地母亲。嵌在土壤里的每一个脚印，都记录着从古至今的回忆。那褐色的土壤里，有我们祖先的遗存，存留着我们亲人的灵魂。大地培育了我们的兄弟姐妹，滋润着我们幸福的家园，让我们感受到家的味道。我们热爱肇庆这土地，就像出生的婴儿眷恋母亲温暖的怀抱一样，为了我们的子孙后代，我们要献出全部的力量和所有的情感来保护肇庆这片土地。

四、七星岩摩崖石刻与古今名人

自唐宋以来，大批名人在此即席赋诗、题字。除了上文提及的李邕，宋代名臣包拯，开国元帅朱德、陈毅、叶剑英之外，还有唐代宰相李绅、诗人宋之问，程朱理学开山祖周敦颐、状元黄公度，明清的王守仁、陈白沙、屈大均、吴国伦、陈恭尹、王渔洋、朱彝尊、袁枚、全祖望、黄遵宪等文化名人以及抗倭名将俞大猷、民族英雄郑成功父亲郑芝龙、抗清忠烈陈子壮等。新中国成立后，郭沫若、宋庆龄、粟裕、周扬、夏衍、光未然、韦君宜、舒同等，也在七星岩留下了石刻诗文或题名。从古至今，七星岩就是人们热爱的旅游胜地。她因为自身美丽的自然风光吸引了大批的名人前来观瞻，也因为名人慕名而来，并为之心动挥墨题字，使得其文化底蕴越积越深厚，名声越来越响亮，为我们留下了一笔不可复制的丰富的文化遗产。

五、本章小结

七星岩摩崖石刻是我国南方保存年代久远，数量最多、最集中，质量又最高的一处石刻群，在国内是罕见的。它不仅分布地点集中、书法艺术精湛、雕工精细、保存完整，而且记述了肇庆的地理环境、山河变迁、历史大事、宗教信仰、庙宇建筑、岩石水土及朝代更迭，是一座历史文献、文学宝库，也是研究中国唐朝以来各个朝代的政治、经济和文化的重要实物资料，具有很高的文学价值、艺术价值和历史价值。

附录　国学知识竞赛150题

一、问答题

1. 《西游记》中的火焰山位于哪个省或自治区？

2. “荷月”指的是哪个月份？

3. “变脸”是哪个剧种的绝活？

4. “腊八粥”最早起源于哪个宗教？

5. “爆竹声中一岁除，春风送暖入屠苏”，这里的“屠苏”指的是什么？

6. 在我国风俗中，常常避讳84这个数字，因为这是一位历史人物去世的虚龄。他是谁？

7. “弱冠”指的是男子多少岁？

8. 《论语·为政》中，孔子所说的“而立”之年指的是多少岁？

9. 把进化论介绍到中国，并足足影响了一代人的世界观的译著是什么？

10. 明代以后廷试的前三名依次是什么？

11. 山东曲阜有“三孔”，分别指的是什么？

12. 清华大学校训“自强不息，厚德载物”出自哪一部经典？

13. 《千家诗》收录的主要是哪些诗歌？

14. 《全唐诗》收录的主要是哪些诗歌？

15. 《四库全书》四种颜色的封皮各象征什么？

16. “和谐”一词最早出现在哪一部典籍中？

17. 明代“四大奇书”分别是什么？

18. “唐宋八大家”分别是谁？

19. 被称作“东方威尼斯”的是我国哪座城市？

20. 著名社会风俗画作品《清明上河图》出自北宋哪位画家之手？

21. “梨园”用来指代戏曲界，那么“杏林”指代的又是什么？

22. 我国第一部中医学典籍是哪部书？

23. “霸王别姬”的故事最早见于哪部典籍？

24. 中国古代最早提出“废黜百家，独尊儒术”的是谁？

25. “榜上无名，脚下有路”，这句话与我国古代落第却著书终成大器的哪个人物有关？

26. 田园诗派的开创者是谁？

27. “天下兴亡，匹夫有责”是哪位思想家的名言？

28. 宋代开国宰相赵普说自己凭借半部书就能治理天下，他指的是哪部书？

29. 《康熙字典》成书于哪个时代？

30. 算盘是中国传统计算工具，利用算盘能进行开平方运算吗？

31. 都江堰和秦始皇陵哪个修建年代更早？

32. 琵琶曲《十面埋伏》描写的是历史上哪场战争？

33. 被国内外人士誉为“中国三大国粹”的是什么？

34. 毕昇发明活字印刷比欧洲早了多少年？

35. 填写下列古都的现代地名：

长安（ ） 大都（ ） 临安（ ） 建康（ ）

36. “为天地立心，为生民立命，为往圣继绝学，为万世开太平”，这是谁的名言？

37. “穷则独善其身，达则兼济天下”，历来是中国文人的理想，这句话出自哪部典籍？

38. “静以修身，俭以养德”，对我们提出修身养德的基本要求，这句话是谁说的？

39. “词苑千载，群芳竞秀，盛开一枝女人花”，说的是历史上的哪位才女？

40. “西出阳关无故人”中的“阳关”位于哪个省？

41. 温家宝同志答记者问时引用的名言“苟利国家生死以，岂因祸福避趋之”，这是谁的名言？

42. 陕西省有一块著名的“无字碑”，它与哪位皇帝有关？

43. 被称为我国最大的古典艺术宝库的石窟是哪一个？

44. “会当凌绝顶，一览众山小”是杜甫的名句，诗人是登上哪座山而发出这样的感慨？

45. 我国民间文学中的“四大爱情传说”指的是哪四部？

46. 唱、念、做、打是中国戏曲表演的四种艺术手段，也是戏曲表演的四项基本功，其中“做”指的是什么？

47. 中国古代哲学中有“阴阳八卦”的理论，这一理论出自哪部典籍？

48. 《史记》的作者司马迁是哪个朝代的人？

49. 《西游记》中唐僧的原型是谁？

50. 中国书法史上有诸多不朽的佳作彪炳千秋，其中被称为“天下第一行书”的书法作品是王羲之的什么作品？

二、选择题

51. 在我国少数民族中，人口最多的是哪个民族？（　　）

A. 回族　　B. 维吾尔族　　C. 白族　　D. 壮族

52. 世界上华侨和华人最集中的地区在什么区域？（　　）

A. 北美　　B. 东南亚　　C. 中亚　　D. 澳洲

53. 新中国成立以后第一个创建国学研究机构的是哪所大学？（　　）

A. 厦门大学　　B. 东南大学　　C. 北京大学　　D. 清华大学

54. 复旦大学的校名是从哪本典籍中来的？（　　）

A. 《春秋》　　B. 《尚书大传》

C. 《礼记》　　D. 《诗经》

55. 古代六艺“礼、乐、射、御、书、数”中的“御”是指什么技艺？（　　）

A. 下棋　　B. 武术　　C. 驾车　　D. 舞蹈

56. 四大佛教名山指的是哪几座？（　　）

A. 五台山、普陀山、九华山、峨眉山

B. 五台山、雁荡山、九华山、普陀山

C. 五指山、九华山、井冈山、阿里山

D. 泰山、华山、衡山、恒山

57. 墨子的主要思想是“兼爱”，他所反对的“爱有等差”，这一观点是哪家学派的思想？（　　）

A. 儒家　　B. 法家　　C. 道家　　D. 名家

58. 唐代边塞诗人王昌龄的“但使龙城飞将在，不教胡马度阴山”中的“飞将”指的是谁？（　　）

A. 张飞　　B. 关羽　　C. 卫青　　D. 李广

59. 拍电影时常用的“杀青”来表示拍摄完成，“杀青”原意指什么？（　　）

A. 加工新茶的一种方法　　B. 制作兵器的一道工序

C. 制作竹简的一道工序　　D. 制作药物的一道工序

60. 近代国学大师王国维的一本词话著作名称是什么？（　　）

A.《蕙风词话》　　B.《人间词话》

C.《白雨斋词话》　　D.《观堂集林》

61. 我们常说的“十八般武艺”最初指的是什么？（　　）

A. 使用十八种武器的技能　　B. 十八种武术动作

C. 十八种武器　　D. 十八个人

62. 下列哪部作品被鲁迅称为“史家之绝唱，无韵之离骚”？（　　）

A.《资治通鉴》　　B.《世说新语》

C.《诗经》　　D.《史记》

63. “红娘”是哪部作品中的人物？（　　）

A.《牡丹亭》　　B.《桃花扇》

C.《西厢记》　　D.《红楼梦》

64. 火烧圆明园是发生在下列哪次侵华战争时期？（　　）

A. 鸦片战争　　B. 第二次鸦片战争

C. 八国联军侵华战争　　D. 中法战争

65. 我国第一个资产阶级革命团体是什么团体？（　　）

A. 兴中会　　B. 华兴会　　C. 同盟会　　D. 日知会

66.《三十六计》是体现我国古代卓越军事思想的一部兵书，下列不属于《三十六计》的是哪一计？（　　）

A. 浑水摸鱼　　B. 反戈一击

C. 笑里藏刀　　　　　　　　D. 反客为主

67. 世界上最早使用纸币的国家是哪国？（　）

A. 中国　　B. 英国　　C. 美国　　D. 日本

68. 最早提出在中国发展资本主义的是什么典籍？（　）

A.《资政新编》　　　　　　B.《海国图志》

C.《康蝤纪行》　　　　　　D.《四洲志》

69. 我国哪座城市被称作“草原钢城”？（　）

A. 呼和浩特　　B. 承德　　C. 大同　　D. 包头

70. “钩心斗角”的原意是指什么？（　）

A. 一场战争　　　　　　　　B. 建筑之精巧

C. 武术之争　　　　　　　　D. 买卖交易

71. 脊兽是中国古代建筑屋脊上所安放的兽件，檐角上所安放的兽件一般以什么形象排头？（　）

A. 麒麟　　　　　　　　　　B. 龙踏祥云

C. 仙人骑凤　　　　　　　　D. 鸱吻

72. 下列哪一句诗描写的场景最适合采用水墨画来表现？（　）

A. 落霞与孤鹜齐飞，秋水共长天一色

B. 返景入深林，复照青苔上

C. 孤舟蓑笠翁，独钓寒江雪

D. 接天莲叶无穷碧，映日荷花别样红

73. “方折峻丽，骨力劲健”形容的是历史上哪位书法家的书风？（　）

A. 王羲之　　B. 颜真卿　　C. 柳公权　　D. 吴道子

74. 我国现存最早用纸作画的是哪幅画？（　）

A.《清明上河图》　　　　　B.《洛神赋图》

C.《五牛图》　　　　　　　D.《历代帝王图》

75. 下列哪一位是宋代著名书法家？（　）

A. 褚遂良　　B. 颜真卿　　C. 柳公权　　D. 米芾

76. 京剧中饰演性格活泼、开朗的青年女性的是什么角色？（　）

A. 青衣　　B. 花旦　　C. 彩旦　　D. 老生

77. 世界上最早由国家颁布的药典是哪一部？（　）

A.《四部医典》　　　　　　B.《千金方》

C. 《唐本草》 D. 《本草纲目》

78. “破釜沉舟”这个成语出自中国古代哪次战争?( )

A. 淝水之战 B. 巨鹿之战

C. 赤壁之战 D. 官渡之战

79. “买椟还珠”这则成语是用来比喻有些人的什么表现?( )

A. 只注重事物外表,不重内涵 B. 为了赚钱不择手段

C. 善于掩盖事物本质 D. 进行买卖交易

80. 清代的“八大山人”指的是什么人?( )

A. 一位画家 B. 八位画家

C. 一位书法家 D. 八位书法家

81. “三纲五常”即君为臣纲,父为子纲,夫为妻纲,那么它是由谁提出来的?( )

A. 孔子 B. 孟子 C. 朱熹 D. 董仲舒

82. “夕阳无限好,只是近黄昏”是谁的诗句?( )

A. 李商隐 B. 骆宾王 C. 李白 D. 杨炯

83. “出师未捷身先死,长使英雄泪满襟”描写的是谁?( )

A. 刘备 B. 关云长 C. 诸葛亮 D. 张飞

84. “汗流浃背”的典故出自西汉周勃,他“汗流浃背”的原因是什么?( )

A. 衣服穿得太多 B. 劳动太卖力气

C. 打仗拼死厮杀 D. 答不出皇帝的问题

85. 下面有关佛教故事的画卷是哪一幅?( )

A. 顾恺之的《女史箴图》 B. 张僧繇的《梁武帝像》

C. 周昉的《簪花仕女图》 D. 吴道子的《天王送子图》

86. “成也萧何,败也萧何”说的是谁的经历?( )

A. 刘邦 B. 项羽 C. 韩信 D. 张良

87. 度量衡是我国古代使用的计量单位,其中“衡”是指什么?( )

A. 长度 B. 面积 C. 体积 D. 重量

88. “月上柳梢头,人约黄昏后”描写的是哪个传统节日?( )

A. 中秋节 B. 元宵节

C. 端午节 D. 七夕

89. 著名对联“风声雨声读书声声声入耳，家事国事天下事事事关心”藏于哪个书院？（　　）

A. 岳麓书院　　B. 集贤书院

C. 东林书院　　D. 嵩阳书院

90. 我国是世界上最早发明丝织品的国家，养蚕缫丝开始于什么时期？（　　）

A. 北京人时期　　B. 半坡人时期

C. 河姆渡人时期　　D. 大汶口文化中晚期

91. 春秋时期，我国农业技术史上农用动力的一次革命指的是什么？（　　）

A. 铁农具的使用　　B. 牛耕的运用

C. 耕犁的出现　　D. 桔槔的使用

92. 茶叶中全发酵的是什么茶叶？（　）

A. 绿茶　　B. 乌龙茶　　C. 红茶　　D. 都不是全发酵

93. 我国古代开始普遍种植棉花，是在下列哪一时期？（　　）

A. 唐代　　B. 宋代　　C. 元代　　D. 明代

94. “十年树木，百年树人”是谁的名言？（　　）

A. 管仲　　B. 孟子　　C. 陶行知　　D. 孔子

95. 儒家创始人孔子的中心学说是什么？（　　）

A. 中庸之道　　B. “仁”的学说

C. “生而知之”的唯心主义先验论　　D. 天行有常

96. 中国的书院制度自唐代始，有官方和私人设置两类，下列属于官方创办的是哪个书院？（　　）

A. 岳麓书院　　B. 嵩阳书院

C. 集贤书院　　D. 白鹿洞书院

97. “青梅竹马，两小无猜”是谁的诗句？（　　）

A. 李白　　B. 杜甫　　C. 陆游　　D. 杜牧

98. “生旦净末丑”是京剧的行当，其中“净”由谁扮演？（　　）

A. 男角　　B. 女角　　C. 儿童　　D. 男女均可

99. 河姆渡遗址位于什么地方？（　　）

A. 黄河流域　　B. 长江流域

C. 淮河流域　　　　　　　　D. 珠江流域

100. 我们熟悉的《百家姓》是按照什么方式排列的？（　　）

A. 人口数量　　　　　　　　B. 政治地位

C. 民族分布　　　　　　　　D. 宗教信仰

101. 《嘎达梅林》是我国哪个民族的叙事歌曲？（　　）

A. 蒙古族　　B. 藏族　　C. 哈萨克族　　D. 汉族

102. 《格萨尔王》是我国哪个民族的优秀作品？（　　）

A. 蒙古族　　B. 藏族　　C. 哈萨克族　　D. 汉族

103. 阿诗玛是我国云南哪个民族的艺术形象？（　　）

A. 苗族　　B. 彝族　　C. 白族　　D. 壮族

104. 张贴"乾坤定矣，钟鼓乐之"的对联表明什么意思？（　　）

A. 有人生子　　　　　　　　B. 有人结婚

C. 有人中举　　　　　　　　D. 有人升官

105. 中国民间有个习俗：过年时把"福"字倒贴在门上，这是借"福倒了"的谐音"福到了"以图吉利，是从哪朝起倒贴"福"字？（　　）

A. 宋朝　　B. 元朝　　C. 明朝　　D. 清朝

106. 下列哪项不是端午节的习俗？（　　）

A. 挂香包　　　　　　　　B. 插艾蒿

C. 登高采菊　　　　　　　　D. 喝雄黄酒

107. 白族姑娘的头饰上蕴含有我们熟悉的词语，它的含义是什么？（　　）

A. 阴晴圆缺　　　　　　　　B. 风花雪月

C. 梅兰菊竹　　　　　　　　D. 春夏秋冬

108. "静以修身，俭以养德"对我们提出了修身养德的基本要求，这句话出自哪位名人？（　　）

A. 诸葛亮　　B. 孔子　　C. 欧阳修　　D. 孟子

109. 世界上第一部成文宪法是哪国宪法？（　　）

A. 德国宪法　　　　　　　　B. 法国宪法

C. 英国宪法　　　　　　　　D. 美国宪法

110. 联合国的6种工作语言是哪几种？（　　）

A. 汉语、英语、法语、俄语、阿拉伯语和西班牙语

B. 中文、英文、法文、俄文、阿拉伯文和德文

C. 中文、英文、法文、俄文、阿拉伯文和日文

D. 中文、英文、法文、俄文、阿拉伯文和马来文

111. 鲁迅在评《三国演义》时说："至于写人，亦颇有失，以致欲显刘备之长厚而似伪，状诸葛之多智而近妖。"这一评论所蕴涵的哲理是什么？（　　）

A. 要区分事物的两重性　　B. 要把握事物的度

C. 对事物既要肯定，又要否定　　D. 要把事物看成一个整体

112.《天论》是荀子阐述其宇宙观的重要论文，在这篇文章中，荀子提出了什么杰出命题？（　　）

A. 天人合一　　B. 天人之分

C. 天行有常　　D. 存天理，灭人欲

113. 关于神话的产生，一向比较通行的解释有两种：一种是劳动说；另一种是什么说法？（　　）

A. 宗教说　　B. 游戏说　　C. 模仿说　　D. 宣泄说

114.《清明上河图》作于哪一朝代？（　　）

A. 宋代　　B. 元代　　C. 明代　　D. 清代

115.《红楼梦》是我国古代著名长篇小说之一，它的别名是什么？（　　）

A.《金陵记》　　B.《石头记》

C.《天工开物》　　D.《爱莲记》

116. 下面四句论断中，哪一条出自希腊著名哲学家赫拉克利特？（　　）

A. 飞矢不动

B. 人不可能两次踏进同一条河流

C. 人一次也踏不进同一条河流

D. 万物都有种子，在数量上是无限的，性质上是不同的

117. 时代在发展，只有解放思想勇于摒弃落后的事物才能获得创新，下面的哪句话表达了这个思想？（　　）

A. 他山之石，可以攻玉　　B. 不塞不流，不止不行

C. 山高月小，水流石出　　D. 靡不有初，鲜克有终

118. "美"字最初的含义是什么？（　　）

A. 羊大即为美　　B. 戴着头饰站立的人

C. 土地里生长的花朵　　D. 远方茂盛的森林

119. 出色的文人总是得到盛誉，我们称杜甫为“诗圣”，李白为“诗仙”，欧阳修为“文圣”，下面哪一位被称为“诗家夫子”？（　　）

A. 苏轼　　B. 王昌龄　　C. 陆游　　D. 李商隐

120. 中国最早的文言志怪小说是哪一部？（　　）

A.《西游记》　　B.《聊斋》

C.《世说新语》　　D.《搜神记》

121. 与《木兰诗》合称“乐府双璧”的是哪一部？（　　）

A.《陌上桑》　　B.《长歌行》

C.《孔雀东南飞》　　D.《子夜行》

122. 借助虚字造成回环往复艺术美感的对偶句是下列哪一句？（　　）

A. 梦后楼台高锁，酒醒帘幕低垂

B. 花落人独立，微雨燕双飞

C. 云树绕堤沙，怒涛卷霜雪

D. 无可奈何花落去，似曾相识燕归来

123. “精忠报国，三字冤狱千古白”是纪念下列哪位名将？（　　）

A. 岳飞　　B. 关羽　　C. 张飞　　D. 文天祥

124. “白雪公主”这个形象最早来自于哪一部书？（　　）

A.《格林童话》　　B.《安徒生童话》

C.《伊索寓言》　　D. 民间故事

125. 我们常把那些只知一知半解，却喜欢在人前卖弄的人形容成什么？（　　）

A. 半截剑　　B. 半段枪　　C. 半本书　　D. 半瓶醋

126. 唐朝的都城是下列哪一个？（　　）

A. 长安　　B. 洛阳　　C. 开封　　D. 南京

127. 三十六计中的哪一计是靠制造假象来迷惑敌人的？（　　）

A. 树上开花　　B. 围魏救赵　　C. 顺手牵羊　　D. 走为上计

128. “顷刻间千秋事业，方寸地万里江山，三五步行遍天下，六七人百万雄兵”描写的是什么？（　　）

A. 下棋　　B. 战场　　C. 戏台　　D. 音乐

129.《牡丹亭》中的唱词“原来姹紫嫣红开遍，似这般都付与断井颓垣”，表达了什么意思？（　　）

A. 对春天的赞美　　B. 对世道衰微的感叹

C. 对青春虚度的伤感　　D. 对爱情的向往

130. 唐朝“三大诗人”指的是哪三位？（　　）

A. 李白、杜甫、王维

B. 李白、杜甫、白居易

C. 高适、杜甫、王维

D. 孟浩然、高适、王维

131. 下列哪个成语典故与项羽有关？（　　）

A. 隔岸观火　　B. 暗度陈仓

C. 背水一战　　D. 破釜沉舟

132. “揭竿为旗，斩木为兵”形容的是古代哪一场起义？（　　）

A. 赤眉起义　　B. 陈胜吴广起义

C. 绿林起义　　D. 黄巾起义

133. 我国正式对香港恢复行使主权是什么时间？（　　）

A. 1996 年 7 月 1 日　　B. 1997 年 7 月 1 日

C. 1999 年 7 月 1 日　　D. 1998 年 7 月 1 日

134. 为中国在奥运会历史上夺得第一枚金牌的著名运动员是谁？（　　）

A. 陈镜开　　B. 许海峰　　C. 容国团　　D. 李宁

135. “在天愿作比翼鸟，在地愿为连理枝”，这句诗描写的是谁的爱情故事？（　　）

A. 牛郎与织女　　B. 张生与莺莺

C. 梁山伯与祝英台　　D. 唐明皇与杨贵妃

136. 京剧中的四大名旦是指（　　）。

A. 梅兰芳、尚小云、程砚秋、荀慧生

B. 梅兰芳、尚小云、程砚秋、张君秋

C. 梅兰芳、尚小云、程砚秋、赵燕侠

D. 梅兰芳、尚小云、程砚秋、杜近芳

137. 下列人物中擅长花鸟虫鱼写意画的是谁？（　　）

A. 徐悲鸿　　B. 齐白石　　C. 张大千　　D. 黄宾虹

138. 孔子为什么“三月不知肉滋味”？（　　）

A. 读到一本好书　　B. 听到一段好乐曲

C. 看到一篇好书法　　D. 看到一场好戏

139. 关汉卿历史剧的代表作品是哪一部？（　　）

A.《梧桐雨》　　B.《汉宫秋》

C.《赵氏孤儿》　　D.《单刀会》

140. 元代著名杂剧《西厢记》取材于哪部作品？（　　）

A.《任氏传》　　B.《鸳鸯传》

C.《柳毅传》　　D.《南柯太守传》

141.《霓裳羽衣》是我国哪个朝代的宫廷乐舞？（　　）

A. 唐代　　B. 宋代　　C. 元代　　D. 明代

142. 歌曲《兰花草》的词作者是谁？（　　）

A. 刘半农　　B. 胡适　　C. 闻一多　　D. 无名氏

143. “五岳归来不看山，×山归来不看岳”，这个“×山”是指哪座山？（　　）

A. 泰山　　B. 峨眉山　　C. 黄山　　D. 嵩山

144. “金声玉振”这个成语是说哪个才德兼备的名人？（　　）

A. 孔子　　B. 孟子　　C. 老子　　D. 荀子

145.《韩非子》中有许多寓言直到现在还广为人知，下面哪个寓言出自《韩非子》？（　　）

A. 刻舟求剑　　B. 螳臂当车

C. 掩耳盗铃　　D. 滥竽充数

146. 成语“万事俱备，只欠东风”出自下列哪部古典名著？（　　）

A.《三国演义》　　B.《水浒传》

C.《赤壁之战》　　D.《官渡之战》

147. “卧薪尝胆”说的是哪位历史名人？（　　）

A. 夫差　　B. 范蠡　　C. 管仲　　D. 勾践

148. 我们常用“社稷”来指代国家，其中“社”字代表的是什么？（　　）

A. 土地之神　　B. 五谷之神

C. 山脉之神　　D. 河流之神

149. 我国清代伟大的现实主义作家是谁？（　　）

A. 侯方域　　B. 蒲松龄　　C. 曹雪芹　　D. 顾炎武

150. 下列哪个成语典故说的是吕不韦的故事？（　　）

A. 一字千金　　B. 一诺千金　　C. 一饭千金　　D. 一掷千金